德育工作实践之如何打造
特色班级文化

刘国富 主编

吉林大学出版社

·长春·

图书在版编目（CIP）数据

德育工作实践之如何打造特色班级文化/刘国富主编．—长春：吉林大学出版社，2022.10

ISBN 978-7-5768-0980-0

Ⅰ.①德… Ⅱ.①刘… Ⅲ.①中小学—班级—学校管理 Ⅳ.① G632.421

中国版本图书馆 CIP 数据核字（2022）第 206049 号

书　　名：德育工作实践之如何打造特色班级文化
DEYU GONGZUO SHIJIAN ZHI RUHE DAZAO TESE BANJI WENHUA

作　　者：刘国富　主编
策划编辑：董国彬
责任编辑：王蕾
责任校对：张弛
装帧设计：刘戈宁
出版发行：吉林大学出版社
社　　址：长春市人民大街 4059 号
邮政编码：130021
发行电话：0431-89580028/29/21
网　　址：http://www.jlup.com.cn
电子邮箱：jldxcbs@sina.com
印　　刷：天津和萱印刷有限公司
开　　本：787mm×1092mm　1/16
印　　张：24
字　　数：360 千字
版　　次：2023 年 5 月第 1 版
印　　次：2023 年 5 月北京第 1 次印刷
书　　号：ISBN 978-7-5768-0980-0
定　　价：88.00 元

版权所有　翻印必究

编委会

主　编　刘国富

副主编　曹智琴　陈永红

编　委　杨　眉　王俊峰　王绮文　江小宇　张晓华　李剑明

　　　　　黄雁璇　周志方　王小艳　张淑娟　白　慧　伍淑莹

　　　　　王听听　李冰淳　蔡光莹　卢碧云　汪苒苒　林厥云

　　　　　胡庆章　罗忆南　韩可新

序 言

风景这边独好

朱献华

国有国魂，族有族魂，校有校魂，班有班魂。育人之本，在于立德铸魂。

《左传》有言："太上有立德，其次有立功，其次有立言，虽久不废，此之谓不朽。"《管子》也说："一年之计，莫如树谷；十年之计，莫如树木；终身之计，莫如树人。""立德""树人"是我国历代教育共同遵循的理念。十八大报告明确提出教育的根本任务是"立德树人"，这既为教育发展指明了方向，也对所有教育工作者发出灵魂的拷问。

面对这份沉甸甸的时代答卷，每一位教育工作者孜孜以求，在育人模式、班级管理、文化建设等方面大胆探索，不断创新，形成千帆竞发、万象更新的局面。本文就是这时代浪花中璀璨的一朵。这群执着于立德铸魂的教师，"肩负着启迪思想、陶冶情操、温润心灵的重要职责，承担着以文化人、以文育人、以文培元的使命"，长期耕耘于教育一线，工作环境不尽相同，但相同的是心境，是对教育的拳拳之心，对学生的殷殷之情。这本书就是这些老师们勤劳和智慧的结晶。

本书有这样几个突出的特点：

知行结合，相得益彰。全书分为两部分内容，其中理论策略部分既是对长期以来班级文化建设经验的提炼，同时又吸收了最新研究成果；不仅界定了班级文化建设的内涵和外延，而且归纳出班级文化建设的方法和路径。尤其是创意设计部分，更是以大量鲜活的案例为载体，再现了日常德育工作中的观察与体验、思考与感悟、继承与创新，体现出理论与实践、观点与方法的高度统一。简而言之，本

书不仅给我们带来观点和理念上的冲击，更为我们提供了便捷的、可供操作的方法引领。

文化育人，立德铸魂。无论是最早体现在《诗经》创作中的"诗言志"，还是韩愈倡导古文运动时提出的"文以载道"，中国文人历来强调，也最为推崇文学的教化功能，也就是今天所说的德育。如果把德育比作人体所需要的盐分，那么文学教育就是一道融入了盐分且芳香四溢的汤羹。它的妙处在于能化有形的说教为无形的渗透，让学生在品味文学这道美味可口的"汤羹"时，自然而然地接受道德教化。本书中"竹""梅""星""玉"都是中国文学传统意象，代表着中华民族独特的审美意趣和价值追求，以此作为班级文化的"内核"，无疑会增强学生对本民族文化的认同，进而产生文化自信并有益于文化传承。而以"思齐""若水""信义""恭谦"为核心的班级文化则彰显出对传统儒家文化的发扬，"方圆""规矩""梦""融"则因其形而上的哲学意味让人心生向往之情。

环境润心，潜移默化。中国古代教育家荀子说："蓬生麻中，不扶而直；白沙在涅，与之俱黑。"以此说明环境对人的影响之大。班级是现代学校组织的基本单位，是学生成长的主要环境，对学生个体的发展具有直接的制约作用。班级作为教育环境中最稳定、最小的单位，具有很大的教育张力和可塑空间。前苏联教育家苏霍姆林斯基曾说："无论是种植花草树木，还是悬挂图片标语，或是利用墙报，我们都将从审美的高度深入规划，以便挖掘其潜移默化的育人功能，并最终连学校的墙壁也在说话。"作为班级文化建设主渠道、主阵地的教室，既是教师传道授业解惑之所，是学生学习、生活、思想品德和行为习惯养成的重要舞台，也是师生情感交流、思想碰撞的交汇地，因势利导便可激发性情、陶冶情操，起到"春风化雨、润物无声"的教育效果。

设计新颖，异彩纷呈。本书为读者提供了45个经典案例，这些案例都具有定位精准、文案简练、概括性强等特征，同时又保留了各自独特鲜明的个性。具体而言，它们都遵循体例要求，在格式上保持高度一致，既有班级文化阐述、班级育人目标、班级文化元素、创意设计思路、主题班会范例等，又有各具特色的班级名称、核心理念、主题班歌、班级口号、班级公约等，让人仿佛走进了一个个不同的领地，看到了一个个非同寻常的风景。这里既有茂林修竹、梅花飘香、鸿雁于飞、暖玉生烟的自然景象，也有见贤思齐、修身律己、谦恭有礼、雅行天下的人文景观，更有星火燎原、规矩成圆、和乐润德、融达天下的精神气质，它们是园丁们实施现代教育理念的演练场，学子们内化于心外化于行的试验田，师生们放飞希望铸就梦想的大舞台。

最是一年春好处，扬帆奋进正当时。今天，我们躬逢伟大的时代，中国在伟大复兴道路上行稳致远，粤港澳大湾区建设方兴未艾，新一轮基础教育课程改革如火如荼……珠海特区的这群教育工作者们肩负新时代教师的责任感、使命感，敢于在时代的潮头上冲浪，以智慧为笔，以汗水为墨，为我们留下一幅幅绮丽的风景。熟悉的校园、熟悉的课堂、熟悉的场景，但每一次都是不一样的感觉，也许是因为风景这边独好！我也希望有更多的同好者，涉足班级文化建设领地，用虔诚和热爱深耕教育这方沃土，来年定将迎来桃红柳绿、春色满园。

（作者系广东省正高级教师、特级教师）

目 录

第一部分 理论策略篇

第一章 班级文化建设策略

班级文化的基本概念 04

班级文化的功能 06

班级建设的主角 09

如何解读班级文化主题 11

如何制定班歌——以"信义班"班歌创作为例 13

如何制定班级口号——以"思齐班"班级口号制定为例 17

如何设置班训以塑造班风——以"若水班"班级文化建设为例 19

如何根据班级文化主题进行教室布置 22

如何根据班级文化主题进行班级制度文化建设——以"方圆班"为例 26

如何发挥学生主体作用推进班级文化建设——以"律己班"为例 29

如何发挥科任教师的作用推进班级文化建设——以"山海班"为例 32

如何发挥家、校、社区三位一体的作用推进班级文化建设——以"翠竹班"为例 35

班级主题文化与班本课程的有效契合策略 38

如何把红色文化融入班级文化建设——以"远文班"为例 42

第二部分　案例篇

第二章　一物一品叙幽情

粒粒种子向阳生——"种子班"班级文化主题建设活动方案................48

学竹文化，做竹君子——"青竹班"班级文化主题建设活动方案................56

节高志凌，虚怀坚毅——"翠竹班"班级文化主题建设活动方案................64

梅花香自凌寒，秉持坚韧初心——"梅花班"班级文化主题建设活动方案................70

不经一番寒彻骨，怎得梅花扑鼻香——"弘梅班"班级文化主题建设活动方案....78

与海为伴，与海共生——"海之星"班级文化主题建设活动方案................85

书香浸润，精雕细琢，玉汝于成——"璞玉班"班级文化主题建设活动方案....93

如琢如磨，至善如玉——"琢玉班"班级文化主题建设活动方案................100

逆风成长，化茧成蝶——"毅蝶班"班级文化主题建设活动方案................108

扶摇直上心无畏，逐梦蓝天伴我行——"蓝鸽班"班级文化主题建设活动方案....116

怀若水之心　壮凌云之志——"若水班"班级文化主题建设活动方案................123

第三章　人文图腾凝班魂

鸿雁于飞，聚鸣嗷嗷——"鸿雁班"班级文化主题建设活动方案................134

凝力致远，扬帆起航——"红头船班"班级文化主题建设活动方案................139

仰望梦想星辰，砥砺璀璨人生——"星空班"班级文化主题建设活动方案....145

同舟共济，击水中流——"龙舟班"班级文化主题建设活动方案................151

存高远之志，成报国之才——"杨子江班"班级文化主题建设活动方案................158

山海相拥，文明共生——"山海班"班级文化主题建设活动方案................166

以骄阳指引人生——"骄阳班"班级文化主题建设活动方案 174

鲲鹏展翅，扶摇云霄——"鲲鹏班"班级文化主题建设活动方案 181

沟通自然，自省其身——"茶艺班"班级文化主题建设活动方案 188

行者无疆，天下无双——"行者班"班级文化主题建设活动方案 195

传承红色精神，争做红色少年——"红色少年班"班级文化建设活动方案 203

第四章 传统美德立己身

见贤思齐，止于至善——"思齐班"班级文化主题建设活动方案 212

以孝为本，修身立德——"孝德班"班级文化主题建设活动方案 219

立身行道，蹈仁履义——"仁义班"班级文化主题建设活动方案 227

修身律己，宁静致远——"律己班"班级文化主题建设活动方案 232

谦恭有礼，诚心正意——"谦恭班"班级文化主题建设活动方案 242

志存高远，博学笃行——"志远班"班级文化主题建设活动方案 247

日新吾德，日勤吾业——"日新班"班级文化主题建设活动方案 253

善学求知，敏行不怠——"敏行班"文化主题建设活动方案 259

德致千里，雅行天下——"雅班"班级文化主题建设活动方案 267

礼行德育，礼伴我行——"礼班"班级文化主题建设活动方案 274

知行合一，细照笃行——"笃行班"班级文化主题建设活动方案 281

传承国学，自信中华——"国学班"班级文化主题建设活动方案 286

第五章 理念生根润芳华

方成大事，圆融天下——"方圆班"班级文化主题建设活动方案 296

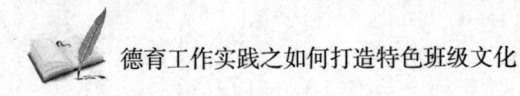

立志爱国，坚持追梦——"梦家园班"班级文化主题建设活动方案 303

我们都是追梦人——"追梦班"班级文化主题建设活动方案 311

星火燎原，璀璨芳华——"星火班"班级文化主题建设活动方案 318

以人为本，和乐润德——"乐学班"班级文化主题建设活动方案 325

创新为径，规矩成圆——"规矩班"班级文化主题建设活动方案 334

融达天下，携手前行——"融和班"班级文化主题建设活动方案 340

五思引领，铸魂育人——"思班"班级文化建设活动方案 348

凝六艺之魂，做厚德乐学之人——"六艺班"班级文化主题建设活动方案 358

道阻且长，行则将至——"徒步者"班级文化主题建设活动方案 365

第一部分

理论策略篇

第一章 班级文化建设策略

班级文化的基本概念

❖ **概念释义**

班级文化是"班级群体文化"的简称，校园内的班级文化可体现为两个方面。从显性层面来看，班级文化离不开班级的硬件建设，如班级的墙报、黑板报、活动角及教室内外环境布置便是班级文化的物化反映；从隐性层面来看，班级文化又是班级成员共有的信念、情感、态度与价值观的统称，如班级成员的言行倾向、班级人际环境、班级风气等，都是班级文化的内在体现。

班级文化与建筑文化、饮食文化一样有着自己的外延和内涵。首先，它是一种个性文化，代表着班级的形象，体现了班级的生命。其次，它是班级全体师生共同创造的财富，是全体师生共同劳动的结晶。最后，班级文化是一个动态的、发展的系统工程，它的主体是学生。

❖ **场景呈现**

开学在即，班主任小王老师想提前为自己即将接手的新班级做好十足准备，作为新教师，小王老师事无巨细，他想在开学前撰写班级规划、订下规章制度、打造班级公约、美化班容班貌，力求能在开学伊始便让学生们感受、认同并执行班主任的班级建构设想。可小王老师还是有些忐忑：在未了解学生的前提下如何写出一篇面面俱到的班级规划呢？学生们会按照制订的班级文化建设方案来执行吗？

❖ **辨析思考**

小王老师作为新班主任，或许道出了不少第一次担任班主任的教师们的疑惑，班级文化该如何筹建，需要做多少准备工作？我们不妨先思考以下两个问题：

1. 班级的硬文化和软文化有无先后次序，重要程度相比如何？

唯物主义哲学认为："物质第一性，意识第二性，物质决定意识，意识是物质世界发展的产物。"因此，良好的班级文化建设，离不开班级的物质条件准备，如班级的墙报、黑板报、活动角及教室内外环境布置等，这也是新任班主任可以提前着手准备的地方。然而，从文化的育人目的来看，班级的硬文化建设应最终服务于班级的软文化建设，旨在提升学生的群体素养，实现立德树人的目标。

对于小王老师来说，在不断思索构建班级规划的同时，可以先行着手布置切合班级文化主题的教室。但班级文化本就是一个动态发展的过程，小王老师不妨在做足准备后，在开学后与学生共同完善并发展班级规划，调整并优化规章制度，营造并引导班级风气。

2. 在班级文化建设中，最终达成的目的是？

在前面的思考中，我们明确了班级文化旨在提升学生的群体素养，实现立德树人的目标。那么，我们想要培养怎样的学生？有些班级关注培养学生的集体主义精神，有些则侧重纪律，有些在意班容、班貌或班级特色……班主任们首先都会在意对集体意识、集体习惯、集体精神的培养，积极进取的班风便好比发动了一辆高速列车，集体上进的作风也势必会影响到班级中的每一位学生。因此，对集体的教育也会最终体现在学生个体身上，实现个体在集体中的成长。

在小王老师初期的班级文化规划中，应当先明确班级中倡导的核心价值观与学生现阶段所需的世界观、人生观、价值观是否相符，并使之体系化、精细化，让班级的核心理念真正作用于学生品性方面的成长。

❖ 要点小结

1. 班级的硬文化建设应最终服务于班级的软文化建设，旨在提升学生的群体素养，实现立德树人的目标。

2. 班主任对集体的教育会体现在学生个体身上，要让班级的核心理念真正作用于学生品性方面的成长。

❖ 延展阅读

魏书生：《班主任工作漫谈》（第六章·集体生活特色化），漓江出版社，2014年第7版。

班级文化的功能

班级是学生在校教育的基本组织，是学生自我教育、自我管理、自我服务的主要载体。班级文化是班级物质文化和精神文化的有机结合，班级文化在学生成长中起着不可低估的教育作用。

班级文化潜移默化地影响着整个班级的思想、道德、情操和人格。班级文化与教育活动相结合，可以促进学生的全面发展，促进教育更好地实施，从而促进班级不断提高核心竞争力。因此，班级文化在激发学生的成就动机、提高学生的认知水平、形成学生的理想和世界观方面起着非常重要的作用。

班级文化建设是班级管理的核心内容。如果我们没有真正理解班级文化的基本功能，就不能在实践中解决根本问题。本文将班级文化的功能概括为三个方面，即道德教育功能、制约管理功能和凝聚激励功能。详情如下：

一、道德教育功能

教育是班级文化的首要功能。班级文化作为一种独特的教育力量，渗透于一切活动之中。这种教育功能不同于课堂教育，虽然看不见，却无处不在，就像润物细无声的春雨，滋润着学生的心田，陶冶着学生的情操，塑造着学生的灵魂。

通过对学生进行灵活的道德教育，学生可以从班级文化中学习到正确的价值观，从而确定自己行为的价值取向。同时，在班级文化形成的过程中，榜样的行为与价值观会逐渐成为大家接受的道德规范，这些榜样的示范作用可以促进学生道德教育水平的发展。总之，班级文化对学生的道德发展有着重要的促进作用。

学生从入学开始就一直以班级为单位生活。优秀的班级群体有良好的班级氛围，这是育人的手段，也有助于为学生营造良好的自我教育的氛围。这是班主任和全体学生共同努力形成的。良好的班风主要表现为积极向上、团结友爱、关心集体、奋发进取的精神。这种班级集体有一种无形的力量，对学生产生潜移默化的影响，可以激励学生奋进，使他们能够学习和善于学习，也有助于培养他们适应社会和环境的能力。

二、制约管理功能

班级就像一个社会群体，有一定的行为准则和规范，需要建立规范有序的管理机制。"不以规矩，不能成方圆"，培养优秀的班级群体，必须从常规管理入手。首先，班主任要向学生讲解常规管理的作用和意义，让学生明白在学校做什么，上课怎么做，要求学生从小事做起，逐步培养学生的规范意识。班级文化形成的规范体系制约着学生的言行。这种规范一旦形成，就会成为一种强大的力量，使班级成员自觉约束自己，使自己的行为符合班级规范。

班级文化的目标取向和文化取向。约束的作用在于：一是通过班级文化中的一系列"规律"约束学生；二是通过良好的互动，让学生了解制度和规范，促进学生自律。如果一个班级已经形成了良好的氛围，那么若有学生的行为不符合班级的文化，就会有人提醒他，告诉他该怎么做。这种善意的提醒是融入日常生活的一种监督和约束。具体来说，一个班级的制度制定包括：制定班级公约；建立岗位责任制；制定各种常规，如每日常规、每周常规、每月常规；制定其他制度，如班费收支制度。

三、凝聚激励功能

班级文化的凝聚功能主要表现为班级文化能够将班级成员的个人利益与班级的命运和前途紧密联系起来，使个人和班级"同甘共苦"。班级文化是班级成员共同创造的群体文化，维系着他们共同的理想和追求，体现着他们共同的心理意识、价值观和文化习惯。这种共同的心理意识、价值观和文化习惯会激发成员对班级目标和规范的认同感，以及作为班级成员的使命感、自豪感和归属感，从而形成强大的向心力、凝聚力和群体意识。

这种向心力、凝聚力、群体意识会让学生在日常学习生活中清醒地认识到"这是我的课，我是这个班的学生"。实践表明，班级文化建设水平越高，这种向心力、凝聚力、群体意识越容易体现。

班级文化的激励功能主要表现为，为每一位班级成员提供积极、和谐的学习生活氛围，有效激发和调动学生参与班级活动的主动性、积极性和创造性，使其以高昂的情绪和进取的精神更好地投入到学习和班级生活中。更具体地说，班级文化可以为每个班级成员提供良好的文化享受和创造空间，包括合适的文化活动背景和必要的活动设施、模式和规范，使学生的兴趣、理想和信念得以实现和升华。班级文化的这种激励功能无疑对学生的学习和成长起到了积极的促进作用。

一个班级能否创造出蓬勃的生机和活力，取决于班级成员的团结性和主动性，这不是班主任的强制指挥和命令所能达到的，必须建立在"共识"的基础上。老师的期待、同学的鼓励，把学生的荣誉和班级集体的荣誉联系起来，让他们以主人翁的姿态学习和工作。主人翁地位的实现和巩固，需要学生具备强烈的义务感和责任感，以为班级营造精神抖擞、朝气蓬勃、奋发向上的良好氛围。这种氛围比任何强制命令都有效，把学生的被动行为变成了一种自觉行为。

如上所述，本文简要论述了班级文化的三大基本功能，即道德教育功能、制约管理功能和凝聚激励功能。在平时的管理工作中，班主任要结合工作实际，积极思考和总结相关问题，从而更好地建设班级文化。教育要以人为本，要发展学生的个性，形成良好的心理素质。班级不仅是一个教育系统，更是一种文化模式，其核心内容是班级文化。因此，班级文化的发展必然会对学生产生非常重大的影响，也将为教师的专业成长提供有力的保障。

班级文化是一门潜在的隐性课程，具有无形的教育力量，能够在学生的学习和成长中发挥重要作用。因此，教师需要以班级文化建设为突破口，坚持把教育理念融入整个文化环境，充分发挥班级文化的教育功能，坚持在教育中用文化理念指导班级工作，用文化氛围渲染学生，用文化互动影响学生，从而培养学生。

班级建设的主角

何为班级建设？班级建设就是师生共同努力创建好的学习环境。那么班级建设的主角是谁呢？是老师？是学生？当然是学生，班级建设是以班主任为主导，以学生为主体，让学生当班级的主角，让学生参与班级的建设，让班级的每一个角落都充满学生的智慧，让学生生活在自己创建的环境中。

一、更新班级建设理念——管是为了不管

我们应该更新班级建设的理念，改变观念。叶圣陶先生曾经说过："教是为了不教，学是为了不学。"那么班级建设也可以深化为"管是为了不管"。学生是教育的起点，同时也是教育的终点，而我们的教育更是为了发掘学生的潜能，学生的潜能是无限的，只是缺少施展才干的机会。班级建设是学校建设的基础，班级建设是为了让学生发展个性，实现人生价值；班级建设是为了让学生学会自律、自育；班级建设是为了让学生成为更好的自己。学生应当成为班级建设的主角，自己创建独具特色的班级文化，自己设定班级制度，让学生自己设置的班级制度内化为所有师生的日常习惯，就像书中说的那样，"把制度化的'物'的尺度变为师生自主、自觉的'心灵'尺度，共同形成价值观、社会舆论、群体意识、团队精神和行为规范。"要提高学生的主人翁意识，在班级中营造一个和谐的学习、生活氛围，从而形成一种文化，让班级文化对全班形成强大的凝聚力。"管是为了不管"，让学生成为班级建设的主角，并不意味着班主任样样都不管，只是为了让"管"更有效率，成为学生的主心骨，成为学生的依靠，让"管"变成"不管"，以班级建设为抓手，以创建良好的班级文化建设为目标，以班级制度建设为基石，重抓班干部队伍的培养，让学生最终形成自我管理。

二、确立学生在班级建设中的主体地位

现代教育理念的发展，从根本上促进了新型的班级建设观念的形成，为以学生为本的班级建设提供了保证。让每个学生都能在班级建设中发挥自己的聪明才智，让每个学生的特长都能在班级建设中得到充分的体现，让个人影响集体，再让集体影响个人，使每个学生的个性得到培养和发展。

1. 为班级命名

一个合适的班名能够体现一个班级的特色。常言道："人如其名"，那么也有"班如其名"，班名表面上是一个班级的代号，就像三年三班、三年四班一样，但是实质上一个合适的班名体现着一个班级的文化。就像给刚刚出生的孩子起名字一样，它寄托着父母对新生儿的良好祝愿，那么一个合适的班名实质上也代表着一份殷切的希望。学生自己给班级命名，会让班级里的学生形成一种主人翁的意识。班级作为学生的第二个家，就像家风一样，也会形成良好的班风，让每一位成员朝着一个坚定的方向前进，激励他们为理想而奋斗。

2. 召开自己的班会

学生学会自己开好班会，也是学生参与班级建设的重要体现。学生自己召开班会，让学生成为班会的主角，这不仅训练了学生们的勇气，培养了他们的语言表达能力，并且让他们拥有了主人翁的意识，认为班级是自己的，要保护好自己的小家。学生们自己寻找班会主题、收集班会的资料、设计班会的流程，同时也训练了自己发现问题、解决问题的能力。让学生调动自己的生活经验和知识储备，让学生更有成就感。寻找班会的主题，让学生有了发现问题仔细观察的能力；收集班会资料的过程，让学生有了更多与他人交流的机会，学会有效沟通，感受交流的乐趣，设计班会流程，让学生有了组织能力，培养了学生们的自信心。

3. 设计自己的活动

我们让学生自己做活动的主人。让学生自己设计活动的内容，成为活动的主角，充分体现了自己的小家自己做主的思想。从选择活动主题到制订计划，再到活动的实施，最后到活动所得。这一系列过程，学生参与其中，不仅能够锻炼学生的能力，而且还能在活动中学会求知、学会收获快乐。

班级建设的主角当然是我们的学生，在班级管理中不仅提高了学生自我管理的能力和意识，而且充分调动了学生的主动性，发挥了学生的创造性。既管好了自己，又激发了学生的内在潜能，让学生自信的光芒闪烁在班级里的每一个角落。

如何解读班级文化主题

班级文化的主题是班级之魂，也是班级精神的直接体现。有深意、有内涵的班级文化主题是一种精神引领，能正班风，能聚人心。班级文化不是靠简单说教得来的，而是要根据班级本身的班情、学情，通过各种有效的实践活动，让班级成员从中体验和感悟，并将之内化于每个学生的心灵。班级文化主题是班级本质、个性、精神面貌的集中反映，是班级精神的直接体现。经积淀形成的班级精神文化，再加以升华并铸造为班级之魂，统领班级各个成员。班级文化的主题既有本体也有外延，本体包括班名、建设理念、建设目标，外延包括班训、班歌、班徽、环境建设、活动开展、制度文化等。因此，班级文化主题可以从主题的确定、传播和渗透三个过程解读，着眼于班级文化主题的互动性、系统性和延续性。

一、切合主体：文化主题的互动性

班级文化主题就像班级的专属密码，使得师生之间、生生之间具有独特的沟通方式。班级文化建设的主体是学生，只有被大部分师生认可的行为准则或交流方式等，才能称之为班级文化。而班名是班级文化主题的结晶，是班级文化主题的直接表现。班名的确定，不一定与众不同，不一定求新、求异，但一定是孩子们喜欢的、认同的。因此，班主任首先要认真研究学生的认知水平和思想状况，给班级准确定位，提出班级发展愿景。可以向学生广泛征集体现班级核心价值观的关键词，在经过充分研讨、整合之后，最终确定班级文化主题。班级名称确立的方式有很多种，如利用孩子们日常生活中可见的动植物、动画片或神话故事中的榜样人物，或者利用具有规范学生常规行为、品德功能的儿歌、童谣，也可以引用中国优秀传统文化等。如在确定"青竹班"这个班名时，我先搜集了学生对于班名及班级建设的愿景，从中提取了顽强、虚心、坚定的核心价值观，进而选取与这些核心价值观相吻合的意象——青竹。结合班中同学良好习惯没有养成，浮躁又缺乏自信以及学习能力参差不齐的实际情况，最终确定了班级的建设理念——学竹文化，做竹君子，这既能体现学生的愿景、班级特色、时代精神，又通俗易懂，具有激励作用。

二、建构框架：文化主题的系统性

班级文化主题要想具备系统性，就要建构文化框架，使得学生能够在平时的学习生活中不断领悟班级文化的内涵。班主任要以班名和班徽为核心架构主题性班级文化框架，使得班级环境建设、制度制定和班级活动处处凸显班级文化的主题。依托"青竹班"特点，我开发了青竹文化课程。雨霁初晴，雨后的青竹挺拔、清秀、翠绿，不断从泥土中汲取养分向上生长。我引领学生从青竹蓬勃的生命力、虚怀若谷的精神中寻找共通点，将学生比作小青竹，大家同心同德，勤奋努力，共同守护属于他们自己的精神家园。鉴于此，我们架构了班级青竹文化框架：由竹之形、竹之品、竹之神、竹之文、竹之爱、竹之规等组成。绘竹之形、习竹之品、传竹之神、集竹之文、献竹之爱、守竹之规，并依此开展系列活动，引领学生建设自己的精神家园，爱护自己的精神家园，真正凝聚起了学生自律、团结、和谐、友爱的班级精神。

基于班级文化框架，班级的各项活动均可凸显班级主题文化教育特色。班级活动是班级文化的表现形式也是班级文化的承载对象。"青竹班"以青竹文化为主题，通过品精神（领悟竹子精神，开展相关主题文明礼仪及文化竞赛活动）、赏竹音（欣赏竹笛、葫芦丝、笙等乐器的演奏，培养高雅的情趣）、学知识（学习与竹子有关的诗词、歌赋、音乐及其他文化艺术作品）、践行为（传扬并学习具有竹子精神品质的优秀人物的精神事迹）等多种形式，开展全方位、系列化的文化教育活动，真正让班级文化深入人心，实现立德树人的教育目的。

三、丰富载体：文化主题的延续性

核心价值观、班级愿景等精神层面的东西必须以物化的方式具体呈现，才能使得班级文化具有延续性，更重要的是要有共享的信息和价值观，否则难以给人留下深刻印象。确立了班级名称后，可以围绕班级主题设计文化载体，要注意结合班级目标，使之具有导向、激情、励志、凝聚和规范等多种功能。班歌、班训、班级口号、班级公约等能以听觉和视觉的形式传达班级文化，是班级精神文化的外显形式。

班训是班级精神的集中体现，一条好的班训具有间接而内隐的教育影响作用，是激励全班学生勤奋学习、积极进取的精神动力。班主任在确定班训和班级口号时要从班级的实际出发，充分发挥民主，让班干部和同学一起参与班训的确定，必要时可以召开一次专题班会来讨论。这样确定的班训能得到全班同学的认可，进而成为共同奋斗的目标。一般来说，班训的拟定应不拘形式，以简洁、有特色为好。如"坚毅有节做事，虚心向上做人""勤学善思酬壮志，鲲鹏展翅凌云霄""读健康有益之书，做奋发向上之人"等班训，均为上乘之作。

班歌是班级精神风貌和班级特色文化的标志，它的思想内容代表着班集体的精神，会给班级每一位成员以力量、勇气、责任感、荣誉感和自豪感的体验。这种体验会激励每一位成员为拥有优秀的班级而努力。班歌的创作要根据班级的具体情况而定，有条件的班级可以由班主任或学生作词、作曲，曲调应该是昂扬积极的，歌词应集中表达班级成员整体的精神风貌、理想和追求，并得到班级成员的一致认可。"青竹班"将古诗《竹石》中的诗句进行改编作为班歌，旋律是活泼欢快的，歌词集中表达"青竹班"坚毅顽强、虚怀若谷、积极向上的精神风貌、理想和追求。鲲鹏班的班歌则直接引用现有的歌曲《鲲鹏志》，该歌是昂扬向上的，充满活力，歌词较简单，学生容易熟记心中。这样通过建构文化载体将核心价值观全方位物化，通过反复宣讲和长期浸染，使班级文化内核深植于学生内心。

如何制定班歌
——以"信义班"班歌创作为例

人们的精神活动离不开物质活动，精神产品也凝结在一定的物质载体之中，在艰苦卓绝的革命战争年代，军歌能鼓舞士气；在抗击新冠肺炎疫情时期，抗疫歌曲能凝魂聚力。可见，歌曲总能以其特有的感染力和感召力，使人力量倍增。班歌作为承载班级精神文化的物质载体，起着弘扬班级精神，展现班级风貌的作用。班歌对人的影响深远持久，许多学生毕业多年，仍然能哼唱当年的班歌。因此，借助班歌可增强班级文化的凝聚力，增进学生对班级文化的认同感，可将班级文化的精神内核植根于学生的心灵。班级文化的核心是精神文化，没有精神文化，班级文化就失去了"魂"，班歌则是这精神文化的"体"，"魂"与"体"相辅相成，统一于班级文化建设中。

一、认识班歌，选取班歌创作类型

班歌选取大致可以分为借用、改编、原创三大类。借用型班歌一般选取与班级主题相关，励志、积极向上、耳熟能详的歌曲，如《少年》《我的未来不是梦》《真心英雄》《星辰大海》《夜空中最亮的星》《少年中国说》等。改编型班歌是目前最常见的方式，此类型班歌是借用原曲的旋律和节奏，再根据班级的特色重新填写歌词。原创型班歌是指班歌的旋律和歌词都是由班级自行创作，此类型的班歌能充分发挥学生的主体性，但对组织过程和学生素质要求都比较高。例如李镇西老师在退休前的最后一课，领着昔日学生高唱36年前未来班的班歌《唱着歌儿向未来》，这首原创型班歌就是根据当时学生提出的建议，通过学生写信邀请的方式，请到知名作曲家谷建芬帮助谱曲。原创型班歌的创作可以发动全班同学参与班歌词谱制作，若能充分利用音乐领域的社会资源，会令班歌更具有传唱度。"信义班"的班歌属于原创型班歌，是在全体师生的共同努力下诞生的。

表1-1 不同类型班歌一览表

班歌类型	创作方式	主要优点
借用型班歌	直接借用与班级精神文化内涵相符的歌曲	具有较好的传播基础，易于推广
改编型班歌	借用原曲的旋律和节奏，再根据班级的特色和文化重新填词	有效利用了耳熟能详的旋律的传播效应，自行填词既发挥了学生的主体性，又提高了歌词与班级精神文化的匹配度
原创型班歌	班歌的旋律和歌词都是由班级自行创作	符合班级个性化定制的需求

二、创作班歌，调动三位一体积极性

1. 同心共创，学生是班歌创作的主人翁

苏霍姆林斯基说过："只有能够激发学生去进行自我教育的教育，才是真正的教育。"班歌的创作过程本身就是增进班级文化认同、形成班级共同语言密码的过程，因此，班歌的创作主体应是全体学生，而非只有班主任唱独角戏或者只有少数学生参与的创作，班主任需要充分调动全体学生的积极性，让班歌的创作体现全民主、全过程的特点。"信义班"的班歌创作是从海选开始，班歌创作分为三个任务组：填词组、谱曲组、MV导演组，学生根据自身的特长和兴趣爱好自行选择组别。每个任务组再以3—5人为一个创作单位进行首次创作，利用主题班会让创作组展示和阐述创作理念，采取民主投票的方式，初步选出既符合班级文化内核又贴近学生，具有时代感的歌词和旋律，再在初选的基础上进行下一轮的讨论完善。全体同学精心打磨、不断对比、取舍，经过五轮修改和票选形成了《信义的光》的中期作品，进入第二阶段的修改。值得注意的是，不管经过几轮的修改，都需要发挥全体学生的作用，创作过程可能会出现意见不统一的时候，班主任需要抓住教育的契机。实际上学生的每一个意见和建议，都是对班级文化的思考和热爱，需要充分保障每一个学生的参与和权利，同时班主任可遵循民主集中制的原则，协助班歌创作积极推进。

2. 协同指导，教师是班歌创作的同行者

一首班歌能经久传唱，离不开专业的指导，在第二阶段的修改中，语文老师对词语的表达提出修改意见，音乐老师对曲子的流畅程度进行了完善，让旋律更加优美。在本阶段的修改中出现了一段小插曲，学生创作的班歌中带有一段说唱，这种演唱是年轻人时下流行的方式，深受学生喜欢，音乐老师则认为，"信义班"班级文化内核是弘扬优秀传统文化，不应加入流行唱法，歌曲的呈现应主打古风。从教师的角度看，更倾向于音乐老师的建议，但班级文化的建设主体是学生，教师可表达自己的看法，但仍然要理智地让学生们进行选择，不可把教师个人的看法强加于学生。学生向科任老师们推荐了现代嘻哈与传统戏曲结合的歌曲，以现代的文艺方式演绎经典，推动优秀传统文化创造性转化、创新性发展。班歌要具有生命力，一

个很重要的因素就是贴近学生的生活,激发学生的情感共鸣,因此,班歌的创作要结合学生的生活实际、发展状况和时代特征,最终,"信义班"的班歌保留了说唱部分,传统与流行的碰撞,让歌曲更具有时代感。

3. 家校共育,家长是班歌创作的合伙人

根据社会学研究,家庭和学校是孩子社会化的两支重要力量,加强两者之间的合作,形成协同力,更有利于教育朝着和谐、有序、高质量的方向发展。家长不仅作为学生学习的支持者,更是学校教育的参与者,让家长参与到班级文化建设中,能够增加家校共育的效能。"信义班"的班歌邀请家长助力MV拍摄,家长们非常乐意,积极提供拍摄创意、硬件资源,让班歌的创作成为一项亲子互动,不仅增加了家校互信,更让家长理解了班级文化,与学生共同践行班级文化,形成教育共识。

三、传唱班歌,发挥班歌育人的作用

传唱,是充分利用班歌传播班级文化的途径,传唱使班级文化仪式化、多样化、活动化,用音符刻印青春时光,用歌声传颂班级精神。正如奥运会让人们印象深刻的,除了赛场上奥运健儿的奋勇拼搏外,还有在领奖台上奏唱国歌的热泪盈眶。

在班级重大时刻和活动上唱班歌,如校运会、颁奖、班会等,让传唱班歌具有仪式感,唱出班级的精神风貌,唱出班级的磅礴力量,增强学生的归属感和自豪感。《孝经》道:"移风易俗,莫善于乐",班主任可拓宽班歌传承的途径,不仅可在集体活动的时候传唱,还可将唱班歌融入学生的日常生活中,在上课前老师和学生起立齐唱班歌,在学生开心的时候唱班歌,在失败的时候唱班歌,在成功的时候唱班歌,在遇到困难的时候唱班歌。班歌像嘹亮的号角,以其强劲的号召力和感染力,凝聚、激励学生提振精神、昂扬向上、不断进步。

有了自己的班级文化,班级就会有魂,班歌是班级的"软文化",是班级文化的闪亮名片,"信义班"通过班歌创作推动班级文化建设提质增效,凝聚家校力量,拓宽德育途径。一首班歌为孩子们的成长搭建了精神家园,让班级文化建设绽放光芒。

如何制定班级口号
——以"思齐班"班级口号制定为例

班级作为一个整体，应该有统一的奋斗目标，并将这一目标具体化，成为激励每个学生向上的动力。而目标具体化的其中一个表现就是班级口号的制定。一个好的班级口号，既能体现班级的目标与文化，同时也能给学生带来激励，从而潜移默化地产生向心力和凝聚力。

本文以"思齐班"班级口号的制定为例，讲述如何制定一个合适的班级口号，从而发挥向上的凝聚力，使学生一方面真正由心底认可班级文化，另一方面将班级口号作为日常行为的准绳，从而将班级文化内化于心、外化于行。具体而言，一个适合的班级口号，应具备以下几个特征：形韵美、音韵美以及意蕴美。

一、形韵美

形之美，在对仗工整。班级口号应给人以简短、有力、对仗工整之感。具体来说，应注意以下两个方面。第一，班级口号不宜过长。一般而言，总体不超过20个字，每句以4—5字为宜。过长的班级口号难记、难整齐、难出气势。第二，班级口号应以日常生活用字为主，尽量不要出现生僻字，给人以简洁有力之感。

例如在"思齐班"班级口号制定的过程中，有同学提出以经典的词句"见贤思齐焉，见不贤而内自省也"为班级的口号。乍一看，这句话十分精准地指出了"思齐班"班级文化的内核，但细读之下，这句话并不适合作为班级口号。过长且不工整的班级口号难以让人记住，更不必说将口号转化为同学们具体的行动。若稍加整合，取义为"见贤思齐，争优进取。吾日三省，日新又新"，此班级口号简洁明了，对仗工整，将"思齐内省"的班级文化融入其中，能让学生迅速记住并思考其内涵。

17

二、音韵美

音韵美，在朗朗上口。作为口号，最终要以"口语化"的形式说出来。因此，需注意以下两个方面。第一，班级口号应注意简洁明了，在音律上，尽量做到仄起平收，押韵自然。班级口号说出来应有一定的气势，体现集体的力量和班级的良好风貌。第二，尽量能将班级文化内涵融入口号，以可视化的形式展现出来。

例如，在以"思齐"文化为核心内涵的班级口号中，有的班级会以"思齐我班，雅言雅行"为班级口号。这一班级口号简单明了，体现了班级名称和班级文化内涵，是良好班级风貌的体现。但在音韵上，还缺少了些许韵味，若能改成"思齐我班，志在攻坚"或"思齐少年，雅行嘉言"，则能体现出班级口号音韵美的特点。因此，班级口号虽然字少，但也需要细心推敲，用准每一个字，展现良好的班级风貌。

三、意蕴美

意韵美，在内涵深远。一个好的班级口号，除了简洁明了、对仗工整、朗朗上口等外在美之外，更需要有其内在美，即能够鼓舞人心，具有实际的可操作性。首先，班级口号应与班级文化建设相联系，再好的班级口号若脱离了本班文化建设的实际，那也是不合时宜的。其次，班级口号应积极、健康、向上，给人以动力。

例如，在"思齐班"班级口号的制定中，有的班级以"青春闪耀，飞扬无限"为班级口号。虽然从字面上来看，做到了简洁明了，也能体现出班级气势，但就口号的内容而言，未能展示出"见贤思齐"的深远内涵。如果将其改为"见贤思齐，精诚乐学。读书求理，集思进取"或"见贤内省，从善修身。思齐我班，展翅扬帆"等，则能更好地体现出"思齐"这一班级文化的特点。

总的来说，一个好的班级口号，是班级文化建设的缩影，能够体现一个班级良好的精神风貌。因此，班级口号的制定应深思熟虑，几经推敲，将形韵美、音韵美和意蕴美融合进短短的一句口号非易事，但也并非不可做到之事。

如何设置班训以塑造班风
——以"若水班"班级文化建设为例

班风,是指一个班级稳定的、具有自身特色的集体风范,是一个班级中大多数学生在学习、思想等方面的共同倾向。它是经过长期、细致的教育和严格的训练,在全班逐步形成的一种精神力量,一种行为风气,它是班级内在品格与外部形象的体现。良好的班风将为班级学生提供有效的动力和压力,为学生提供优良的学习环境。良好的班风能增强班级的凝聚力,使班内学生遵守班集体行为规范,维护班集体荣誉,从而形成良性循环。

在营造班风的过程中,班训的作用相当于一面旗帜。它是全班共同遵守的基本行为准则与道德规范,有着评价、激励和整合的作用,它引领师生向着共同的目标前进。那么,班主任该如何设置班训,以达到引领班级迅速形成所期待的班风的目标呢?本文以"若水班"的班级文化建设为例,探讨如何充分发挥学生主体性原则,使师生共同落实班训,从而达到塑造良好班风的目的。

一、设置班训需要具有目的性和阶段性

设置班训的最终目的是营造班风。相较于校训,对于班级而言,班训更具有针对性,它可以是针对个人的引导,也可以是对班级提出的期望。班训的格式一般采取"四字八言"或是"二字八言",简短精悍,朗朗上口,例如"青竹班"设置的班训是"坚毅有节做事,虚心向上做人"。随着时代的发展,也可以设计外文版班训、广告式班训等,例如"心有多大 舞台就有多大"。

在班级发展的不同阶段,班训可以进行适当的调整。因为班训是班级成员对未来设置的目标,基于现实而高于现实。一般而言,班训必须根据学生年龄特点和成长规律,在不同的学段关注不同的侧重点。例如,在新入学时,班级文化在萌芽阶

段，此时班级设置的班训可以多倾向于规划未来目标；在毕业班阶段，此时班级设置的班训可以多强调学习目标或学习方法。

以"若水班"为例，班主任先确定班级班风，再设置三个学年不同内容的班训。首先，通过了解本班学生结构、查阅学生评语、在开学前对适应性教育阶段进行观察等途径，班主任发现班级学生学习水平中等，行为习惯比较散漫，争优创先的意识不足，根据这些特点，班主任确定"若水班"班风，即打造出一个自律、自强、团结、奋进的班集体。接下来，在进入七年级时，作为初中阶段的起始年级，班级为引导学生树立理想，以形成争优创先的风气，围绕"自强"与"奋进"两个班风重点，将班训设置为"凭若水之心，壮凌云之志"。升上八年级后，班内学生大多进入青春叛逆期，自我意识增强，需要在亲子关系、师生关系、同学关系方面多下工夫，引导学生学会与人和谐相处，学会悦纳自己和他人，所以，班训侧重于培养"团结"这个关键内容，设置为"海纳百川，有容乃大"。进入九年级后，学生学习压力倍增，成绩优秀的学生希望能更上一层楼，但强中更有强中手，同时，暂时落后的学生开始奋起直追，但受到学习习惯和学习基础的影响，常常会有挫败感，因此，在这个阶段，班级重在营造一个严谨而又积极的班级舆论和学习氛围，加强人文关怀，培养学生胜不骄、败不馁的性格，所以，侧重于"自律"和"自强"两个关键内容，班训设置为"志坚行苦，追求不懈"。三个不同风格的班训，就像为班级成员设置的一个个新路标，引领着他们在成长的路上一路前行。

二、设置班训需要发挥学生主观能动性

在设置班训过程中，学生是最为关键的主体。因为设置班训的最终目的是塑造班风，为学生服务，班主任是设置班训的主导者，但不能代替学生的主体地位。总体来说，随着学生年龄的增长和能力水平的提升，学生参与班训设置的比例可以逐步提高。小学低年级班级的班训可以由班主任直接设置，接下来逐步发展为班主任提供几条班训，由学生们选择或参考，最终应发展到在形成班级目标共识后，组织学生自主设计班级班训。

在设置班训过程中，使学生理解班训的释义是最核心的内容，这有助于加强学生对班训的认同感，增强主人翁意识，从而转化为所有学生行为的内驱力，凸显班训在班级管理中的"旗帜"作用，以避免班训流于形式。

以"若水班"为例，初中三年里，班级以三种不同的组织形式引导学生参与设置班训。七年级，班内同学来自不同学校，互相不熟悉，班主任组织学生探讨"若水"二字的内涵，然后提出两个班训做参考，全班选择其中一条作为班训，充分的讨论过程达到凝聚人心、锻炼队伍的目的，为后期的班级管理打下基础。升入八年级后，班级情况发生变化，班主任以更新班训为由，组织学生分析当前班级存在的问题，规划下一阶段班级努力的方向，进而在班主任的主导下，由同学设置出新学期的班训，在整个分析和总结的过程中，充分发挥了学生的主人翁意识，提高了学生辨别是非的能力。九年级，学生在综合能力和自主意识上达到新的高度，班主任安排班长组织班会，在回顾过去两年初中生涯的基础上，班级成员对班级在未来一年努力的方向进行规划，集思广益，提出新一学年的班训。三年里，学生在班训设置过程中的参与度逐年增加，完成了由"他律"向"自律"的转变。

三、发挥班训的教育功能，打造优良班风

班训具有评价功能，能成为对班级成员进行教育的依据，使班级成员明确自己或他人的行为是否符合规范。班训具有整合作用，是班级成员之间形成的共识，它把个人和集体联系起来，用强大的向心力把班级凝聚成一个大家庭，营造出和谐、融洽的班风、班貌。班训的最大价值在于转化为班级成员的内在认识，形成内驱力，推动班级文化的形成。

以"若水班"为例，在确定每学年的班训之后，班主任从硬件和软件两方面进行更新升级。在教室布置方面，把班训制作成版画，挂在教室黑板的侧面，每天早读时段，要求全班一起诵读班名、班训，做到班训天天见、天天读。从形成班级合力角度，利用主题班会、年级会、家长会的机会，向班级成员、科任老师、家长积极宣传和解读班训的含义。同时，围绕班训举行形式多样的主题活动，例如征文比赛、书法比赛、演讲比赛等，让班训深入人心。在处理班级事务时，引导学生对照班训进行内省，在自我内化过程中完成对班训的认同。让班训成为一条主线，贯穿班级管理的始终，最终塑造出优良班风。

以上主要以"若水班"为例，从三个方面介绍了设置班训以塑造班风的过程。设置班训的基础是学生，设置班训的最终目的也是服务学生，我们相信，当学生的主体性地位得到尊重，营造出和谐、民主的教育氛围，必将能引导学生成长为德、智、体、美、劳全面发展的合格建设者和可靠接班人。

如何根据班级文化主题进行教室布置

班级文化是班级的一种文化传统，是学生的一种行为方式，是长期以来形成的一种班级风尚。班级文化需要长期自觉或不自觉地渗透，而渗透需要透过必需的形式融入班级同学的学习、生活、行为等各个方面中，需要透过一些细节来潜移默化地影响学生，使学生们从一些细节中汲取能量，从而影响他们的行为。

关注班级文化建设，是每一个班主任需要重点思考的。让自己的班级有着更好的班级文化，使自己的学生充满活力、充满人情味，使学生养成良好的行为习惯，进而形成更加上进、向上的班集体，应是我们每一个班主任的努力方向。

教室是班级文化主题渗透的场景之一。"环境造就人"，教室是学生在校时待得最多的地方，是学生最重要的成长环境之一。苏霍姆林斯基曾说："只有创造一个教育人的环境，教育才能收到预期的效果。"

如何根据班级文化主题进行教室布置？本文从以下几个方面进行叙述，以期抛砖引玉。

一、分好区域，突出主体

对教室进行布置首先可根据所要创建的班级文化进行思考，对教室内外的可利用区域进行区分，利用好各个大小不同的区域，分好主次，突出班级文化主体内容。

教室的外墙是学生每天上课、下课都会经过的地方，而且外墙的范围比较大，可以用色彩比较浓烈的艺术字和色彩比较明快的图案来体现班级文化。这面班级文化外墙的设计，目的是强化突出班级文化主体内容，为学生良好品德的形成、良好性格的铸就、良好行为习惯的养成提供肥沃的土壤，使之成为班级的文化宣传栏，成为班级文化建设一道亮丽的风景，使此面教室外墙会说话，让此处的环境能育人！

例如，以"书、礼班"为例，可在教室外墙上用艺术字书写"知书 达礼"四个大字，在四个大字下面配以中国传统图案的窗花，窗花下画一幅画，画的上角画充满中国传统特色的图案——梅花，在梅花下面书写诗经、古诗词等，并配以"书香"这两个突出的楷书大字。这样，一幅色彩浓烈、主题明确，充满浓浓的艺术气息的外墙画就完成了，可以给班级学生一个明显的提示，使班级文化在无形中渗透进学生的心里。

教室的门口，可以书写显眼、突出的体现班级文化的班级名。班级名是一个班班级文化的最具体、最直接的体现，在教室门口这个不大而又非常重要的地方展现是最好的。

教室的黑板上方，可以悬挂班徽。班徽体现一个班的精、神、气，也是班级文化的具体形象的浓缩，悬挂在黑板上方，学生每天抬头都能看到。以"书、礼班"为例，可用9个色彩不同大小一致的木质相框排列，组成一个爱心，每个相框里再放一本书，这就可以形成一个有趣而又有文化的班徽了。学生每天抬头看到这样一个班徽，相信会对"书、礼"形成深刻印象。

二、利用角落，注重细节

利用好教室内的小角落，根据班级文化主体内容做好细节布置，使班级具有更加浓烈的氛围，将班级文化理念潜移默化地渗透给学生，润物细无声地影响学生。

教室的小角落，如黑板旁边的一角布置起来会非常有氛围。以"书、礼班"为例，此处可布置一个充满生机的图书角。可放一张长方形的书桌，书桌的抽屉里放一些书，桌面上可以整整齐齐地分类摆放一些书籍，同学们都可以在这里借阅观看。在这些书的旁边可以放一两盆充满生机的小绿植，例如，仙人掌、多肉植物、小罗汉松、富贵竹等，以便更加吸引学生。在书桌上方的墙上，可以布置些例如"读书破万卷，下笔如有神""知书识礼"这样的书法。这样，在洁白的墙壁上进行简单的彩绘布置，新鲜的色彩将在这里交织，小小的角落内部分化成多个区域，使得这样一个角落既贴近班级文化主题，也充满着活力，充满吸引力。

也可利用教室里的小角落进行学生的书画作品展示，布置一个学生作品展示栏。以"书、礼班"为例，这个展示栏不能只是贴上学生作品就完事，应该更细致地展示"书、礼"的含义。例如，可以把学生的作品制作成中国传统的扇面，也可以让学生将作品写在印刷有"梅、兰、竹、菊"等的纸张上，或是在展示栏的每幅作品的旁边再加上一些中国传统元素的图案、简单的剪纸小花等，起到装饰的效果，使得这些展示栏更加优雅并具有可观赏性。

三、设计内容应具针对性

根据班级文化主题进行教室布置，设计内容应具针对性。

1. 不同主题，不同设计

班级文化墙的布置要考虑到学生的年龄和知识水平，不同年龄阶段的学生认知水平不一样，世界观也会不一样，因此，针对不同年龄阶段的学生，班级文化的主体内容就会不一样。因此，教室布置也应特别注意与班级文化主题、与教师想要渗透给学生的理念相匹配。

小学的教室布置，可以活泼一些，这样更能与小学生的认知水平匹配，也更能吸引到小学生。可以以卡通人物、卡通字画、艺术字画等来体现"懂礼貌""讲卫生""爱学习"等养成性教育主题。

初中的教室布置则根据这个阶段的学生特点，可以多穿插一些时下的时尚元素，此阶段的学生，更想与外界接触、融合，也希望自己能跟得上时尚。同时，教室布置应更注重纪律、品德等方面，将知识、趣味、时尚、教育融于一体。

对于高中的教室布置，由于高中生很多已经有了自己的想法，老师可放心大胆地将文化墙的设计和布置交给学生。尊重学生的积极性和创造性，尊重他们的个性，尊重他们的想法与能力，让每位学生都有机会参与其中。每个学生都是班级文化建设的一员，文化墙本身就是展现班级文化的地方，放手让学生自主设计，不仅能培养学生的能力，也会让学生体会到当设计师的乐趣。让同学们都参与进来，也让学生尽情展现自己的特长和风采，不仅能有效地培养学生的兴趣爱好，同时也可以使学生在日常的文化积累过程中，提高艺术素养。

2. 教室布置，关注美感

（1）要重视空间美

在教室布置设计上，除了关注内容，还应重视空间美，需要注意这些布置和排列可以融入整个教室空间，特别是当需要设置同个内容，多种不同形式的文化墙时，应使整个布置能带来有序的美感。

（2）要重视整洁美

根据班级文化主题来布置教室，有时会有一些比较零散的、可以体现主题的陈列品，要特别注意陈设布置应井然有序，使整个教室布置整齐、清洁。

（3）要重视色彩美

教室的布置除了关注内容外，还应该关注色彩，色彩要多样，同时也要整体统一，特别是教室文化墙作为教室的一部分，不应过于突出，要注意整体色彩的协调，要与教室整体色调相统一。

四、学习观察、集思广益

可以多找机会请教其他的班主任老师，一般老师都会热心地倾囊相授。有机会，可以多多留心，暗暗存货，积累素材。可以在新学期收拾班级时，除了收拾前任的"遗产"，还可以去其他教室参观寻宝，甚至可以在听课或监考去其他班级时，留心其他班的墙壁，看有哪些好点子。

可以多与学生交流，听听学生的心声与创意。在"书、礼班"的教室布置中，有一个学生提议用卡纸做成书页形式，据此，我突发奇想，把学生的作品打印在"信纸"样式的卡纸上，做成一期"书、礼寄情"的板报。这次的效果出奇地好。学生的创意打动了我，也激发了我的灵感。

我们要学着"多力合作"，这是对班主任有限的精力和能力的无限拓展。总之，教育是"合力"的结果，众人拾柴火焰高，根据班级文化主题来布置教室，班主任要尽量避免闭门造车，而要以海纳百川、集思广益的心态多多学习、多多观察，才能更好地布置教室，展现、渗透班级文化。

如何根据班级文化主题进行班级制度文化建设
——以"方圆班"为例

制度是人的行为的中介,可以强化学生的规范意识,让学生在规范中成长。把班级纪律形成制度,就是班级制度。在班级集体中,我们把那些以规章制度、公约、纪律等为内容的、班级全体成员共同认可并自觉遵守的行为准则以及机制称为班级制度文化。

只有在制度的规范下,学生才能更好地发展。合理的班级制度文化建设能孕育出优良的班级精神文化氛围。班级制度文化建设是形成良好班风的必要条件,要十分重视。根据班级文化主题进行班级制度文化建设,能使制度更深入人心,使班级制度的推行更有基础。本文以"方圆班"班级文化主题为例,探讨如何根据班级文化主题进行班级制度文化建设。

一、以班级文化为底蕴,以价值观为引导,建立班级各项基础制度

制度文化作为一种上层建筑,反映班级主体活动的规则。孟子说过,"不以规矩,不能成方圆"。既然是一个集体,那就需要制定规则来维持集体的和谐与发展。

第一,班级初建,共同制定公约,了解"方圆"文化,形成班级制度。一个新集体的创建,需要有新的规则,无规矩不成方圆。学生入学新建班集体,先严明班集体纪律,建立良好的班容、班风、班貌,明确学生在衣、食、住、行、学习等各方面的班规,使学生自觉遵守中学生守则。班规由全班共同制定,规则定下来后要形成制度,制度要上墙,以营造一个纪律严明的班风、班貌。"方圆班"班级文化建设首要就是让学生学会依规矩办事,而这些班规,不能由教师自己说了算,必须由学生共同讨论制定。班规不只是老师或班干部来管同学的,而应该约束每一个人,特别要强调的是,这个班规必须有对班主任的制约。对于一个班集体来说,任何一个成员,包括老师都必须遵守共同制定的班规。师生共同制定班规,形成制

度，以班级的制度化推进班级的民主化。

"仪表端庄，谈吐大方，严于律己，宽以待人"成为"方圆班"的第一条公约，师生讨论制定了具体标准和奖惩制度。未完善的公约在未来的班会课上逐步增加修订，让班里的班干部把内容美化到文化墙的板报上，新修订一条则增加一条到文化墙。组织学生成立公约监督小组，督促同学遵守公约，并依规章办事。每周评比守约之星，形成具体的奖惩制度，对于守约之星，给予奖励。

在班级初期形成初步管理制度，立好规矩，开始引导学生开展"方圆"文化内涵的学习和探讨。以制度促进自主管理，人人都是管理者，人人接受公共监督，该方则方，无规矩不成方圆。

第二，建立班委会制度，选出优秀的班干部。一个优秀的班集体，出色的班委会是必不可少的，因此对于班委要有明确的要求。建立班级岗位责任制，实行值日班长制度，让每一位学生参与到班级的管理中来。学生只有清晰了解各自的岗位职责，在各自的岗位上发挥个人的主观能动性和长处，人人有事做，事事有人做，只有人人把事做好，一个班级才能往良性的方向发展。

在班干部的牵头下，带领全体同学完善班规、班级公约。班级公约是"班级制度文化"的重要内核。班级公约的制定强调学生参与。可以通过学生讨论、班委修改、老师把关等方式来制订。学生参与班级制度制定的过程也是自我教育、自我约束、领悟、觉醒的过程。公约产生的过程是调研、讨论、协商、决策的过程，也是针对班级实际分析问题、解决问题的过程。公约面前，人人平等，无论是教师和学生都有自己的权利和义务。无论谁触犯相应的约定，都应当接受一定的惩罚，以保证公正和公平。

二、以班级文化为契机，促进班级制度的贯彻执行

严格执行文化制度。定了制度或者有了公约，只是制度建设的"万里长征第一步"。制度的执行要长期坚持，一以贯之，不能朝令夕改，更不能只制定不落实。班级制度建设（建立和落实）做得好，班风就好；班风好，学风就好；学风好，学习包括德、智、体、美诸方面的学习就好。这是我们教育好学生的基础性工作。在日常学习和生活中融入方圆文化，使学生懂得无规矩不成方圆，树立严明的纪律观念，在日常学习和生活中能自觉规范自己的言行，做一名知法明礼、守法诚信的文明的、有素养的合格中学生。

班级的文化环境是班级制度得以贯彻的重要保证。班级文化环境是"班级物质

文化"的重要组成部分，通常有墙报、黑板报、图书角、活动角、桌椅摆放、绿植摆放及教室内外环境布置等。班级环境布置除了要按照学校的统一要求外（比如悬挂国旗、校旗、张贴学校制度等），在内容和表现形式等诸多方面可以有自己的特点，比如在内容上，可以是文学、科学、艺术、体育、英语等；在表现形式上，可以是文本的、图片的、实物的等，但都必须遵循教育性、互动性、统一性、系列性、美观性等特性。

"方圆班"班级文化要求学生分组协作，营造文化氛围，打造班级文化墙。在学生了解学习方圆文化主题后，充分发挥学生主动设计并布置教室的氛围，充分利用好教室的各面文化墙。

以"方圆班"班级文化为例，整个教室分一个中心四个主题墙。一个中心：方圆大地主题图片，内涵班训、口号、班歌、合照。主题墙一：班规公约及守约之星。公约由第一条开始，宜粗不宜细，具体标准师生共同制定后不断补充和完善文化墙。留白一个位置表彰每周之星。主题墙二：班事、国事、天下事，事事关心。这个版面的主题墙，包括班务公告栏、每日新闻热点栏、时事评论、BBS专区（可自由发表留言）。主题墙三：我的风采我的梦。这个版面让学生展示个人生活照和风采，并在学期不同阶段引导学生制定目标及理想。里面应包括对未来的畅想和学习目标。必须注意一点，教师要引导学生在不同阶段要及时反思，记录自己成长的足迹，引导学生不断超越自我。主题墙四：主题月宣传。该版面的文化墙，留置配合学校主题活动月的德育教育需要，例如"建党一百周年"主题宣传。

教室主题文化墙的布置，要充分发动每一位同学参与。可以把全班同学分成五个小组，分别承担一个中心和四个主题墙的设计及制作、维护、更新的任务。落实到人人有事干、协作齐参与。

班级文化的上述五个方面虽然代表不同的形态，但它们之间的联系十分紧密，组成了以"价值观"为核心的班级文化圈。比如，班级公约反映出诸多的价值取向，体现了法治精神，思维方式和行动方式也是如此，班级环境不仅可以彰显不同的价值观，而且也能明显地体现出优化的思维方式和行为方式。它们之间多重多种的关联性，使它们构成了一个整体，形成具有强大教育力的班级文化墙。

班级制度文化建设逐步完善，有利于学生在制度文化的约束、限制、规范、引领下形成习惯。当班级制度文化变为一种常态时，学生的行为会逐渐认同班级文化，并内化为一种修养和品性，达到外化于行、内化于心、润物无声的效果。建设符合班级文化特色的班级制度才能培育出有引领力的班级精神文化。

如何发挥学生主体作用推进班级文化建设
——以"律己班"为例

苏霍姆林斯基说过:"真正的教育是自我教育。"班级文化建设有许多具体的有成效的方法和模式,但应该都贯穿着教育最基本的原则——学生是教育的主体。在班级文化建设中,要努力把班级还给学生,让每个学生都参与到班级的管理和建设中,培养学生的主人翁意识,进而提高其自尊心和自信心,充分发挥学生的内在潜能。开展班级学生自主管理就是开辟班级公共生活,让每一位学生以班级共同体的公共利益为目标,班级公共权利为全体成员所共享,公共事务由全体成员所共治。每个成员通过积极承担公共生活的公共道德义务,在促进或增益能惠及每个成员的公共福祉的同时成就自己,养成学生的人格和品德。本文以"律己班"班级文化建设为例,指出应该通过"设计公共话语平台,增强协商民主""设置公共服务岗位,实现班级自治""打造公共制度文化,强化自我约束"等多方面努力,更好发挥学生在"律己班"班级文化建设中的主体作用。

一、设计公共话语平台,增强协商民主

班级是每个学生的另一个家。家中成员是否能健康快乐地成长,很大程度上依赖于这个家能否让每个成员有归属感,每个成员是否都能以家庭的一份子参与其中。班主任作为这个大家庭的"家长",除了要有爱心,更要善于最大限度地发挥学生的主动性,尊重并保障每个学生的话语权,让每个成员都真正拥有主人翁的自豪感和责任心。"自律班"在班级文化建设的过程中,通过构建班级会议、班级公众号、班级日志等公共话语平台,让学生充分发声,在协商民主中凝聚力量,增进共识,促进团结。

班级会议主要由班委会议、学生代表大会和全体学生大会组成。班委会议由班长负责主持召开,每周召开一次,如遇到特殊情况,可以随时召开。会议内容主要包

括总结上周工作情况；安排本周工作任务；班委会成员交流工作经验，提出问题，解决问题；提出其他需要由班委会会议讨论并解决的问题。如果在班级管理过程中遇到诸如大型活动策划等相关议题的，可以随时召开学生代表大会和全体学生大会。

班级公众号的成立为学生搭建了一个很好的展示舞台，"律己班"以班干部为核心，通过学生分组的形式对班级微信公众号进行管理，一来可以让每个同学参与进来，提高班级微信公众号的持续关注度；同时利用班级微信公众号的功能，还能针对某一话题或某一班级事务发布投票活动，更好地收集学生意见。比如，利用班级微信公众号的投票功能，可以尝试确定班服的颜色、款式和可接受的价格区间，整个过程做到公开、透明，从而解决班服订制的难题。

此外，"律己班"还专门设置了班级意见箱，以"尊重同学、服务同学"为宗旨，以"及时发现问题，及时解决问题"为理念，广开言路听取同学心声，开诚布公地解决实际问题，不断完善班级的各项管理机制。学生可以对班级管理（例如班级管理制度、工作职责划分等）提出自己宝贵的意见或者要求，也可以对部分班干部、同学提出自己的看法或意见。针对大家提出的意见和建议，班长及团支书必须做到认真对待，不得私自公开，不得对提议者进行打击，并会做出及时处理和回应。

二、设置公共管理岗位，实现班级自治

很多优秀班主任的实践总结出班级管理三部曲：初期先实行"人治"管理，时机成熟后再用"法治"管理替代"人治"管理，最终实现学生"自治"管理。充分发挥学生在班级文化建设中的主体作用，就要努力让班级成为学生自我成长的练习场。通过设置公共事务管理岗位，使班级每位同学都拥有自己的岗位，将每一位学生融入班级公共生活之中，培养他们的归属感，扬其长处，尽其义务，通过做事学会做人，激发学生的主人翁意识和公民意识，同时让学生在班级的自主管理中健康成长。

"自律班"除了设置常规的班委队伍，还设立了图书管理员、节能员、时事播报员等班级公共服务岗位，在协商的基础上形成岗位责任和分工说明，要求每个岗位的学生守土有责，使命必达。在此基础上，依据学生特点组成小团队，将自觉性强、做事认真、能保持平静心态完成一项又一项的学习任务的学生担任团队小组长，实现自主管理。小团队内实行组长负责制，班级管理则实行小团队负责制。每个小团队轮流负责班务，一个星期内有三个小团队轮值，分别负责劳动服务、自觉

学习、行为规范方面的管理，值周小团队对轮值任务负全责。为更好地调动学生的积极性，形成向心力，我先让学生投票选出小团队管理者十二人，然后按自愿组合的形式把十二人分配成六个小团队的正副组长，再以抽签形式决定组长的组别，最后让组长以轮选的方式选出自己的组员。这样的小团队搭配合理，男女比例、各层次学生兼顾到位，既体现了自愿组合，又让组长有适当的选择权以体现威信，还兼顾了"培优扶弱"的原则，可谓"一举三得"。

由此，"自律班"形成了以"班委+团委+团队小组长"为核心的管理团队，给学生创造自主管理的机会和条件。当然，在实施学生"自治"的过程中，班主任要起指导、疏导、引导的作用，做好奖惩分明，适时鼓励，放手让学生去做的同时，以一个旁观者的身份加以指导和必要的控制。只有这样，才能既有利于班级的建设与发展，又有利于学生个性的完善、能力的提高。

三、打造公共制度文化，强化自我约束

俗话说"国有国法，家有家规"，在班级文化建设中，制度管理应该是良好班风形成的关键环节。而要让班级制度真正发挥良效，就需要尽可能让班级每位学生都参与到制度建设过程中来。班主任老师发挥引导作用，让学生们制定出适合班级实际，又能让学生认可的制度。在"自律班"制度建设中，学生以主人翁身份参与制定班级管理目标及各项管理实施细则，包括班干部选任、座位安排以及学习、纪律、劳动、生活、卫生、作业等方方面面的班规内容，自主贯彻并执行这些规章细则，自主定时检查并评估其达标度，及时修正和完善管理措施，保证学生主体作用的充分发挥。相信学生不仅能管理班级、管理学生，更重要的是能在班级教育管理过程中管理自己、教育自己、提升自己，培养自己的主体型人格和综合性素质，全面实现主体性教育目标。这正如苏霍姆林斯基的名言："促进自我教育的教育，才是真正的教育。"有了这个良好的开端，建设一个良好的班级就会成为顺理成章的事情。

此外，激励制度也是提高班级学生战斗力、保障小团队管理的有效手段。为使积分评定公正、合理，可发挥集体力量，实行师生共评。具体如下：班委与全体科任老师分别以小团队为单位给学生打分，其中常规类（听课、作业考试、纪律）由各任课老师评分；值周类（劳动服务、行为规范与自觉学习）则由班干部及班级值日生检查评分。为更好调动学生积极性，我们开展了征集班级奖章活动，让学生自己设计班级四大奖章："纪律奖章""学习奖章""行为奖章""特别奖章"。除

了"特别奖章"是参加集体活动或比赛夺得之外，其他奖章都是每积十分换一个对应的奖章，积满十个奖章的小团队则被评为班级优秀小团队，享有向班级申请主持一项活动或提出一项要求的特权。此决议一出，各小团队纷纷互相督促，人人使出浑身解数，力争能评上优秀小团队。通过竞争，班级中形成了互相监督、互相帮助、你追我赶的氛围，充分发挥了学生的主体作用，促进学生和谐、生动、活泼地发展。

以上主要以"律己班"班级文化建设为例，从三个方面介绍了如何发挥学生在班级文化建设中的主体作用。斯宾塞在《教育学》中曾指出："记住你管教的应该是一个能够自治的人，而不是一个要别人来管理的人。"只有确认学生在班集体中的地位、权利和义务，让其真正享受到民主、平等、自由的权利，才能唤起学生的责任感、使命感、义务感，学生的主体作用才能得到充分发挥，班集体才能成为学生自我教育的精神乐园。

如何发挥科任教师的作用推进班级文化建设
——以"山海班"为例

班主任作为一个班级的大管家，在班级文化建设中具有至关重要的作用，但班级工作如果过分地依赖班主任，不仅会加重班主任的工作量，还有可能使孩子们过于依赖班主任的权威，唯班主任是从，导致班级文化建设走向单一化、形式化、极端化。所谓"众人拾柴火焰高"，科任教师作为班集体的一分子，在各自的专业领域都具有扎实的学识，不同的科任对事物的看法以及见解也会不同。本文以"山海班"班级文化建设为例，认为科任教师应当充分发挥自己专业优势，为班级文化建设出谋划策，形成多学科主导下的班级文化建设合力，共同致力于"山海班"班级文化建设。

一、班主任是"山海班"班级文化建设的黏合剂

班主任作为班集体中的重要角色，在班级文化建设中具有强大的影响力。但

是，优秀的班级文化建设绝不是"一言堂"，而应当是众人智慧的结果。如何让科任教师更大地助力于班级文化建设，需要班主任有强大的辨别能力及统筹能力，既要充分地征求科任教师的意见，又要做到完美融合各家言论，同时注意精准分工，将每位科任教师的优势在班级文化建设中发挥到极致。

"山海班"班级文化建设方案形成初期，可寻求各科任教师的意见，并据此做出积极调整。如数学老师以及科学老师可以在方案的逻辑上和可操作性上给出合适的建议，音乐老师对班歌进行教学以及适当改编调整，美术老师负责设计班徽，把控班级文化区、展览区的设计以及布置。

"山海班"班级文化建设方案实施时，室内外的布置离不开每位科任老师。整体的设计格局由美术老师负责，室内的六大设计板块由专门的科任老师负责，如语文老师负责"诗词·山海"板块；美术老师负责"美景·山海"板块；道德与法治老师负责"历史·山海"与"风俗·山海"板块；科学老师负责"百科·山海"板块；综合实践、劳动老师负责"地方·山海"等。

在"山海班"班级文化建设后续的活动实施过程中，各科任教师通过多种多样的活动各显所长，如劳动与综合实践科老师可以联系对外活动，开展具有地方特色的班级活动，如组织学生就近前往本地山海景观参访等。音乐老师和语文老师是班级文化会演的灵魂人物，如山海主题吟唱比赛、山海主题演绎大赛等活动。

二、科任教师是"山海班"班级文化制度建设中的核心力量

学生是班级文化建设中最为关键的主体，班级文化建设的最终目的是为学生服务。科任教师与学生的交流应当从课堂上延伸至课外，科任教师加入班级文化制度建设是加速学生与科任教师了解最有效的方式，同时亦是加强班级管理的最快途径。

科任教师是"山海班"的核心负责人。各科任教师划分专门的职权，配合班主任进行高效的班级管理。如大课间活动主要负责人为体育老师；"山海之声"广播站主要负责人为语文老师；"山海故事"主要负责人为英语老师……

科任教师是"山海班"的专业导师团队。在"山海班"班级文化建设中，实行科任老师"导师制"。导师与学生之间遵循志愿原则，进行双向选择，一位科任老师负责并管理几位学生或者一个小组，在日常班级活动以及重要的班级文化

活动中起到指导学生的作用，并直接对该学生或该小组负责。同时，科任教师在"山海班"班级文化制度中具有监督、评价权利，有权利评比出每周"最优山海小组""最优山海少年"。

科任教师是"山海班"班级文化的最强传播者和践行者。"山海班"班级文化是各科任老师的共同成果，对班级主题、内涵的解读最有话语权，因此，科任教师在对内解读以及对外传播方面应当负起重要的责任。如向孩子们解读组织相关班级活动的意义，加强对外的宣发工作以及接待工作，同时，对外传授"山海班"班级文化相关经验，吸取其他优秀的班级文化建设中的优点，不断进行自我调整，打造最强"山海班"班级文化。

三、科任教师与"山海班"同呼吸、共进退

在大多数科任教师心中，自己仅是某一科教师，只需负责好自己的课堂，甚至认为自己与学生之间互不牵涉，相安无事就是最好的结果，其实这是不负责任的表现。科任教师作为班集体的一分子，绝对不能把自己抽离出来，应当积极主动与班主任沟通交流，融入班集体中去，与班集体同呼吸、共进退。

科任教师如何与班集体"同呼吸、共命运"？以"山海班"班级文化建设为例，科任老师首先要认同"山海班"的班级文化，积极主动地投入到班级文化的建设中去，为班级文化建设建言献策。科任教师不能等班主任来寻求帮忙时才出手相助，而应该在方案制定初期就参与到班级文化建设的设计中来，对班级文化形成强烈的认同感。其次，走进学生中去。科任教师是"山海班"的重要导师，"导师制"是迅速推进科任教师与学生关系的桥梁，作为导师更要认真负责地对待学生的每次活动，主动了解学生的优缺点，在学生中起到良好的带头作用。在班级文化建设中充分发挥学科优势，利用自己扎实的专业功底帮助学生加深对学科的兴趣。如英语老师为"南海组"导师，那"南海组"的学生更要在英语学科的学习上勤于其他组、快于其他组，其他学科老师负责的小组亦按照这样的要求执行。最后，竭尽全力，身体力行。构建良好的"山海班"班级文化并非一件容易的事情，其他主题的班级文化亦是。在整个"山海班"班级文化的建设过程中，科任老师要正视自己的核心地位，全身心地、无保留地参与其中。有些科任老师身兼多个班级的教学工作，甚至可能是其他班级的班主任，即便如此，仍要对自己所负责的班级竭尽全

力，做到毫无保留、公平、公正、不偏不倚，这是保持各个班级之间良性竞争的有效方式。

以上主要以"山海班"班级文化建设为例，从三个方面介绍了如何发挥科任教师在班级文化建设中的作用，不过，每个班级各有风格、自有特色，因此在具体实施中还应因地制宜，统筹推进。独木难林，班级文化的建设不是孤军奋战，而是多方积极合作，齐头并进，相信在各科任教师与班主任的共同努力之下，班级文化建设会朝着更容易、更多样、更有效、更专业的方向前进。

如何发挥家、校、社区三位一体的作用推进班级文化建设——以"翠竹班"为例

教育部指导中小学德育工作的规范性文件《中小学德育工作指南》中指出：坚持协同配合。发挥学校主导作用，引导家庭、社会增强育人责任意识，提高对学生道德发展、成长成人的重视程度和参与度，形成学校、家庭、社会协调一致的育人合力。

班级是学校教育的基本单元，是师生开展学习和交流活动的基本组织形式。班级文化是文化育人的重要内容和载体，在班级文化建设中充分发挥家、校、社区三位一体的协同育人作用，一方面，能提升班级文化建设的实际育人效果，另一方面，能推动学校德育形成育人合力，促进良好氛围的形成。

本文以"翠竹班"班级文化建设为例，浅谈在实际工作中，如何发挥家、校、社区三位一体的作用推进班级文化建设。

一、充分发挥三位一体协同作用，形成文化育人合力

良好的班级文化是促进学生保持良好精神风貌，形成积极向上班风、学风的助推器。班级文化建设不是一蹴而就的，也并非依靠外力强制而成，班级文化的形成

是由内向外、由浅入深的，它的形成过程便具有一定的育人价值。当师生普遍认同的班级文化主题形成时，便能真正成为一股引导全班师生共同进步的精神力量。而要达成师生"普遍认同"的目标，仅仅依靠班主任、教师的力量是远远不够的。特别是在班级文化建设初期，充分发挥家、校、社区三位一体协同作用，能够助推班级文化建设落地生根、健康发展，从而发挥强大的文化育人价值。

在班级管理中，班主任要主动邀请学生家长、社区人士共同参与到班级文化主题的研究和确立中。班级文化主题孕育在每一个班级成员中，学生的个性特点和共性特征、家长的普遍期盼和深切寄托，是确定班级文化主题的重要来源和依据。学生生活的社区环境和特定文化传统也是挖掘班级文化共同精神追求的来源。因此，在班级文化建设初期，班主任可以通过举行班级文化主题专题研讨会、论证会、座谈会等，邀请家长、社区共同参与进来。一方面，多角度聆听家长和社区的建议，有助于班级文化主题的优化；另一方面，通过互相沟通交流想法和意见，有助于班级文化主题获得更广泛的认同、支持和理解，为后续的家校社区协同育人打下良好基础。

在确立"翠竹班"班级文化主题之初，我通过举办座谈会、设置家长问卷，征求我们班级家长们的意见。在研究"翠竹班"主题背景和内涵时，家长们的参与丰富了"翠竹"文化的精神内涵，通过和家长的多次研讨，我们最终提炼出节高志凌和虚怀坚毅这两个重要的品质，这是竹的精神品质，更是家长和老师对于孩子的共同希冀。

二、充分发挥三位一体协同作用，形成活动育人合力

班级文化主题确定后，班主任老师要适时设计出系列化的主题活动，通过精心设计内容丰富、形式多样、吸引力强的教育活动，积极开展班级文化主题的"外显"和"内化"建设。在班级硬文化的搭建上，我们不仅可以组织班级学生、科任老师共同参与，还可以通过组织活动，邀请家长、社区一同参与，促使我们班级的文化布置更加丰富多彩，同时实现以活动为载体促进班级文化内化、家校社区协同育人的目的。

在"翠竹班"班级文化主题下，我们班在校园开辟了一片竹林，命名为"竹林轩"。从幼苗开始成长便由学生照顾打理，这既是班级为学校打造的一片绿色景

观,又是班级文化形成高度自觉认同的实践场所。孩子们参与到竹林的照顾中,在现实中感知、感悟,促进对竹子精神的理解和认同。我们班组织了隆重的"植竹"活动,并延伸到了学生们的家庭和社区。前期由每个家庭负责两株以上竹苗的采买和养护,在班级"竹林轩"的植竹仪式上,安排了家长代表寄语环节,每个家庭带来竹子植入"竹林轩",贴上家庭自制的精美标签,家长们对自家孩子的希冀和鼓励的话赋予了竹林更浓的生机和更深远的含义。我们还鼓励家庭"组团"在所在社区里植竹林(义务教育阶段普遍是小区对口学校,学生所在社区相对集中),日常由家长和孩子共同负责照顾。在此过程中老师还可以根据实际情况,主动联合社区,定期组织家长、师生、社区到"竹林轩"开展各种各样有趣、有益的育人活动,从而更好发挥三位一体协同育人的价值。还可以定期组织"竹画展"活动,联动家长、社区的专业人士和学生一起参与,通过展示、交流的方式让师生、家长共同思考,践行翠竹文化。在活动中,大家各自发挥所长、互学共赏、互评共进。同一个主题下,水墨画、书法、绘画、摄影等作品千姿百态、各有神韵,而又饱含相似的价值追求和希冀。

三、充分发挥三位一体协同作用,形成实践育人合力

开展有益于学生身心健康发展的实践活动,不断增强学生的社会责任感、创新精神和实践能力,是实践育人的价值所在。班主任要注重班级文化的"外显"和"内化"建设,同时要注重"践行",提供实践的机会和平台,促进学生将优良的精神品质内化于心,外化于行。作为班主任,我们要充分挖掘社区和家长的实践资源,精心融合设计,形成育人合力。

在"翠竹班"班级文化主题下,班主任可以设计家校社区联动的实践育人活动,制作"实践任务卡",由家长带着孩子利用周末的时间到社区中探访"节高志凌,虚怀坚毅"的榜样人物,挖掘社区小人物的大故事,或到博物馆参观,记录历史大人物的故事。还可以邀请社区、家长一同参加班级述说翠竹人物的情景剧演出活动,定期组织"翠竹班"学生、家长到社区参与主题志愿服务、爱心义卖活动等。

总而言之,在班级文化建设中,我们要坚持协同配合,挖掘家、校、社区三位一体的有效联动创新做法,积极探索,主动作为,充分发挥协同育人作用,提升班级文化建设的育人实效,推动班级形成协同育人良好氛围。

班级主题文化与班本课程的有效契合策略

一、依托课程背景，明确开发依据

立德树人是育人的根本要求，《中小学德育工作指南》强调"课程育人"，要根据不同年级学情特点和不同类型的班会课程特点，充分发挥班会课的主渠道作用，要围绕班本课程的目标联系学生生活实际，挖掘班会课程思想内涵，充分利用班会课的课程资源，精心设计班会内容，注重学生的情感体验和道德实践，优化课程实施途径，发展学生道德认知。要坚持立德树人，把社会主义核心价值体系融入国民教育全过程，用社会主义核心价值体系引领学生发展，提升学生的人文素养和社会责任感。面对处在青春期的初中学生，课程设计要针对学生的身心发展特点，从学生的生活实际出发，直面他们成长中遇到的问题，做好青春期学生的理想信念教育、社会主义核心价值观教育、中华优秀传统文化教育、生态文明教育、心理健康教育，充分尊重学生，直面学生的现实问题，满足他们全面发展的需要。

《中小学德育工作指南》指出，"文化育人"就是要依据学校办学理念，结合文明校园创建活动，因地制宜开展校园文化建设，使校园秩序良好、环境优美，校园文化积极向上、格调高雅，提高校园文明水平，让校园处处成为育人场所。班级的课程文化是校园文化的有机组成部分，可以结合学校的办学特色，围绕各种主题的活动实施班本课程。

二、明确实施策略，夯实课程开发路径

班级主题课程的开发，要立足于学生的自身实际和环境实际，着力于班级文化、学生的认知特点、学校办学特色、地区课程资源，融合其他学科资源，通过主题课程的系统开发，让学生在参与课程体验的过程中不断完善自身，提升自身素养。

（一）源于学生的认知特点，使课程设计系统化

班级主题课程设计应与初中生生理、心理协调，具有新奇性、启发性、趣味性和实践性。初中生开始有自己的意识，渴望独立，但比较叛逆，亲子沟通容易产生问题。而孝亲敬长是中华传统美德。作为教师，应该定期与学生交流，善于发现孩子人际交往的问题，引导学生学会正确处理青春期的问题，学会有品质地生活。

以"琢玉班"班亲课程为例，在感恩与沟通主题活动设计上围绕"认同""反思""能力""价值"等关键词开发。在"认同"主题中，在"全家福"活动课程中要求：户外、注明"××年××月××日摄于××（地点）"。这样设计的初衷在于鼓励孩子与父母相处，并通过全家福的形式记录这样的亲子沟通，这既是一种沟通的方式，也是一次岁月的纪念，一次情感的认同。在"反思"主题中，在"背影"活动课程中要求：写一封关于背影的寄语给父母，字数500字左右，真情实感，要求原创，通过背影寄语，发现父母不为自己所知的辛劳，激发自己对父母、长辈的爱，进行一次心灵的反思。在"能力"主题中，"我请爸爸妈妈吃顿饭"活动课程中要求：用自己的零花钱请父母、长辈吃饭或自己做一顿饭给父母吃，这次作业在于让学生明白，完全可以通过自己的努力，让自己和家人开心，继而懂得自己有能力去担当人生。"父母向我说心事"活动课程中要求：想方设法让父母告诉你一件他们的心事，可形成文字感悟，父母需在家长群提示孩子已完成，这次作业是在第二次作业的基础上进一步发掘孩子们对亲情的认识、对家庭的担当，激发孩子的家庭责任感和归属感。在"父母与我制作教师节小礼物"活动课程中要求：学生可购买包装、可制作，前提是要与父母一起，这是父母和孩子相互影响的亲子活动，当孩子对情感有认同时，孩子就有了维系情感的动力，家长和孩子同时扮演教育者和受教者的角色，而他们表达的是对一种职业的敬意，也就是爱师、敬师。

通过主题词构建课程主题，系统设计不同类型活动，能够孩子更加立体地把握感恩的情感价值。教育是一场心灵的对话，让孩子们从感恩父母开始，推及到老师、朋友、社会；对于教师而言，也要把对传统文化的理解从教条灌输转变为行动

体验，在活动中不断体验了普适道德的价值认同。

（二）源于学校办学特色，使课程设计校本化

班级德育课程文化是学校校园文化的有机组成部分，班级德育课程开发要立足于学校校园文化特色，反映学校办学理念，反映学校的办学特色。在选择课程主题时，可以充分结合学校的教育教学资源。在《中学德育工作指南》中，突出强调对中华传统文化的弘扬，把传统文化教育列为德育的重要内容。结合元宵节、中秋节等传统节日可以举行传统文化的主题游园活动：活动主要环节分为传统节日知识竞赛、传统节日灯谜抽奖活动、传统节日美食分享会等环节。班级德育体验课程开发还可以结合广东地方文化的特色，设计主题为"老家传统"的文化体验课程，课程要求：一是学生分为"潮汕组""客家组""广府组"等小组制作"老家节日习俗"课件，准备传统习俗用到的物品，进行分组展示；二是文化大家谈，每个小组谈谈对不同文化背景的人群的不同节日习俗，在交流中感受文化的多样性，在碰撞中形成对中华文化的自信。道德与法治课程的开发与实施从学校校园文化的特色出发，可以最大限度挖掘校本资源，既得到了学校的支持，又让学生在集体气氛中进行了无痕的传统文化教育。

（三）依托地区资源，使课程设计乡土化

课程开发要善于挖掘地区蕴涵的课程资源，使学生将自己成长的环境作为学习的场所，在不断理解、关注社区、地区文化的过程中健康成长，并使学校与所在社区形成良性的互动。例如，"琢玉班"在广府课程资源利用开发上主要是借助社会调查的形式开展，形成调查报告和主题汇报课件，并集中进行班会课展示。首先在主题设置上，选取广东地区资源，"琢玉班"的乡土调查课题主要有《探究粤剧传承与发展》《广府美食》《羊城地铁，让生活更美好》《志愿服务：助学助困行动》《寻访老家的味道》《广府老字号状况的调查研究》《广州古村落的调查研究》《裹蒸粽的制作工艺》；其次，就是利用调查报告的形式，写明调查对象的历史背景、大致发展经过、现实状况、主要成绩、突出问题等基本情况，分析调查研究所得材料中的各种具体认识、观点和基本结论，从而形成对乡土文化比较系统的认识；最后，通过集中展示让更多孩子分享到广府文化的资源，让分享者得到能力的历练。

（四）依据学科融合，使课程设计科学化

班级德育课程可以借助学科认知，引导学生综合、延伸、重组学科知识，将班级德育课程与某些学科打通进行，从而拓宽班会课的内容领域。学科融合课程结合

学科特点，可以开设"经典阅读节""古诗文大会""英语口语节"等课程。以"琢玉班"的"经典阅读节"为例，班主任与学科老师先确定阅读节的经典书目和相关环节，"阅读节"的环节主要包括读书报、亲子阅兵、读书书评和阅读汇报会等四个环节。"读书报"在栏目设置上包括读书批注、阅读感想、好词好句、写作背景、写作手法、作者作品简介等内容，根据不同阅读主题形成连载的主题阅读报，这是做好读书节的第一步，也是所有班级成员进行读书交流的基础；"亲子阅读"则更多体现亲子沟通，内容首选是家史阅读，根据每一期的阅读主题逐步拓展亲子阅读的内容，形成亲子阅读心得系列；"读书书评"则要求用明信片介绍阅读的经典书籍，并通过书评明信片推荐经典文本，让读书活动有新的主体来承载，同时名片的形式可以让班级成员以礼物互赠的形式交流读书心得；"阅读汇报会"按照小组进行阅读相关环节的展示，由科任老师进行评分，而学生通过这样的展示对整个阅读节进行了一次系统的梳理，有助于加深学生对文化典籍的理解，增强学生对传统文化的认同感和归属感。

三、完善课程框架，整体推进课程实施

课程框架的建立是一个不断进行的过程，具体的课程需要根据不同的课程目标和学情进行调整。班级主题德育课程能够成为一个系统的体系，需要一定的课程框架来支撑每一节具体的课程。一是课程框架的建立，主要分为确立主题、确定形式、重构素材、落实目标、细分课程，通过课程开发方案来进一步规范课程的布局与落实，形成系列课程资源；二是课程目标的确定，要求遵循学生主体、老师主导的原则，主要内容包含课程，应该要表达什么情感，学生应该形成什么能力，生成何种素养；三是课程内容，立足三个问题：讲述问题是什么，为什么要讲述，对中学生有什么借鉴意义；四是课程评价，要构建"教师为主导、学生为主体，家长参与"的三位一体评价主体体系，以即时性评价、过程性评价、综合性评价为整体的课程评价反馈机制。

课程的整体实施则可以依托课程开发实施方案。课程实施方案主要分为课程单元、课程名称、课程依据、课程目标、课时安排和参考资源，通过规范实施，"琢玉"主题课程的落实才能有章可循。在课程设计中，结合特定的事件、阶段、主题等因素，按照课程要求整合文字、视频、图片和网页等素材资源，形成系列课程资源。而具体班会课程通过"琢玉班"的课程开发实施方案强化落实。课程框架的完

善通过每一次课程的实施与反思，进一步优化课程的组合，同时结合主题关键词串联课程体系，使之系统化、主题化，在不断的课程实施中得到完善。

如何把红色文化融入班级文化建设
——以"远文班"为例

红色文化是中国共产党领导中国人民以马克思主义为指导，在长期革命、建设、改革实践中形成的伟大精神及其载体。红色文化是物质文化、制度文化和精神文化三者的有机统一，其核心要义是为中国人民谋幸福，为中华民族谋复兴。习近平总书记强调：革命传统教育要从娃娃抓起，既注重知识灌输，又加强情感培育，使红色基因渗进血液、浸入心扉，引导广大青少年树立正确的世界观、人生观、价值观。而班级作为学校教学活动的基础单位，其文化建设的内容，对学生个性的健康、全面发展，对完成教育和教学的各项任务起着举足轻重的作用。本文以"远文班"为例，阐述如何在班级文化建设中融入红色文化。

一、着力打造红色校园，实现文化渗透

（一）全面打造红色校园环境，校园内的活动广场、教学楼、教室、食堂、宿舍、走廊、楼梯以及围墙等所有建筑物，均配备红色主题宣传栏，充分展示红色文化。

（二）全面营造红色校园文化。校园一室一物、一花一草、一标识一旗帜，均巧妙、有机地融入红色主题，班集体均以革命英雄人物的名字命名，从校旗、校徽、校训到班级口号以及教室内的布置等入手，全方位打造红色班集体文化。

（三）全面展现红色精神面貌。全校晨会、所有文娱集会活动均含红色文化内容，讲地方红色故事，唱红色歌曲，演自编红色舞蹈。始终保持昂扬的精、气、神。

二、着力建设红色课堂，实现知之、信之、笃之

（一）开发红色文化教育课程。每学期红色文化课程不少于五节，做到有课时、有教案、有主题，特别在思想品德、语文、音乐、美术等学科中有机渗透红色文化教育内容。

（二）开展红色文化主题宣讲。聘请广州市优秀志愿者甘老师定期到学校进行红色专题讲座，以红色精品课堂切实提高教育教学效果。

三、着力丰富红色活动，实现寓教于乐

（一）开展学校社团红色文艺活动。主持人社团大力培养校园红色文化解说员；体育社团开辟军事项目比赛，提高学生身体素质；音乐社团着力打造红色经典剧目，组建"少先队鼓号队"，自编、自导、自演音乐剧、舞台剧、快板剧；书画社团开展红色题材书画作品创作；阅读社团打造红色书屋，定期开展红色经典诵读和亲子阅读活动，交流读书心得，评选"最佳亲子搭档"。

（二）开展红色文艺展演活动。在每年的元旦文艺汇演上，都要开展唱红歌、韵律操展演、团体操展演、国学经典诵读。每学期由文科和艺体教研组举办一场红色主题的演讲比赛或是讲故事比赛。

（三）开展红色主题班（团、队）会活动。组织学生观看《长津湖》等红色经典影视作品，并写观后感。组织学生每周举行升旗仪式，在国旗和校旗下唱红色歌曲，进行红色主题演讲。

四、着力开展红色实践，实现外化于行

坚持开展"弘扬红军精神，我们在行动"系列研学旅行。

（一）旅游服务活动。组织学生利用周末和节假日到景区当"小红星"志愿者，为游客提供服务。

（二）社区环保活动。组织学生参加社区生态环保活动，争当"环保小卫士"，进行生态环保宣传。

（三）红色研学旅行。组织学生开展重走长征路、参观花县纪念馆、城乡校际交流、夏令营体验、祭扫红军烈士墓活动。

（四）孝亲敬老活动。团支部、少先队利用重阳节、春节等传统节日，组织学

生到敬老院为老年人做一件力所能及的事，争当"小雷锋"。

五、推进红色文化建设的主要经验

（一）红色文化是中小学校园文化建设不可或缺的有机组成部分和重要的建设资源。红色校园文化是以学生为主体，以校园为主要空间，以红色文化活动为主要内容，以红色校园精神为主要特征，以传承和发扬革命理想、集体主义、艰苦奋斗、自强不息、群众利益至上为核心价值取向的一种群体文化。构建红色校园文化，其目的是让广大学生通过学习，坚定地树立起为建设中国特色社会主义、为中华民族伟大复兴而奋斗的宏伟理想，努力做一个积极进取、志向远大的优秀学生。它代表着学校的一种软实力，是学校优良传统的传承和积淀，是学校办学理念和师生精神面貌的整体反映。它对师生的行为导向，对学校的生存和发展都有着不可忽视的巨大作用。

（二）体验式实践是学校红色文化教育的重要载体之一。开展红色教育，特别要避免假大空的政治说教，除了用当地红色文化土壤中丰富多彩的历史人物及故事感化影响师生世界观外，更要联系实际，将红色文化与学生的日常行为规范结合起来，通过体验式的实践活动将红色文化蕴含的精神在师生的学习生活中激发。建立"星级"考核评价体系，用以验证师生的党性、信仰、理想和品性，通过红色社会实践活动以及言行验证红色基因是否真正融入师生的血液和灵魂。

以上主要以"远文班"班级文化建设为例，从五个方面介绍了将红色文化融进班级文化建设的经验，相信在多种文化的融合之下，班级文化建设将朝着更容易、更多样、更有效、更专业的方向前进。

第二部分

案例篇

第二章 一物一品叙幽情

粒粒种子向阳生
——"种子班"班级文化主题建设活动方案

一、班级主题阐述

农业是人类衣食之源、生存之本，是一切生产的首要条件。农耕文明是中华文明的重要组成部分，我们有必要让学生认识、了解农业文明。农业生产上所说的优良种子，应符合真、纯、饱、壮、健等要求。真，是指种子真实可靠；纯，指的是种子纯度高，没有或很少混有其他作物、品种或杂草种子；饱，指的是种子饱满、充实，籽粒重；壮，指的是发芽势、发芽率高，活力和生命力强，发芽、出苗快而健壮、整齐。健，指的是种子健全，没有破损、残缺和病虫感染。

任何作物都离不开种子的萌芽，而种子也因其象征美好未来被赋予了许多希冀，种子的真、纯、饱、壮、健，更如同人的品性与体质。因此，我们倡导学生"要做一粒好种子"，让真善美之花从学生的心底绽放，给人以芬芳。

二、班级育人目标

（一）认同"种子班"的核心理念（纯净、健壮、饱满、向阳），能自觉以"种子班"的要求来指导自己的日常生活习惯与学习习惯。

（二）通过班级文化活动与价值引领，树立以诚待人、明理向善、求新创美的班风，树立真善美的个人良好品行。

（三）能自觉以种子"饱满"的特点要求自己，通过勤加锻炼养成良好的身体素质，通过主动学习、自主学习不断丰富自身的阅历、学识。

（四）能以积极阳光的态度来面对生活中的各类人、事、物，乐观上进，有责任心，对自身的未来抱有一定的希望与憧憬。

三、班级文化元素

（一）班级名称

种子班。

（二）核心理念

纯净：农业上用到的好种子，首先要求种子纯度高，没有或很少混入其他作物、品种或杂草种子，即为"纯"。此外，优良的种子也应清洁干净，不带有虫卵、病菌，不含泥沙、残枝、落叶等杂质，是为"净"。以种子"纯净"的特点来观照人之品性，即要求学生从塑造自身性格特点出发，做到内心纯正、表里如一，以真诚的态度与人相处，以真实的自我来与他人沟通，不虚伪、不做作。中学生的行为容易受环境的影响，受他人的左右，又因处于价值观的形成期，更需要以"纯净"之心来面对成长，做一个真实、可靠的人。

健壮：健，指的是种子健全，没有破损、残缺和病虫感染；壮，指的是发芽势、发芽率高，活力和生命力强，发芽、出苗快而健壮、整齐。种子"健壮"的特点与人同理，1917年，毛主席在《新青年》上发表了一篇名为《体育之研究》的文章，提出了著名的体育思想："欲文明其精神，先自野蛮其体魄。"点明了精神文明与健康体魄的关系，因此，学生更应勤加锻炼，形成强健的体魄。

饱满：种子饱满、充实，籽粒重，同样是好种子的重要标准。作为学生，学习是本职工作，是学生为将来踏入社会的必要准备和必经阶段。学习过程必然会收获很多知识，这些知识、见闻与阅历终究会转化为个人内在的能量，并通过外在形式表现出来，直接影响学生的思维方式、言谈举止、待人接物，等等。因此，学生需要不断丰富自身的内在，更要不断地学习与积累。

向阳：光会影响生长素的分布，而生长素对植物的生长起很大的作用，因此，植物都有趋光性。正所谓"万物生长靠太阳"，阳光便如同人的理想信念，为人们指明方向，使人们不至于迷航，在学习生活中，明确的目标能作为学生发展与提升的不懈动力。在"种子班"，学生应具有"向阳"这一特性，对身边事抱有热忱与求知欲，乐学善思、积极进取、敢于求教，不断提升自己。

（三）主题班歌

种子

作词:邬桐　作曲:邬桐　演唱：于清龙

我像一块金色的石头
等待被发现　某天会耀眼
我像一颗金黄的种子
昨天有故事　明天有坚持
你为我打开一扇门
给予希望　赋予力量
我为你敞开一颗心
美丽温暖　有家的关怀
（春日暖　秋水长）
你的拼搏　你的梦想
将在这里疯狂
（和风吹　百花香）
想要得到就要拥抱伤痛
（青少年　有理想）
你的人生　你的惶恐
将在这里改变
（立大志　做栋梁）
想要绽放就要拥有过往
想要辉煌就要孕育种子

（四）班级班训

人就像一粒种子，要做一粒好种子。

（五）班级口号

种子一班，奋发扬帆。
播种希望，成就未来。

（六）班级公约

我要像种子一样保持纯净的品行，做人光明磊落，言行表里如一。

我要像种子一样有着健壮的身体，坚持体育锻炼，使我朝气蓬勃。

我要像种子一样储存饱满的学识，勤学善思好问，力争才学兼优。

我要像种子一样心怀向阳的希望，助我乘风破浪，逐梦志在四方。

四、班级文化建设活动设计

（一）总体思路

"种子班"所倡导的核心理念是纯净、健壮、饱满、向阳，这四个特点共同关注学生个人修养，分别指向学生的品性、身体、学识与心态。学生个体的成长，就要通过集体的教育来实现。即通过"种子班"主题引领下的文化建设，打造与"种子班"理念相符的教室环境，塑造特有的班容、班貌；通过主题活动与价值引领，形成"种子班"的良好班风。实施过程中，应先由硬文化开始建设，使之服务于班级软文化的形成；通过对集体的教育，最终指向学生个体的成长。具体而言，班级文化的建设目标分为以下两点：

1. 贯彻"种子"的核心内涵，创设班集体的物质文化氛围，营造良好精神风貌。

2. 开展主题相关的班级活动，使学生在实践中领悟、认同"种子"内涵，并能自觉以此作为提升个人修养的参照标准。

（二）实施策略

基于以上思路，"种子班"的班级文化建设将在教室环境、班级活动与评价体系这三个方面中相互对接、相互配套、相辅相成、自成一体。

1. 在环境布置中突显层次丰富、缤纷多彩的班级特色

"种子"因其成长后幼苗、枝干呈现绿色的特点，课室环境的布置应以绿色作为主题色。班级标语、公告栏及墙面都应有如"幼苗""绿叶""藤蔓""枝丫"之类的绿元素。绿色是一种和谐的颜色，它象征着生命，给人新鲜、朝气、向上、生机勃勃的感觉。在主题色的基调上，班级布置将运用两大策略：

一是设立"班级花圃"及"园艺走廊"。在班级活动的引领下，每位学生将种植一盆属于自己的植物，并统一放置于教室后方的"班级花圃"中。教室中的"班级花圃"应有牌匾，也要布置好一个木制小围栏，必要时，还可以增加一些微型景

观或小型玩偶，让这一片花园更生动、立体、丰满。当"班级花圃"的植物生长成熟、稳定，且具有了观赏价值后，可以将植物端去班级门口的"园艺走廊"处摆放，向来来往往的师生们展现"种子班"的良好风貌与价值认同，也是学校的一道亮丽的风景线。

二是设立花香一角及窗边绿萝。教室的四个角落，每个角落都由学生小组负责栽种植物，例如一些中小体型、清秀优雅的文竹、吊兰、鸭跖草、竹芋、芦荟、袖珍椰子、龟背竹、紫罗兰等，并负责照料打理。教室左右两边的窗户由学生小组负责栽种爬藤类植物，如绿萝、心叶藤、常春藤、铁线莲、爬山虎、球兰等，这些植物易成活，可净化空气，可减缓视觉疲劳，在营造良好的学习环境的同时，更能让学生充分体验置身花园教室中的精神丰盈之感。

2. 通过班级活动培养种植能力，在劳动中树立正确的价值取向

"种子班"将设立两大类型的班级活动，与班级主题文化、环境布置相匹配：

一是开展"育种能手"活动。在班会课的先行引领与指导后，每位学生可在多种植物种子或幼苗中，自行挑选自己心仪的植物进行育种，精心栽培，并将作物摆放在"班级花圃"中，待植物生长状态较为成熟、稳定后，再将作物迁移至"园艺走廊"上。此外，学生需每天撰写培养日记，不但需要对植物的培育情况做好记录，也需要对自己过去的这一天进行总结，班主任可以鼓励日记写得好的同学进行分享。在活动过程中，班主任应重在对学生进行鼓励与价值引领，及时跟进，引导学生在育苗的过程中认识到种子所需的阳光、雨露后，反观自身同样作为"幼苗"所需的成长目标、文化知识等。不断引导学生在关照植物成长的过程中，更能正确理解、看待并服务于自身的成长。

二是深化小组合作制。将班级分为六个小组，将各小组设置为"美育团队"，每个小组分别负责花香一角或窗边绿萝，包干区的位置将通过抽签决定，并每学期进行一次轮换。教师应通过班会带领学生认识作物、初学栽培，在活动过程中引导学生逐渐内化对"种子班"纯净、健壮、饱满、向阳等理念的认同。在小组长的组织下，各小组成员对本组负责的区块进行植物的栽种、培育与呵护。在这样的活动下，培养学生的集体主义精神，引导学生在学习合作的过程中互相配合、相互促进，将自身成长融入集体的成长。

3.通过评比激励、促进学生成长，强化价值认同

"种子班"的评比应注重过程性评价和期末评价两方面：

一是重视过程性评价。包含学生的日常行为规范、班级好人好事、班干部评价、学业水平考核、体育水平考核、个人种植成果展示与总结等，采用自评与教师评相结合的形式，进行月度总结与表彰，对表现优秀的同学可以奖励笔记本、签字笔、便笺条等学习用品，此外也可以奖励其肥料，或允许该同学种植多一盆植物，让学生在持久、动态的良性评价机制中明确自身目标，检验自身行为，提升自身素质。

二是在每学期期末开展班级"美育团队"总结会。进行小组包干区的成果展示，对各小组在本学期种植情况、观赏性方面、过程性记录方面进行评比，并让各小组总结经验，形成汇报，上台向全班分享。小组合作评比在包含"美育团队"的同时，也会将小组成员的美德行为、学习成绩进退步、体育测试成绩等方面纳入重要的评比标准，被评为优秀的小组，在下学期的座位轮换、值日安排、包干区划分中，均会有更大的选择权。对小组进行考核的方式，更重视集体的过程与成果，以集体评价促进小组的合作与成长，激发学生之间的凝聚力与执行力。

五、班级主题班会示范

我与种子共成长

（一）设计背景

对于在城市长大的孩子而言，因其成长环境的特点，学生们对植物、作物的品种与生长特点了解甚少。中小学学生正值世界观、人生观、价值观养成的重要阶段，时常对自身的成长目标、成长方向和所作所为产生困惑，因此，学生在理想信念和行为规范上会有出入和摇摆。本次课程作为"种子班"的首次班会，旨在引导学生在初步认识"种子班"核心理念（纯净、健壮、饱满、向阳）的基础上，将班级理念转化为选种的实践过程，学生不但在自己精心准备的花盆里栽下希望的种子，更在自己的心头种下成长的种子。

（二）教育目标

1.了解"种子班"四大理念，通过理论指导实践，选出自己喜欢的好种子。

2.通过美化花盆、播撒种子的活动，悉心种下自己的第一盆植物，并予以命名。

3. 通过发表誓言、心得分享，联系自身成长，形成对"种子班"的认同感。

（三）活动准备

1. 班会活动前，教师应先对适合室内栽种的植物品种、生长习性有一定的了解，并准备好一定数量的薰衣草、飞燕草、太阳花、四季草莓、紫罗兰、薄荷、矢车菊、满天星的种子。在班级文化建设前，班主任应在数月前做好自己用种子栽培植物的准备，先自行种植，并对种子的成长过程进行视频录制，辅之以一定的解说或种植体验感受，精心制成原创视频《种子的故事》。

2. 班会前，教师还应准备好学生决心精心培育种子的誓言文字稿，并提前用木制围栏圈留一块班级空地，放置立体植物架，并设下"班级花圃"的牌子。

3. 组织部分有才艺的学生，提前准备好才艺展示，以诗歌伴舞的形式，表演《种子的一生》。

4. 每位学生应在班会前准备好自己喜欢的小花盆，准备适量的泥土和肥料，并备好一个小铲子用于培植。

（四）活动过程

1. 活动一：种子的故事

（1）教师明确班会主题，播放自己精心准备的原创录制视频《种子的故事》来进行课堂导入，意在通过自己的亲身实践分享种植与收获的喜悦，以如何选优秀种子为话题，激发学生对"种子班"理念的好奇心与求知欲。

（2）明确"种子班"的核心理念：纯净、健壮、饱满、向阳。教师一一解读每一项理念，并将其联系至日常行为规范，这四个标准既是同学们选优质种子的标准，也是作为"种子班"一员的个人目标与追求。

（3）邀请同学进行才艺展示，表演节目《种子的一生》。通过演绎的形式，意在进一步生动地展现种子萌发与成长的点滴美好，让学生感受小小种子的伟大神奇之处，激励学生成长的信心。

2. 活动二：光阴的故事

（1）教师组织学生拿出自己准备好的花盆，向学生发放一些装饰材料，如卡纸、卡通贴、小玩偶、荧光笔、水彩笔、马克笔、剪刀、胶水等，引导学生精心美化花盆，并给自己即将种植的植物命名，将其标记在花盆的显眼位置。

（2）教师通过多媒体平台的形式，分别对可供选择的花种：薰衣草、飞燕草、太阳花、四季草莓、紫罗兰、薄荷、矢车菊、满天星进行一一介绍，重点展示花种成熟后的样子，讲解种植所需的光、热、水、土条件，明确不同种子的种植难易程度，讲解完后，学生上台选取自己喜欢的花种。

（3）学生拿到种子后，需在教师的指令下，将泥土倒进花盆中，用小铲子挖开一个浅浅的小圆洞，富有仪式感地将"光阴的种子"栽种入泥，并用少量泥土覆盖种子。教师随机邀请学生分享此时此刻的心情，让更多的学生谈谈当下对未来的憧憬与期待。

3. 活动三：我们的故事

（1）当教师下发指令"施下第一撮肥"时，学生们在同一时间将准备好的适量肥料洒埋在花盆中；当教师下发指令"浇水"时，学生以喷洒的形式向泥土浇水。两道指令需庄严且有仪式感，让学生在这样的仪式中感受新生命的意义。

（2）由班长带领全班起立，举起右拳，宣读"种子班"誓言：
我要尽我全部所能呵护种子成长，日日照料关怀，爱它如爱自己
我要像种子一样保持纯净的品行，做人光明磊落，言行表里如一
我要像种子一样有着健壮的身体，坚持体育锻炼，使我朝气蓬勃
我要像种子一样储存饱满的学识，勤学善思好问，力争才学兼优
我要像种子一样心怀向阳的希望，助我乘风破浪，逐梦志在四方

（3）学生有序地将自己种下的植物放入"班级花圃"中。教师设立"花圃管理员"，依据学号轮值，管理员需负责花圃当天的卫生清扫，关注并适时调整花圃中各类植物的摆放，使花圃更为美观，还需负责提醒同学注意保护好这片园地。

（五）教师进行活动总结

明确本次活动除了让学生埋下一颗属于自己的花种外，更让我们学会在关注其生命的同时，着眼于自己的成长，让自己能够像这小小的种子一样，具有强大的生命力，具有光明的未来。班会后，教师布置日记作业，并让学生形成习惯，做到每日一记，用心记录生活的日常点滴。

55

学竹文化，做竹君子
——"青竹班"班级文化主题建设活动方案

一、班级主题阐述

竹子作为"四君子"之一，因挺拔向上、虚心有节、四季常青的特点，历来被文人墨客所称颂，留下了"千磨万击还坚劲，任尔东南西北风""水能澹性为吾友，竹解虚心是我师"等千古传颂的名句，可见，竹子的品性蕴含着丰富的教育元素。针对班中同学没有养成良好习惯、浮躁、缺乏自信以及学习能力参差不齐的实际情况，我确定了班级的建设理念——学竹文化，做竹君子，并以班级博客为依托，构想了"竹文化"班集体建设框架，意在希望学生们具有像竹子一样昂扬向上的生命力，像竹子一样虚怀若谷、意志坚定的品格，最终成为博学有为的人。

二、班级育人目标

（一）通过营造一种积极向上、虚心好学、团结正直的班级文化氛围，加强学生对"青竹文化"的认同感，自发地学习"青竹"精神。

（二）通过构建顽强生机的环境，让学生能够以昂扬向上的精神面貌对待每天的学习和生活，像竹子一样茁壮，快乐成长。

（三）通过学科教学和文化活动的渗透，使学生能够学习竹子虚心谦逊、意志坚定的品质，不断开阔自己的视野，提升自己的学习能力，做一个有根的人。

（四）通过建立民主和谐的德育制度，培养学生的合作意识与竞争意识，使学生之间能够建立民主和谐的良好关系，形成正直团结的良好班风。

三、班级文化元素

（一）班级名称

青竹班。

青，代表生机勃勃的颜色，生命力勃发；竹以它挺拔清秀、青葱翠绿、疏密有致、刚劲而富有韧性的形象，给人以艺术的享受，同时被赋予坚韧、谦虚、正直的品质。以"青竹班"为名，希望学生们像竹子一样坚毅有节做事、虚心向上做人，学竹之品格，做竹君子。

（二）班徽

"青竹班"班徽整体呈现圆形，象征着齐心协力，团结一致。外圈由竹节环绕，上面写着班级名称，暗示同学们在浓郁的竹子气息中成长。内圈以青竹为主体图案，左边是两根粗壮不一的竹子，寓意是班级里每个"小青竹"们昂扬向上，正直团结的精神风貌，竹子上面刻着"虚心，务实，笃志，博学"的班级目标，寓意学生们要拥有竹子一样的精神。右下方立着一本书，寓意同学们在青竹的精神、品格熏陶下认真学习，从书中汲取养分，不断成长，争取成为一个博学有为的人。图案成为整个班徽核心思想的集中体现，表现出"青竹班"的班级理念。整个构图完整美观，鲜活灵动，与班级主题文化深度融合，寓意深厚。

（三）主题班歌

竹石

一节节　一段段
四季青　冬日艳
春雨过
开遍满山
任风吹　任雪漫
直中曲　宁不弯
傲骨深藏
屹立山峦
咬定青山不放松
立根原在破岩中

千磨万击还坚劲

任尔东西南北风

咬定青山不放松

立根原在破岩中

千磨万击还坚劲

任尔东西南北风

不问前路

不论甜和苦

只为心中

不变的态度

咬定青山不放松

立根原在破岩中

千磨万击还坚劲

任尔东西南北风

咬定青山不放松

立根原在破岩中

千磨万击还坚劲

任尔东西南北风

（四）班级班训

坚毅有节做事，虚心向上做人。

（五）班级口号

积极向上，虚心好学。

团结正直，博学有为。

（六）班级公约

学竹之态，蓬勃向上；

展竹之美，文雅大方；

品竹之蕴，虚心好学；

悟竹之神，坚毅有节。

四、班级文化建设活动设计

（一）总体思路

"青竹班"以"坚毅有节做事，虚心向上做人"为班训，把竹子的虚怀若谷、朴实无华、坚毅顽强作为"青竹班"每一位同学修养品质的目标。在班级文化建设中，让"竹"的元素融入班级的每个角落，努力让班级中每一处景致都能润德，每一分气息都能育人。基于竹文化的特色，开展一系列的班级文化活动，让学生识竹形、知竹性，同时以民主的德育制度作为约束，引导学生在实践中学竹品、做竹人。

（二）实施措施

1. 展竹·雅致和谐的班级环境

班级以"青竹文化"为主题，凸显"青竹"这一主体元素，以竹简样式设计各种指示牌、班牌、竹书架、竹盆景、竹纸篓等，让班级的每个角落都融入"竹"的元素，营造雅致、和谐的育人环境，使得学生仿佛投入了大自然的怀抱，沉淀心灵，陶冶情操。

教室门口悬挂着"青竹班"班牌，窗口上摆放着盆栽，花盆以竹筒制成。教室后面的墙壁上"虚心有节，我本如竹"的班训赫然在目，暗示学生们要学习竹子虚心向上，每天进步一点点。教室的两侧墙壁上挂着竹诗、竹词和竹的名画，把竹之谦、竹之坚、竹之韧等励志元素注入其中，让孩子们通过这些"会说话"的墙壁了解"青竹文化"的精神内涵。教室后面布置一块"青竹风采"的墙报，具体栏目包括"板桥画苑"（学生绘画展示栏）、"竹诗墨池"（学生书法展示栏）、"竹韵诗情"（竹子诗歌栏），让图文并茂的黑板报成为孩子们展示才艺的舞台，使得班级处处体现着竹韵文化。

教室前面的墙壁上粘贴着一份以翠竹为背景的"青竹向上，比比谁高"评比表，一根翠竹代表一个孩子，记录孩子们在学习和行为方面的表现，通过这样活泼生动的图表，把孩子们的点点滴滴展示出来，有助于"小青竹"们的茁壮成长，彰显了积极进取、虚心向上的班级风貌。此外，"青竹班"还设立了"笋芽儿图书角"，供"小青竹"们汲取养分。借阅制度由学生自主制定，由专人负责管理。除了必读书籍和学生捐赠的书籍，还可以放置一些与"竹子"有关的故事书、科普书等等，鼓励学生制作竹子古诗句的书签，让竹文化通过缕缕书香浸润到学生的心田。

2. 品竹·独具特色的学科活动

学科学习和课外活动是传播文化知识的重要阵地。为了让学生更深入地了解竹文化，"青竹班"将竹文化渗透在学科学习中，同时紧密围绕竹子的品质，开展不同主题的课外活动。

竹子形态美，用途众多，具有丰富的教育价值。从竹的形、色、质、理、格等方面寻找学科与竹文化的契合点，开展学科教学活动，可以寓教于乐，让学生在良好的体验中深化对竹文化的了解。如在美术课上，可以教孩子在欣赏多幅竹子国画的基础上，总结竹子的特征，掌握画竹的步骤及要领，进而引导孩子进行绘画创作，丰富孩子的审美体验；在体育课中，开展以"竹竿变变变"为主题的课程，引导学生尝试用多变的竹竿练习多种跳法，提升跳跃技能，让学生在探索"竹"的多种玩法中感受到竹子带来的乐趣；在音乐课上，开展以"美妙的竹音"为主题的课程，利用音乐课让学生在学习吹奏竹笛、竹葫芦丝、笙等乐器的过程中，了解竹乐器的基本常识，掌握演奏方法，培养高雅的情趣，同时也感受到了竹的艺术生命力；在科学课上，让学生通过参观"竹器展览会"，了解竹子的多种用途，感受竹子与人们生活的息息相关。同时教会学生简单的竹器制作，让学生在动手实践中提升、加深对竹文化的认同。

学科活动有助于学生全面、深入地了解竹子，而课外活动则是学生践行竹子品质的重要途径。"青竹班"基于竹子"虚心、有节、向上"的特有品性，开展不同的主题活动。围绕竹子坚贞不屈的精神品质，举办寻找班级"代言人"和"竹君子"的活动，比比谁的字写得规范、美观，谁的课文朗读得声音洪亮、有感情，谁在家务、环保、健身、学习、孝亲等方面做得优秀，以培养学生顽强的意志力。围绕竹子"向下扎根，虚心务实"的品质，每周开展"笋芽儿读书节"活动，"青青竹中林，日日伴诗书"是班级"品味书香"读书园的口号，制定读书圈，不同时期读不同的书，让学生悟圣人之言，写读书笔记，做读书报告，形成浓郁的书香氛围，让学生在书中汲取知识的营养，逐渐成为知书达理、具有"竹君子"品质的人。围绕竹子团结、奋进的品质，定期举行竹制品设计制作比赛、咏竹写作比赛、咏竹诗词诵读比赛、竹韵书画比赛等，引领学生在实践中学习、体会竹的精神，成为竹文化建设的主人。

3. 悟竹·一张一弛的管理制度

"青竹班"根据"昂扬向上，正直团结"的文化精神，采用民主管理的方式，把班级还给学生，让班级充满成长气息。同学们既是班级的被管理者，又是班级的管理者，班级事事有人做，人人有事做。所有的教室环境布置实行"承包责任制"。"小青竹"们热情高涨，开动脑筋，发挥各自所长，共同完成。每个学期班级内民主选举班干部，班干部要全心全意为同学们服务，分早餐、收作业……每周值日班长轮流上台做小结，开展主题班会。班级同学还共同制定班级公约，用来规范同学们的行为习惯，引领"小青竹"们的学习生活。

一味的管理和约束会磨灭"小青竹"们的斗志，不利于他们的成长，这时还需要恰当的激励机制。充分利用"青竹向上，比比谁高"评比栏，建立班级评价制度。围绕"早读、课堂、早操、作业、卫生"五个方面展开，表现好的学生可以获得竹叶作为奖励，每获得五片竹叶就能爬上一节竹节，谁到达竹子的顶峰，谁就能获得"最佳竹君子"的称号。这样的激励机制有助于激发孩子的上进心，鼓励孩子朝着目标不断奋进与成长，像竹子一样做个"有节的人"。

五、班级主题班会示范

展竹之风采，品竹之神韵

（一）设计背景

做人当君子，君子当如竹。小学是学生养成良好的行为习惯、树立良好的情感价值观的最佳时期。古往今来，竹子坚韧、质朴、虚心、奋进等诸多优良品质一直被人们学习、效仿，而小学生更需要培养。但是，班里大部分同学对竹子的品格缺乏全面、深入的了解，部分同学存在学习态度散漫、懈怠的现象，观察生活的意识和能力也不强。基于此背景，特召开这节主题班会。通过学习关于竹子的人物典故、成语、古诗等知识，帮助学生更深入地了解竹子，使竹子的美德潜移默化地影响着他们，进而使其努力成长为"奋发向上，谦虚好学"的小竹娃。

（二）教育目标

1. 通过学习竹文化相关知识，全面、深入地与竹子"亲密接触"，加强对竹文化的认同感，激发学生热爱集体的情感。

2. 通过阅读与竹子有关的历史名人故事，演奏与竹子有关的音乐，朗诵与竹子有关的诗词，让学生了解竹文化的精神内涵，并内化为自身言行。

3. 通过丰富多样的活动形式，让学生为竹代言，增强文化自信，成为竹文化的传播者，成为中华优秀文化的传承者。

（三）活动过程

导入：竹子没有牡丹那样富丽，竹子没有松柏那样伟岸，竹子虚心、文雅、高风亮节，竹子坚韧不拔，奋发有为。竹子以其可贵的品质激励着一代又一代的文人墨客，在中华五千年灿烂文化史上，竹文化是浓墨重彩的一笔。今天，就让我们走近竹子，了解竹文化。

活动一：竹之奥秘我来揭。

竹子作为我们生活中常见的植物，它的生长奥秘也许很多同学并不了解。不信，你们来挑战一下知识问答环节。

1. 出示竹笋的图片：同学们，你们知道这是什么吗？你们知道它能做什么吗？

2. 同学们，我们都知道竹笋如果继续生长，会变成顶天立地的竹子。那你知道竹子能长多高吗？竹子会开花吗？竹子能活多久？

3. 播放相关视频，了解竹子的生长高度、竹子开花的特点以及竹子的生长周期，感受竹子在生长过程中顽强的生命力。

小结：竹子能够拔节生长，源于它四年的扎根与努力，当根茎延伸得足够宽阔，吸取的养分足够丰富，自然就会快速成长。所以，我们要向竹子一样努力学习，向下扎根，才能顽强地向上生长。

活动二：文字探究享竹趣。

1. 出示"竹"演变成甲骨文的动态图：你们仔细观察，这个"竹"字像什么呢？

点评：正如你们所看到的，"竹"字是画了两个竹叶的样子，也有人说是竹笋长了出来。

2. 观看"竹"字由甲骨文、金文、篆书、隶书到楷书的演变视频，了解"竹"字的意思，说说带有"竹"字旁的字有哪些，并对字的构造做简单的分析。

3. 通过刚才的视频，你们对"竹"字一定有了更全面的认识。你们能通过画画的形式，给"竹"字变变身吗？尽可能生动形象哦！

活动三：走近名人品竹德。

1. 请欣赏几位同学带来的与竹子有关的名人故事，首先请欣赏《胸有成竹》。

2. "与可画竹，胸有成竹"。正是长期的细心观察，用心思考，才使得文与可不看竹子也能画出栩栩如生的竹子。古人不仅喜爱画竹，还以竹为榜样，用自己的行动践行竹子的精神。下面，请欣赏爱国诗人文天祥的故事——《像竹子一样做人》。

3. 文天祥从小就生活在竹林环绕的环境中，在父亲的启发下，文天祥被竹子有节操、坚强不屈的精神所感化，最终成为像竹子一样不屈不挠、高风亮节的人。古代爱竹人士有很多，其中，郑板桥就是典型的"竹痴"，下面，请欣赏郑板桥与竹子的故事。

活动四：吟诗吹笛感竹蕴。

1. 古往今来，很多的文人墨客都爱竹，并把竹子作为意象写进诗句里，成为千古传诵的经典。请欣赏诗词朗诵——《竹石》《竹里馆》《题新竹》。

2. 宋朝诗人赵汝鐩《渔父四时曲·秋》提道："酒酣把笛吹村曲，声曳兰风入山腹。"竹乐器以其悠扬婉转的音质，成为中国民间重要的乐器之一，中国传统乐器如笛、箫、笙、筝、鼓板、京胡、二胡、板胡等皆离不开竹。下面，让我们来欣赏竹笛演奏——《姑苏行》。

总结：竹，它是我们心灵的挚友，通过今天与"竹"的约会，我们了解了竹的生齐：谦逊有礼、正直无私，学习了竹的生齐：乐观向上、坚韧不拔，就像一棵棵破土而出的小竹笋，在"青竹班"这个温馨的大家庭里，我们努力学习、乐观向上，就像竹笋一样，茁壮成长。

节高志凌，虚怀坚毅
——"翠竹班"班级文化主题建设活动方案

一、班级主题阐述

竹子备受古今文人的关注和称赞，成为古今文人墨客争相吟咏的对象。托物寄情、托物言志，文人志士赋予了竹子丰富的精神特质和内涵。历代文人认为竹子是气节、风骨、正直、虚心、谦恭的象征，具体来说竹文化在诗词中主要有几个方面：

（一）高节志凌。例如清代环山樵在《薛宝钗·雪竹》中描写竹子（节选）："玉树犹难伸，压倒千竿竹。高节志凌云，不敢当滕六。君子本虚心，甘自低头伏。"清代康有为在《题吾友梁铁君侠者画竹》中描写竹子（节选）："生挺凌云节，飘摇仍自持。"唐代王建在《杜中丞书院新移小竹》中写道："萧然风雪意，可折不可辱。"北宋苏轼在《御史台榆、槐、竹、柏四首·竹》中写道："竹性不耐杂，志在干青云。"

（二）虚心谦恭。例如清代戴熙在《题画竹》中写道："心虚根柢固，指日定干霄。"唐代张必在《咏竹》中写道："凌霜尽节无人见，终日虚心待凤来。"

（三）坚毅、坚韧。例如清代郑板桥在《竹石》中写道："咬定青山不放松，立根原在破岩中。千磨万击还坚劲，任尔东西南北风。"

二、班级育人目标

（一）在班级隐显性特色文化浸润中，学生逐渐感悟"竹子"的精神品质和内涵，在自身为人、为学、为事上逐步学习，践行"节高志凌，虚怀坚毅"的优良品质，形成意识和行为的自觉，成长为合格的时代新人。

（二）通过丰富、系统的特色主题班会课和主题活动，家长、社区、学科教师等主体共同参加班级文化建设，形成特色、稳定、有效、协同的良好班级育人环境和氛围，促进班级师生的健康发展。

三、班级文化元素

（一）班级名称

翠竹班。

（二）核心理念

在文人志士的诗词中剖析和提炼竹子的精神品质，并运用在中小学生的班级文化中，以物育人。结合实际，取竹子的节高、志凌、虚怀、坚毅四个宝贵品质作为班级文化主题，加上"翠"字，青翠的竹子，代表着生机勃勃，朝气蓬勃。具体提出了"翠竹班"班级文化主题——节高志凌，虚怀坚毅。在校园生活中，聚焦在学生的为人、为学、为事上，充分挖掘其精神内涵。

节高志凌：学习竹子身形虽小，顶天立地，刚强正直，始终具有高尚的道德情操和远大的理想志向，在普通的生长环境中汲取营养，节节攀升，主动追求上进和成长。

虚怀坚毅：学习竹子在追求远大志向的过程中，保持虚心好学、虚怀若谷的气度，在为学上始终虚心好学，在为人、为事上始终十分谦虚，能容纳别人的意见。保持行动力、坚毅、坚韧，明确远大志向和日常学习的具体目标，坚强而有毅力，不怕困难和挫折，越挫越勇，持之以恒，久久为功，决不半途而废。

（三）主题班歌

壮志雄心（片段）

茫茫人群寻找一线阳光
浩瀚天空何处是我方向
不怕未来多沮丧
我拥有足够坚强的肩膀
终于明白希望还在前方
不愿停在这里回头张望
就要开始去拜访
我的梦沸腾从不变凉

路上再多崎岖

我有壮志雄心

就算跌倒也不在意

世上再多风雨

我有壮志雄心

勇敢面对不会逃避

go go go 秀出新的自己

我拿出一颗炽热的心

梦一天一点一滴在我心头累积

谁也不能够要我放弃

（四）班级文化主题

节高志凌，虚怀坚毅

（五）班级口号

我是翠竹少年，顶天立地，心向远方。

我是翠竹少年，为学虚心，为人谦逊。

我是翠竹少年，乘风破浪，坚毅奋进。

（六）班徽

班徽描述：翠竹 Logo。

近处翠绿高大的竹子和远处东升的旭日。旭日代表着翠竹沐浴着阳光茁壮成长，竹子心有所向。竹子生机勃勃、节节攀高、苍劲有力，代表着高风亮节的品德、蓬勃生长的朝气、远大的理想志向、虚怀谦逊的品质、坚毅前行的行动。

在右上角用隶书写上"节高志凌 虚怀坚毅"八字，点明主旨，提醒同学们时刻学习竹子的精神品质，并付诸实际的行动。

（七）班级班训

追求高尚品德。

树立远大志向。

保持谦逊态度。

不怕艰难险阻。

付诸积极行动。

四、班级文化建设活动设计

（一）总体思路

以"翠竹"为主题，遵循两大原则：一是注重班级硬文化建设和软文化建设。二是尊重学生在班级文化建设过程中的主体地位，让学生自我建构、自发学习、自然吸收、自觉践行、自主延伸。

（二）活动过程

1. 活动一：我们的"竹林轩"和"竹心园"

"竹林轩"：营造系统化、整体化的竹子文化氛围有利于学生对于翠竹精神的自觉认同。通过与学校、年级的沟通，在校园合适的位置上开辟一片竹林，从幼苗开始成长，名曰"竹林轩"，由本班学生照顾打理，既是班级为学校打造的一片绿色景观，又是班级文化形成高度自觉认同的实践场所。人人参与到竹林的照顾中，让孩子们在现实中感知、感悟，促进精神的理解和认同。

与此同时，班主任充分调动各学科教师在课堂教学中融入翠竹这一具象化的"活"材料，驾起多座"桥"，实现翠竹的育人作用。例如把生物课搬到我们班的"竹林轩"上课，研究竹子的成长周期；把地理课搬到"竹林轩"上，研究竹子成长的气候和土壤环境；把美术课搬到"竹林轩"上，画出各自眼中的竹子；把语文课搬到"竹林轩"上，在现实中感受古人诗词中的竹韵。

"竹心园"，通过"竹林轩"近距离、真实感触、感悟各学科的共同育人，通过硬文化和软文化的共同作用，翠竹精神内涵逐渐成为班级同学的共同价值追求。在此过程中，适时建立一本名为"竹心园"的班级流动日志，让学生、老师通过这本日志每天交流对翠竹的观察、对翠竹精神的理解和感悟，"竹心园"是班级师生共同可见的精神家园，在流动中巩固班级的共同价值认同和价值追求，能够达到事半功倍的良好效果。

2. 活动二：我们的"竹画展"和"竹言台"

"竹画展"：联动家长，定期举办班级"竹画展"，不仅是面向班级内部的，同时也要积极申请定期向班级外部开放。"竹画展"不仅是单纯的水墨画，结合实

际可将书法作品、摄影作品等纳入其中，不拘泥于形式，重在通过展示的方式让师生、家长共同思考、践行翠竹文化。每一期的主题和展示的形式可以通过家校或者师生研讨会集体决定。班级内部的展示可以结合其他活动，例如"竹言台"或其他主题班会达成更好的育人效果。班级外部的展示旨在提升班级学生的荣誉感和成就感、认同感，以此促进班级良好凝聚力的实现。

"竹言台"：班级学生在参与"竹林轩""竹画展""竹心园"等各种主题活动后，教师要注重"思想交流""思想传播"的平台搭建，让师生能够有感而发，在交流和传播中加速理解、凝练、认同。用好班会课，每周班会课固定匀出一段时间作为班级的"竹言台"时间，由同学畅所欲言或者依据实际需要确定小主题；也可以将每天放学后的十分钟作为"竹言台"时间，引导同学们反思自身或同伴在"节高志凌，虚怀坚毅"品质上的表现、进步和存在的问题、解决的办法等。

五、班级主题班会示范

"翠竹之坚毅的力量"主题班会课

（一）设计背景

坚毅是一个能让我们受益终身的可贵的品质，是本班特色班级文化的主题内涵。阶段性地举行以"坚毅"为主题的班会课，是对相关主题活动的总结和提升，更能引导学生进入深刻的思考、认同和践行，具有非常重要而实际的意义和作用。

（二）前期准备

（一）遴选主持人，撰写主持词；

（二）挑选主题教育视频、相关歌曲；

（三）发放主题分享卡（分享：翠竹的坚毅）；

（四）组织班干部提前阅读、梳理"竹心园"的相关片段；

（五）准备相关活动物资；

（六）邀请科任教师、家长代表参加。

（三）主要内容

1. 分享日常——翠竹的坚毅。

坚毅是迈向成功的必要因素。它代表着奋斗者向着长期的目标，坚持自己的激情，即便历经失败，依然能够坚持不懈地努力下去。

从"竹林轩"里，你观察到翠竹坚毅品质了吗？

取出主题分享卡，由同学进行现场分享。

在从"竹心园"中，哪些同学写下了对翠竹坚毅精神的理解和感悟？

指定部分老师、同学进行朗读，分享师生的心声。

（老师设计意图：品质的教育从生活中来，从分享中来，往往更能触动心灵。通过系统设计，从班级文化日常的特色活动体验中进行启示和教育，希望同学们能更直观、更生动、更细腻地感知坚毅。）

2. 榜样引领——榜样的坚毅。

坚毅是一个人最重要的精神品质之一。从上一环节的分享中，学生由表及里、由具体到抽象，逐步走向深层的思考。

由老师结合短视频和演示文稿，引领同学们学习榜样的坚毅品质。展示毛泽东、李大钊、屠呦呦、袁隆平、苏炳添等人的坚毅品质。

（老师设计意图：从感知到感悟，由物及人，循循善诱，通过榜样的生动事迹影响学生，用榜样的力量指引学生。）

3. 引发思考——坚毅的作用。

坚毅品质能给一个人带来什么样的影响？

结合老师、家长的工作和生活，学生日常的学习和生活，邀请多个不同主体（以学生为主）上台分享自己的看法和观点。此环节是本节班会课最重要的环节，老师需要积极引导，充分调动学生、家长登上"竹言台"的积极性。

（老师设计意图：以多主体、多角度分享"坚毅"对我们的影响，变"输入"为"输出"，在分享中深化学生的思考和感悟，内化成为自身的力量。）

4. 落实行动——培养坚毅的品质。

我们应该如何培养自身的坚毅品质，具体可操作的方法有哪些？

班级同学头脑风暴，提炼可行的方法和技巧，以思维导图的形式形成班级共同的"智慧树"。

（老师设计意图：从"意义"到"行动"，最后带领学生聚焦于"怎么做"，并通过交流讨论形成班级学生共同的行动方法和指南。）

梅花香自凌寒，秉持坚韧初心
——"梅花班"班级文化主题建设活动方案

一、班级主题阐述

从学生对中华民族传统文化的知识基础出发，以新时代优秀精神理念为导向，促进学生对坚韧、自强、高雅等崇高品性的学习与感知，培养学生刻苦态度与奋勇当先的精神，使新时代梅花精神文化教育更具实践性、开放性、个性化等优势特点，全面推进思想教育及素质教育，使班集体建设注入传统与创新的时代灵魂。

二、班级育人目标

学生发展——增强中华传统风俗文化概念、体会梅花象征的精神内涵，培养学生对梅花铁骨冰心的崇高品质的理解与学习，通过梅花精神教育的探究式学习，提高学生综合实践能力。

（一）了解梅花的基本生长品性，树立赏梅、知梅、赞梅的理念。

（二）了解梅花作为中华民族的精神象征，介绍其基本寓意内涵。

（三）了解梅花精神在新时代发展中起到的建设性作用，熟悉典范案例。

（四）挖掘梅花艺术文化，开发基于中华传统文化的特色课程，从曲艺、诗词、字画等多角度教学入手，感知艺术衍生的魅力。

班集体创建——以发展梅花精神特色与弘扬优秀传统文化的活动为载体，将主题特色朝突出鲜明、形式多元趣味的方向发展。让学生在集体活动的锻炼之余，更好地涵养文化底蕴、丰富知识内涵、塑造健全人格。

三、班级文化元素

（一）班级名称

梅花班。

（二）班徽

颜色：以红色为主色调，辅之淡白、鹅黄色。

图案：核心标志为梅花花朵。标志最下方运用黑色字体标明班级名称，用简单的图案装饰，没有其他浮夸的元素，更好地衬托出梅花的沉稳、高洁、素雅之态，整体标志设计形简而意远。

（三）主题班歌

红梅赞（改编）

红岩上红梅开

千里冰霜脚下踩

三九严寒何所惧

一片丹心向阳开向阳开

红梅花儿开

朵朵放光彩

昂首怒放花万朵

香飘云天外

唤醒百花 齐开放

朵朵梅花向阳开

放光彩 放光彩

（四）班级班训

无畏严寒，坚韧初心。

（五）班级口号

磨砺以须，倍道而进。

苦寒梅香，收获梦想。

（六）班级公约

行为习惯常对照，厚德载物志深远；

持之以恒为关键，体魄健壮新风尚；

全面发展齐奋进，青春无悔梦启航。

四、班级文化建设活动设计

（一）总体思路

1. 创设浓郁的梅花精神文化班级氛围，深化班级梅花精神文化的内涵。
2. 以每月主题班会活动为主渠道，融入梅花精神文化教育。
3. 以传统文化课程为基础，打造多类别艺术教育特色。
4. 深化"梅花园地"评价模式，形成班级活动特色评价方式。

（二）实施策略

1. 创设浓郁的梅花精神文化班级氛围，深化班级梅花精神文化的内涵。

（1）创设浓郁的梅花精神文化气息的班级环境。在班级里张贴学生们以梅花为主题创作的书法、国画作品，设立"梅花汇"榜样故事文化角，设立梅花精神文化教育的专栏，介绍有关梅花的知识；使整个班级充满梅花精神风气。

（2）以坚韧梅花风体现班集体文化建设。班级以坚韧梅花风为班级的文化，班牌用梅花的形象进行装饰，教室布置、班徽设计体现梅花特色。

（3）进一步挖掘"梅花"精神内涵：坚韧不拔、百折不挠、奋勇当先、自强不息。以梅花形象设计班级标志，以梅花精神创编班歌，以梅花的形象打造班级的每一个角落，使以梅花为主线的精神文化丰富班级的文化内涵。

2. 以每月主题班会活动为主渠道，融入梅花精神文化教育。

（1）定期举办班级梅花节活动，安排学生对探梅、赏梅、赞梅、咏梅等一系列文化教育活动进行小组探究。班主任以"领学人"的身份提供古往今来的典例、模范供学生参考，提出每期学习主题。根据有关常识、习俗、传统、艺术创作、历史人物事件、时代楷模五大类，提供多个相关学习课题供学生自主选择，例如《古代关于花的诗歌搜集与研究》《近代抗战英雄的梅花精神》等，使学生在学习中深刻感悟梅花精神。

（2）从学习标兵、生活标兵等不同角度，定期在全班组织评选"梅花小英雄"，通过班会、国旗下讲话等途径，为师生讲解梅花文化知识，从班级扩展到学校，使梅花坚韧不拔的意识深入人心。

（3）结合中华传统艺术形式，以"梅花"为主题举办体验课堂，例如书法、中国画、诗词、曲艺等活动，使孩子们从小就在参与体验中沉淀对传统文化的热爱。举办优秀学生作品展，组织家长对学生作品展进行参观，从侧面对学生起到激励、支持的作用。

3. 以传统文化课程为基础，打造多类别艺术教育特色。

（1）梅花印记

班级设计比赛：班级进行班徽、班旗、班级板报、班级布置等一系列设计评比。需要结合学校特色、班级文化特色。附加上设计的理念说明。

作品展览会：以"梅花印记"为主题，结合中国传统文化作品，让学生学习了解并自主创作关于梅花的文学作品、艺术作品，鼓励学生进行汇报展示。

（2）梅花飘香

能工巧匠：利用废弃或环保材料，进行美术工艺品的创新创作。

诗词大会：班级内举行"飞花令"等诗词活动比赛，考验学生的积累能力。从"梅花"入手，同时可以拓展至各类花卉、植物。

4. 深化"梅花园地"评价模式，形成班级活动特色评价方式。

（1）班级启动具有梅花文化特色的综合素质激励性评价机制。"梅花园地"就是将班级喻为一个欣欣向荣的梅花园，梅花的花瓣分别代表品德、学科、体育、艺术、合作等五方面的表现，通过分配给个人的"小小梅花树"，调动学生的积极性，以获取奖励的方式栽种培育自己的梅花，直至绽放出朵朵新梅。

（2）在评价机制的基础上进一步深化"梅花园地"的评价模式，注重小组与个人的共同发展。以花瓣形式模拟积分制度奖励，每参与一项活动或获得一次奖励，就可获得对应颜色的一片花瓣。学生可以通过这些花瓣拼接成属于自己的梅花花朵。每学期定期累计结算梅花园的栽种情况，优秀学生可收获"果实"，即教师给予相应奖励。每学期的班级评比、先进评选、荣誉称号也都与个人梅花树息息相关，学生可以积极参与各类校内外活动，挥洒辛勤汗水，培育出属于自己的芬芳美好，懂得付出与收获的道理。

五、班级主题班会示范

"梅花香自苦寒来"主题班会课

（一）**班会主题：** 梅花香自苦寒来。

（二）**活动目的：** 梅的品格与气节代表了中华民族美好、坚强的精神面貌。培育不畏严寒风雪的梅花精神，增强中学生挫折意识，使学生勇敢地面对挫折和挑战，培养学生积极进取、不惧困难的优秀品质，鼓励大家多样才艺的展示与分享。

（三）**活动准备：**

1. 提前搜集有关梅花精神的诗词、典故等相关资料。

2. 利用战胜挫折的人生格言标语装饰教室。

3. 向学生征集有关梅花的无畏困难的优秀文艺作品。

4. 教师及个别同学分享自己经历的最难忘的一次挫折以及所造成的后果，从中总结几条经验或教训，与大家进行分享。

5. 根据故事典故排练情景小品，准备服装、音响、道具。

（四）**活动流程：**

1. 主持人开场白。

主持人：老师同学们好！"墙角数枝梅，凌寒独自开"，梅花是中华民族的精神象征，具有强大而普遍的感染力和推动力。梅花象征坚韧不拔，不屈不挠，奋勇当先，自强不息的精神品质。愈是寒冷，愈是风欺雪压，梅花开得便愈精神，愈秀气。今天，就让我们一起走进梅花，学习梅花精神。

2. 导入案例及活动表演。

主持人：大家都知道长征吧？长征是红军在遭受重大军事挫折之后的一次战略性大转移。面对失败，红军没有被压倒，他们在毛主席的带领下，爬雪山、过草地，终于到达陕北根据地。

（播放电视剧《长征》片段。）

主持人：艰苦卓绝、顽强坚韧的梅花精神不仅体现在战火纷飞的革命岁月里，更是中华民族源远流长的美好品格。现在，让我们追溯历史，回到战国时期，一同回顾伟大爱国主义诗人屈原可歌可泣的历史故事。

（选取具有典型梅花精神的古代英雄、志士的故事，由教师指导，提前进行选角与排练。根据学生自愿报名情况安排角色，鼓励学生积极参与。）

例：课本剧《屈原投江》

【女】2500年前的战国时代，赵、韩、魏、燕、秦、楚、齐连年混战、争城夺地，为了抗击霸道的秦国，屈原对内积极辅佐楚怀王变法图强，对外坚决主张六国联盟，共同抗秦，使楚国一度出现了国富兵强、威震诸侯的局面。

【男】可屈原的才华和功绩，却让楚怀王身旁的一帮奸臣心生嫉妒，他们和秦国的奸细沆瀣一气，在楚怀王面前说三道四，百般挑拨、诬陷，终使楚怀王对屈原日久生疑，进而让身为三闾大夫的屈原一次又一次地蒙冤受屈、革职流放。

【女】之后，他的一生都在盼望与失望中度过，爱国的火焰在他心中一次次燃烧，报国的愿景又一次次被打击。"路漫漫其修远兮，吾将上下而求索！"

【男】屈原老了，老了，他复兴楚国的梦想，最终在秦军占领了郢都后，国都沦陷、楚国要亡了的噩耗传来时，彻底破灭了。屈原悲痛至极，悲愤地来到汨罗江边。

【渔夫】风在吼，马在叫，汨罗江今天在咆哮，看来，这个日子注定不平常啊。（抬头碰见屈原）哎，这不是那个什么……那个……（思索）哎呀，屈原先生！屈先生！你是屈先生是不？

【屈原】我是屈原。

【渔夫】对对，您就是楚怀王身边大名鼎鼎的屈原屈先生。屈先生，您要渡船吗？

【屈原】（轻轻摇头）

【渔夫】哦，屈先生啊，您不在朝廷上辅佐楚怀王，怎么一个人跑这来了？难道……

【屈原】唉，一言难尽啊。我不愿意跟那些吃里爬外的祸国奸臣们弄虚作假，他们就嫌我碍事，怕我毁了他们的发财路，伺机陷害我，和楚怀王说我的坏话，让楚怀王不信任我，听不进我说的任何话，多少年了，一直革职不用，报国无门啊。哎！（叹气）

【渔夫】屈先生，算我多嘴。对于那些贪财腐败之人，您就睁一只眼闭一只眼算了，何苦把自己弄到这个地步？再说呢，国家兴亡也不是你一个人能改变的。

【屈原】这怎么能行？我身为国家重臣，怎敢懈怠？如果不能报效国家、为国尽忠。我，可谓枉活一世啊。再说呢，我是雄鹰，他们就是一堆七嘴八舌的家雀。我怎么能随波逐流、又怎能与他们同流合污呢？

【渔夫】我虽一介草民，但我明白，在这个世道，为官者不八面玲珑、四处见光，怎能混得下去呀？

【屈原】举世皆浊我独清，众人皆醉我独醒！

【渔夫】什么意思啊？您到底是醉了还是醒着呢？既然你无力改变身边的环境，那就不妨试着改变一下你自己？

【屈原】老兄，你应该听说过吧：刚洗完头发的人一定要弹去帽子上的灰尘，刚洗过澡的人一定要拍掉衣上的尘土，作为一个人，又有谁愿意让自己的洁净之身被玷污？哎！世间每一个角落都是肮脏的，哪有我容身之地啊！（悲痛欲绝）

【渔夫】屈先生，你……

【屈原】楚国要亡了！楚国要亡了！！楚国要亡！！！我恨敌人、更恨奸臣，我要用我的生命去警醒那些卖国的小人，我要用我的生命去警醒昏君与那些麻木的庸官，我要用我的生命去激发百姓的爱国之心——"亦余心之所善兮，虽九死其犹未悔！"我去矣！（掩面下场）

【渔夫】三闾大夫——屈原先生——（呼喊下场）

【男】屈原在绝望和悲愤之下，怀着无法实现的政治理想，抱着石头，投入了滚滚的汨罗江。楚国百姓得知这个悲惨的消息，都含泪来到汨罗江上，寻找屈原的尸体，可滔滔江水日夜哭泣，爱国的屈原，坚韧的屈原，你在哪里？

【女】纵然屈原已去，而他爱祖国、爱人民、坚持真理、宁死不屈的精神，和他"可与日月争光"的巍巍人格，千百年来感召和哺育着无数中华儿女。

3. 学生作品展示。

主持人：红军长征、屈原投江，相信同学们都从这些经典故事中汲取了独特的精神信念，也有了自己的感悟和理解。我们班的多才多艺的同学们，这次也准备了自己的作品，来表达他们心中的梅花精神。

（邀请学生展示提前准备的优秀文艺作品或现场展示才艺。）

4. 小组讨论并分享。

教师为班级学生提前分组，请学生先自行讨论自己曾遇到过有关"梅花精神"的故事经历，或是遇到过的挫折，思考该如何用"梅花精神"来应对诠释。小组讨论完毕后，请各组派代表上台展示分享。同学进行相应点评。

5. 班主任寄语。

教师先对本堂班会课的整体表现进行评价，对表现突出的同学，以及参与前期准备工作的学生进行表扬。教师再从个人角度，为同学分享相关故事。最后，以教师身份进行整体寄语。

总结：今天，我们通过多种多样的形式，一起学习了梅花精神在不同时期、不同情况下的表现。几千年来，梅花迎雪吐艳，凌寒飘香，铁骨冰心的崇高品质和坚贞气节鼓励了一代又一代中国人不畏艰险，奋勇开拓，创造了优秀的生活与文明。希望同学们也能将这样独特的品质精神运用到学习生活中。

不经一番寒彻骨，怎得梅花扑鼻香
——"弘梅班"班级文化主题建设活动方案

一、班级主题阐述

梅花乃十大名花之首，与兰、竹、菊并称为四君子，岁寒三友中也有梅花。梅花分五瓣，象征五福，分别代表着和平、快乐、顺利、长寿和幸运。在严寒中，梅花不惧寒冷，傲然独放。因此，在中国传统文化中，梅以它的高洁、坚强、谦虚的品格，给人以立志奋发、不屈不挠的激励。自古以来，人们都对它赞赏有加，历代文人也都留下了动人的作品来赞美梅花的精神品格。

从德育方面来看，以"弘梅"文化为内核的班级建设，着重强调学习梅花的高雅、坚毅品质。一方面在道德品行上要有气节；另一方面在学习及生活中要立志奋发，敢于克服困难、战胜困难。

二、班级育人目标

（一）了解"弘梅"文化的核心理念，培养高风亮节、立志奋发、自强不息的精神品质。

（二）培养学生为人处世的气节、品行，从小树立良好的世界观、人生观及价值观，拥有高尚的道德情操。

（三）学习梅花坚毅勇敢、自强不息的精神品质，将这种毅力与气魄运用于学习生活中，培养中学生吃苦耐劳、顽强拼搏的求学品质。

（四）立志奋发，引导学生思考并确立职业规划，自觉将个人成长与国家的发展联系起来，培养学生负责任、勇担当的品质，并指引学生为实现目标而努力奋斗。

三、班级文化元素

（一）班级名称

弘梅班。

（二）核心理念

弘，远大。作为青少年应从小树立远大的志向，立志是成功的第一步。而要将梦想变成现实，必须为此付出实际行动，即便遭遇艰难险阻，也应学习梅花高雅、坚强、不屈不挠的品质。

梅花之美，美在形，也美在心。学生应观其形，品其馨，悟其性，以梅之风骨修养自身。

其一，观其形，即外形之美。从外在形象来看，梅花润滑透亮、冷清玉洁，给人以典雅之感。学生应检查自身仪容、仪表，是否符合中学生规范，做到头发干净，衣着整洁，不穿奇装异服，不染发、烫发，不留长指甲等，展示其清爽、富有朝气之态，此乃外形之美。

其二，品其馨。有了雅致的外表，还得经得起细品。王安石曾写道："遥知不是雪，为有暗香来。"茉莉太浓，菊花太淡，牡丹、芍药似乎又太过于华贵，而只有那梅花阵阵暗香，使人神清气爽。如同做人，除了有整洁的外表之外，与人交谈时，也应该注意言语之美。与君子交谈，如嗅馨香，使人心旷神怡，久得其香。音美为一，在教学区域，学生不得大吵大闹，应说好普通话，发音准确，情感、情绪得当；意美为二，言语文明，举止得当，谈吐有涵养。这些都离不开学生的日常习惯养成和文化素养积累。

其三，悟其性。梅花不是娇贵之花，愈是寒冷，愈是风欺雪压，这花开得愈精神，愈秀丽。因此，学习梅花还在于学习其高洁质朴、坚忍不拔。与此同时，它无悔地默默绽放于严寒之中，给人们带来欢乐与美的感受，这也启示我们要淡泊名利、无私奉献。学生应净化其心灵，培养健康、有益的兴趣爱好，养成乐观、亲近自然、亲近社会的品格。

"弘梅班"以培育高洁质朴、坚毅奋发、无私奉献的品质为目标，在日常行为习惯及个人品行修养上，向梅花看齐，以梅之雅姿、雅香、雅性正其身，养其德，修其性，使学生积极地融入社会、奉献社会，自觉养成亲社会行为。

（三）主题班歌

真心英雄

在我心中曾经有一个梦
要用歌声让你忘了所有的痛
灿烂星空谁是真的英雄
平凡的人们给我最多感动
再没有恨也没有了痛
但愿人间处处都有爱的影踪
用我们的歌换你真心笑容
祝福你的人生从此与众不同
把握生命里的每一分钟
全力以赴我们心中的梦
不经历风雨怎么见彩虹
没有人能随随便便成功
把握生命里每一次感动
和心爱的朋友热情相拥
让真心的话和开心的泪
在你我的心里流动

（四）班级班训

立志奋发，坚毅勇敢。

（五）班级口号

坚忍不拔，自强不息。
傲雪弘梅，永争第一。

（六）班级公约

弘梅公约

高雅之姿，端正己貌。
沁人之馨，文明己行。
奋发之态，坚毅己心。

四、班级文化建设活动设计

（一）总体思路

在"弘梅班"的班级核心内涵中，学生要端正己貌、文明己行、坚毅己心，从而将梅之风骨内化于心，外化于行，自觉养成高洁、质朴、文明、礼貌、坚毅、奋发、无私奉献的品质，以亲近社会、融入社会、服务社会、奉献社会。

（二）实施策略

1. 优化教室环境布置，感受梅之风骨

在教室入口的墙上展示班级"弘梅班"班级文化，包括班名、班训、班级口号及班级合照，增加学生的班级归属感及文化认同感。

教室外的班级走廊上，可悬挂围绕"梅"主题自制的灯笼挂饰，一方面贯彻劳动教育、废物再用的理念，开发学生的创新意识，给学生展示自我的机会；另一方面美化班级布置，增强学生的班级归属感。

在教室内部左边墙面展示名人高洁、质朴、坚毅、奋发、无私奉献的故事；教室右边墙面悬挂"弘梅"文化的相关书画，组织具有相关才能的学生提供书法、绘画等作品，由班委设计布置，每学期一换，增加班级的书香气息。

教室前国旗下方张贴班训："立志奋发，坚毅勇敢"。在教室前方左边张贴班级规章，时刻提醒学生审视自身；右边墙角处设立图书角，放置名著典籍和科普类读物等，以培养学生爱读书的习惯，拓展学生的知识面。图书角应设有图书管理员，并配以图书借阅登记本，做好班级物资的管理工作。

书架上可摆放盆栽植物或学生以梅花形态创作的手工作品，一则美化教室环境，赏心悦目；二则学习其高雅气质，时刻修身。在班级布置中，可多放置绿色植物，从而优化空气质量，缓解疲劳，有益于身心健康。班级植物应设置专人负责，一方面维护班级环境，另一方面也增长了生物知识。书架上也可放置班级奖杯，作为班级荣誉角落。

由班委牵头，学生以小组为单位，每月定期绘制板报，板报主题与学校德育主题相结合，内容应充分融入"弘梅"内涵。在板报下的白墙上张贴全班同学的个人照片，有利于展示自我风采，增强学生的融入感。

教室后方板报两边设置公示栏。左边公示栏包括"弘梅班"下设的各小组积分榜和优秀小组风采展示区。以"弘梅班"内涵中的文明礼貌、高洁、质朴、坚

毅、奋发、无私奉献为评分标准，通过小组积分榜让班级内部形成良性竞争，激发班级活力。每月结算小组积分，评选出"每月优秀小组"，将优秀小组的合照贴在优秀小组风采展示区，可张贴相关照片并辅以文字说明。板报右边的公示栏张贴班级在学校各项评比中的荣誉奖状、优秀作业、班级公示、学校的重要通知等，增强学生的集体荣誉感、责任感。公示栏应设置专员管理，并及时更新内容。

教室整体应整洁有序，内容多但不杂乱，给人以整体美观、舒适的感觉，所有事物应设置专员负责，落实责任，有利于培养学生良好的行为习惯、责任意识。

2.落实班级日常管理，内化弘梅文化

班级通过日常管理及主题实践活动，让学生学习梅花的高洁、清雅和坚韧不拔，以此养成良好的行为习惯及好学品质。

班级实行小组制，以六人为一组，组名应围绕"弘梅"展开，并设立小组口号。小组为临近三排，座位应体现互补性，在内部形成互帮互助的良好风气。每一小组负责一周的值日，配合班委完成常规相关检查工作，包括每天早上进教室时的着装检查、作业登记、课堂纪律、课间巡查等，并在班级的"学生日常行为登记本"上做好相应记录。

"学生日常行为登记本"上应尽量全面地囊括中学生在校规范，尤其突出对课堂的管理。对每节课采取自评（值日班长）和他评（上课教师）相结合的方式，并在每天下午的自习课时间对每日登记情况进行汇总、通报，及时整改。

预备铃响应拿出当堂学习资料，做好上课的准备。正式铃响，学生应起立，对任课老师行礼，老师回礼后，正式开始上课，体现对老师的尊重及礼节。

午餐时间学生应有序坐在位置上食用午餐，注重用餐礼节。午餐后利用班级的多媒体播放《感动中国》等节目，引导学生学习榜样人物，内化"弘梅"理念。

课间操时，教师可与学生一起锻炼，给学生树立好的榜样，可录制视频发送至班级家长群，一方面让家长了解学生在校体育锻炼的情况，另一方面作为日常学校生活的记录。

自习课时间，以小组为单位进行当日的课业讨论，组内提出问题并解决问题，充分发挥同辈共学的积极作用。

充分利用重大节假日对学生进行文明礼仪、理想信念及榜样文化教育，如清明节、中秋节、国庆节、烈士纪念日等，围绕"弘梅"文化中高洁、质朴、文明、礼貌、坚韧奋发的内涵，开展班级演讲比赛、诗词朗诵会、知识问答竞赛等，调动学生了解传统文化及民族历史的积极性与主动性。

每周一班会课上，由一名同学讲述"我身边的弘梅少年"，引导学生发现美、学习美，同时提升学生的言语表达能力及综合素质。

在"弘梅班"中，教师应重视班级榜样的作用，将"弘梅"文化渗透到学生行为举止的各方面。例如在外表上应注重雅姿，即衣冠整洁；行为上注重雅香，即举止文明、勤学好问；品行上注重雅性，即坚毅、勇敢、无私奉献。教师应提醒同学积极向身边榜样看齐，榜样同学也要主动关心同学，形成良好、和睦、向上的班级氛围。

3. 多渠道记录表彰，与"弘梅班"共同成长

在每周的班会课上，由班委播报班级一周的新闻动态，对好人好事及时予以表扬，对不良行为及时制止。公告栏处应张贴有明确的班级公约及积分标准，每天更新积分情况，每周进行一次全班公示，对学生的日常行为表现做出及时的反馈与评价。根据每月的积分记录情况，推选出一名"弘梅少年"，并由专人汇总相关材料，张贴于班级后方的公告栏，激励更多同学向榜样学习。

除了班会课外，可以开通班级公众号，选拔小组专员进行管理，每月播报班级大事迹，可分为几个板块，如"弘梅少年爱学习""弘梅少年中国心""弘梅少年真善美"等，对具体情况进行图文描述，形成成长点滴记录，这既能够锻炼同学们的综合素质能力，拉近家校距离，同时也能作为班级的成长日记。

教师应善于发现每位学生身上的闪光点，避免评价标准单一化，对学生的评价应具有灵活性、多元性，促进学生的多层次、全方位发展，使每位同学都获得展示的机会。

五、班级主题班会示范

"弘梅赞"主题班会课

（一）设计背景

中学阶段的学生，心智尚不成熟，容易被外物所影响，有时甚至因为一点小小的挫折而止步不前。以"弘梅赞"为主题，引导学生学习梅花坚韧不拔、自强不息的精神品质，并在实际的学习及生活中发扬顽强拼搏的精神，直面挫折、战胜挫折，成就自我。

（二）教育目标

1. 引导学生认识梅花高洁、坚毅的精神品质。

2. 引导学生发现并学习身边的优秀榜样。

3. 通过交流与分享，认识到人生中挫折的普遍性，学习梅花自强不息的精神品质，使学生敢于战胜困难，成就自我。

（三）活动准备

1. 由班委组织策划本次活动，推动活动顺利进行。

2. 主持人撰写好主持稿，熟知活动流程。

3. 以小组为单位，准备两项活动，一是收集含"梅"的古诗词；二是推选组内的"弘梅少年"，分工收集资料，形成汇报资料，须包括照片、简要事迹、精神品质等，汇报形式不限，可采取现场新闻播报、小品表演、幻灯片展示、vlog等形式，每组时间不超过3分钟。

4. 成立班会节目组，围绕"梅花"主题收集古诗词，主持人熟知飞花令流程；组织好全班学习演唱班歌《真心英雄》。

5. 班会活动前，教室座位应重新摆放，整体后移并两侧弯曲，形成U形，在教室前方留出空地，便于主持及表演等。

（四）活动过程

1. 歌曲引入

以歌曲《红梅赞》引入，活跃班级氛围，营造良好的班会课气氛。

2. 主持人开场

主持人宣布班会开始，讲解《红梅赞》背后的故事，引出本次班会课的主题。

3. 活动一：飞花令

（1）本环节以"梅"为关键词，开展飞花令的活动。一方面在课下收集古诗词的过程中能提升同学们的文学素养，另一方面通过游戏的形式活跃班级氛围。主持人应控制好活动的节奏，使活动有序开展。

（2）全班以小组为单位进行飞花令接龙，采取积分制，每接对一题加一分，最后累计总分。

4. 活动二：梅之风骨

（1）由总分累计前三名的小组总结飞花令中所出现的梅的形象，并总结出梅花所代表的精神品质。

（2）主持人应把握好时间及分享进度，适时对分享进行总结。

5. 活动三：我身边的弘梅少年

（1）各小组分别派代表上台发言，从学习、生活等方面讲述本小组的一位"弘梅少年"，形式不限，限时3分钟内。

（2）主持人应及时推进活动，并组织全班思考"弘梅少年"应具备的精神品质，并以个人为单位在全班发言分享。

（3）由班委记录弘梅少年的要求，并在班会后进行整理、总结，形成本班的"弘梅少年公约"，并张贴于教室后墙的公示栏。

（4）班会结束后，将每组推选的"弘梅少年"资料包进行整理，形成文字稿在班级公众号上进行发布，并对本次班会课活动撰写相应通讯稿，及时在班级公众号上进行发布。

6. 活动总结

班主任对活动进行总结，明确两个要点：第一，赏梅，培养良好的审美情趣，知道何为美；第二，学梅，学习梅花的雅姿、雅香、雅性，磨炼自己高洁、质朴、坚毅奋发、无私奉献的品质。

主持人引领全班起立合唱班歌《真心英雄》，通过歌曲给予人鼓舞与动力，在班歌中结束本节班会课。

与海为伴，与海共生
——"海之星"班级文化主题建设活动方案

一、班级主题阐述

城乡接合部的学生既有享用市区学生丰富资源的优势，又有农村学生思想狭隘的局限。部分学生凭着拆迁房的优势而变得懒惰、无畏、无谓、依赖他人，进而变得娇生惯养、遇难则退。

珠海被誉为百岛之市、浪漫之城。岛屿众多，海域广阔，海洋资源丰富，海星就是其中一种耀眼的资源。这种生物以它小而柔软的身体攻克着海洋世界中的众多难题，以柔克刚，拥有超强的再生能力和敏锐的观察系统，在浩渺的海洋中独特地存在着，坚毅地绽放着自己的光芒。

在这背景下，本班紧抓海洋博大精神中一隅——海星精神开展班级文化建设，带领学生学习海星"独立、坚毅、进取"的精神。同时在实践中提升学生的探究、创新能力，助力孩子在自己的海洋里成为一颗耀眼的星。

二、班级育人目标

1. 感受与学习海星"独立、坚毅、进取"的精神。
2. 在活动与实践的过程中，落实海星精神，提升自主探究能力。

三、班级文化元素描述

（一）班级名称

海之星。

（二）班徽

1. 整体图案呈圆形，意为人类赖以生存的地球，意为我们与地球、海洋为一体，意为班级所有成员为一整体，圆圆满满携手完成初中生涯乃至整个人生。

2. 班徽的主体为五色海星图案。海星是一种特殊的海洋生物，具有极强的繁殖力和再生能力。海星的腕、体盘等身体部位受损或自切后仍能自然再生，成为一个新的海星。它以这种不服输的形式向我们传递着坚强、勇敢、独立、进取的精神与智慧。同时图案中海星后面的五色图——橙、红、蓝、紫、绿五彩浪花图，分别代表德育、体育、艺术、知识、实践等五方面的表现，直接连接班级评价体系。

3. 班徽的正中间为圆形图案由奔腾跃起的蓝色海浪和两个欢乐微笑的海星（粉

色代表女生；蓝色代表男生）组成，既承载了我们对海星能够在大海里自由生活的希冀，又间接喻指班里男女生都能如海星般携手勇敢、积极、欢乐地畅游在知识海洋里的场景。

4. 班徽两边写有两行字："与海为伴"与"与海共生"。这形象地描绘出了我们的生活环境——海滨城市，又传达着我们对海洋的美好祝愿与爱护，形象地阐述了人类与海洋相依相存的关系。同时，这一海洋亦指知识海洋，人的一生均离不开学习、离不开知识，学海无涯，畅游无止。

5. 最后，班徽外圈与内圈之间，两幅竖体字的中间，有两幅小图案，我们用稚嫩的双手小心呵护着一水滴，以此传递我们对海洋与知识的珍惜与爱护。

（三）主题班歌

班歌的选择紧扣"独立、坚毅、进取"，曲调激昂有力，透露着豪迈、果敢之气。歌词更是充分体现了逆光前行、乘风破浪之勇。

海洋之心

（唱：A-Lin　词：陈少琪　曲：Lin-Manuel Miranda）

我心中有一个无尽的海洋

没有尽头的彼方

那里永远有阳光

不要完成别人给的梦想

我有自己专属脸庞

错误中学会成长

每一个转弯

每一个路段

每一次希望

每一次失望

不管多困难

有什么地方

是我不能闯

我听见地平线那一边

呼唤我

不用知道

终点多远

乘着风　迎着浪　扬着帆

不是疯狂

因为信仰

人生是一场考验坚强的流浪

虽然　留在原点　十分安全

天堂里面没有悲伤

但我会失去幻想

虽然　能和别人一模一样

会有相同的赞赏

但我有定制的主张

每一个转弯　每一个路段

每一次希望　每一次失望

不管多困难　有什么地方

是我不能闯

我听见地平线那一边　呼唤我

不用知道　终点多远

乘着风　迎着浪　扬着帆

不是疯狂

因为信仰　越过了黑夜会遇见梦想

我听见地平线那一边　呼唤我

不用知道　终点多远

乘着风　迎着浪　扬着帆

不是疯狂

因为信仰　终点在望

（四）班级班训

毅如海星，勇如猛浪；

心中有海，志在远方。

（五）班级公约

独立之星，

自强不息食其力，褴褛衣内藏其志，

自为佳人，绝世凡尘。

坚毅之星，

千锤万凿出深山，千磨万击还坚韧，

身如逆流船，心比铁石坚。

进取之星，

长风破浪会有时，直挂云帆济沧海，

志在千里，壮心不已。

四、班级文化建设活动设计

（一）总体思路

1. 以海星为主题，创设浓郁的班级文化教育氛围。

2. 开展相关的主题探究活动，在实践中融入海星"独立、坚毅、进取"的文化教育，培养学生实践能力。

（二）实施策略

1. 以海星为主题，开展"海之星"班级物质文化建设。

集多方力量共同创设浓郁的海星文化班级氛围。内墙与外墙均贴以蓝色海洋为主题的壁纸，佐之一定的海星生物贴纸和挂饰；设计"海星物种作品展"，张贴学生自制的关于海星的书画、摄影、手抄报、海报等作品；设计"海星生活习性展"，由值日小组发挥各自特色，定期更新有关海星的知识：觅食、分布、繁殖方式等；设计"海星评价栏"，随着学生对海星研究的深入，展示学生阶段性发现或探究到的海星价值（如环境价值、科学价值、文化价值等），以此来开展自我学习与批评。设立"海星星光榜"，每周公布星级个人、星级小组，鼓励学生展现自己；设立"海量阅读角"，给同学们创设一个畅游知识海洋的平台。

2. 以海星为主题，完成"海之星"班级制度文化的创建。

（1）建立并完善服务与实践型的班干部管理机制。设班级服务首席、值班班长部、学科管理部、常规管理部、活动组织部"五星"结构部门，采用每月晋升与淘汰制，打造高质而有序的班级管理队伍。同时，增设班级志愿服务窗口，以促进班级在基本固定的管理和服务体系下实现人人参与实践、提升能力的目标。

（2）师生共同商议符合本班的班级详规。此班规需细致且明晰，从品德、学业、活动实践三大方面入手，详细地制定"海星银行"储蓄与扣除制度。此班规需具有一定的灵活性、变动性与可补充性。

（3）建构"海星银行"评价机制。班级服务首席发行班级自制的五色海星币，五种颜色分别对应班规中的品德（德）、学业（智）、活动实践（体、美、劳）五大评价层次。班级每人手持一个海星储蓄罐，每日按班规发放小组与个人海星币，每周统计海星币数量并于"海星星光榜"公布星级个人与星级小组。每学期海星币将折合成一定的分数，直接与综合评价系统挂钩。不达基本储蓄者会有相应的惩罚措施，也会丧失一定的福利与参与权利。

3. 以海星为主题，进行"海之星"班级精神文化渗透。

（1）以"海星精神"为主题进行班级物质文化建设，为海星精神渗透提供基础和基本情景。

（2）围绕"海星精神"定期开展主题班会。如海星觅食专题学习与探究、海星繁殖方式研究与启迪、海星特殊功能探索与启发、海星与我等，借此类班会带领学生感受海星的独立、坚韧与进取，学习的同时反思自己。

（3）围绕"海星精神"开展系列主题活动。

①利用各种节假日、学校的主题教育日或者学校安排的班级活动日，开展以海星为主题的教育活动。如利用国旗下讲话、德育大舞台展示、校运会入场式、文艺会演、班级劳育基地建设等途径，为师生讲解和展示海星文化知识，使海星意识深入班级学生之心。

②每周固定时间开展"海星表彰"与自我批评，同学互述或自述一周以来彼此或自我的"海星瞬间""海星事件"，将海星的独立、坚毅与进取落实到个人具体的行为与事件中，形成一种互相学习与自我督促的氛围。

③以海星知识为主题开展丰富多样的班级竞赛。如海星摄影大赛、书画大赛、故事会、海星知识竞赛等，在竞赛中激发学生活力，培养学生独立、坚毅、进取与探索的精神。

五、班级主题班会示范

学海初航品甘苦，与星同行绽光芒
——"海之星"班主题班会课

（一）设计背景

面对初中突然剧增的学业与突然拔高的学习要求，日常生活相对宽裕而缺乏吃苦耐劳精神的学生容易出现不自信、依赖他人、打退堂鼓、抱怨、无措的情况。

城乡接合部的初一新生思维推理性、逻辑性不强，更倾向于故事型和具体物化研究，故适合使用情感共情熏陶手段和简单的物化研究手段。

（二）教育目标

通过活动，感受"海星"们坚韧的精神并迁移传承到自主学习中。

（三）活动准备

1. 每个学生如实填写入学之困与惑，常规管理部负责收集整理分类。

"海之星"学生学习之困与惑		
班级	姓名	座右铭
学习习惯		
学习方法		
优势学科		
弱势学科		
人际交往		

2. 值日班长组织与协调，分组收集海星资料，从中分析海星的坚韧、独立与进取，并以小组独特的方式展现。

3. 值日班长组织与协调，分组实地考察与调研渔民的生活，如香洲渔港考察小

组、珠海外伶仃岛考察组、白藤湖海鲜市场考察组、博物馆考察组等，实地采访当地渔民或从事相关行业的人群，争取机会深入了解与体验渔民生活之辛苦。

4.活动组织部选好班会主持人，齐力撰写主持稿，安排好组织事务。

（四）活动过程

1.主持人开场

2.活动一：我的困惑

常规管理部将前期收集到的本班学生之困惑进行分类汇报，汇报形式可多样，如表格、图标、诗歌配乐朗诵、思维导图等。

3.活动二：它/他的艰难

（1）课前准备好课件或视频、图片等，各小组展示小小海星的艰难，如捕食时由于身体限制而活动不便、身体的柔软与食物的坚硬、繁殖护卵的困难、肆意的捕捉与天敌伤害、环境温度逐渐升高影响存活等。

（2）渔港考察组、各海岛考察组、海鲜市场考察组、博物馆考察组分别用自己的形式汇报渔民、海鲜市场员工的生活和遇到的困难。

（3）主持人带领全班归纳"它/他之艰难"，如生存威胁、常规生活之艰难、出海打鱼会遇到的天气等困难与身体不适、打鱼操作之艰难、海鲜保存与贩卖之艰辛，等等。

4.活动三：生的坚强

（1）分组展示海星的坚强与智慧。如视频展示海星捕食贝类或遇天敌时的不易、坚韧与智慧；诗歌歌颂海星护卵的艰难与温柔；动态画作呈现海星遭遇不幸时的坚韧再生与超强的生之意念；数据展现海星面对高温生存威胁时的自我调节等。

（2）"岸上海星"考察组汇报渔民相应的解决办法。学科管理部展示体现渔民生活的艰辛与他们坚毅品质的影视剧作品、优秀推文、画作等。如短视频《岚山渔民真实的海上生活纪实》，CCTV《乡土》栏目里关于渔民的视频，记录中国渔民海上生活的视频《渔》，古代画作《江行初雪图》，微信推文等。

（3）主持人用诗歌形式总结与歌颂令人怜惜、令人钦佩之"海星"们的坚强与智慧，并顺利过渡到活动四。

5. 活动四：梦的远方

（1）考察时遇见"岸上小海星"的故事：海鲜市场中一个普通家庭的小女儿为减轻父母负担，闲暇之余帮忙打理和照看海鲜铺子，实现了从一开始不敢摸鱼到后期能熟练杀鱼、淡定处理各种海鲜的蜕变。活动组提前组织人选，将此故事改编为小品并进行展示。

（2）主持人带领全班归纳海星精神：在生活艰辛中乘风破浪；在勇毅远航中觅摘乐果。

（3）学生自由反思并发言：再看先前入学之困惑，我们应该以何种姿态面对？集思广益思考我们可以如何解决？

6. 活动总结

班主任活动总结：（1）总结考察过程；（2）总结班会过程；（3）鼓励学生如海星般勇于面对新的、未知的环境与挑战，并针对学生的困惑给出一定的指导与建议。

书香浸润，精雕细琢，玉汝于成
——"璞玉班"班级文化主题建设活动方案

一、班级主题阐述

璞，古人释为蕴藏有玉之石，或未琢之玉。《韩非子·和氏》中说："王乃使玉人理其璞，而得宝焉。"这是指蕴玉之石。也可比喻尚未为人所知的贤才，王逸竹的《梦中梦》里尚有璞玉之角，以玉美之，确有深意。因此，璞玉就是指包在石头之中，长相平平无奇，还未经雕琢的玉石原石。将人比作璞玉，就说明这个人是非常质朴有才华的，只要假以时日，必定会大放光彩，是对一个人品质最好的赞美，也表示一种深深的期许。

璞玉终究未经过雕琢，而一般美玉都是经过无数打磨的，这就要求我们在生活中要更加努力地学习，不断充实自己，只有这样最终才能成为更优秀的人。中学生更如璞玉，从懵懂无知到博学多才，需要一个培养、浸润、精雕细琢、打磨抛光的过程。从德育方面来看，以"璞玉"文化为育人目标，可以将其分为两个层面，一是通过文化（书香）浸润，让石头有灵光之气；二是打磨（教育），拓宽学生的阅历，提高学生解决实际问题的能力，使其成为自立、自强的有用之才。

二、班级育人目标

（一）提高自己的文化底蕴。多读名家名著，了解历史、地理和不同的风俗人情，拓宽自己的视野。

（二）提高自己解决问题的能力。不要死读书，不要总依赖家人，学会独立思考问题、解决问题，做事情有规划，精雕细琢。

（三）提高自己的阅历。多参加社会实践，主动同不同年龄段的人沟通，多听取师长意见。懂得接物待人，懂得一些生活礼仪与社会上的规矩。可以从对待家人，对待同学做起，循序渐进。

三、班级文化元素

（一）班级名称

璞玉班。

（二）核心理念

璞玉，首要提气质。"璞玉班"的孩子应该具有书香气，抱朴求真、向善尚美，笃学精思、好问善用。学生好读书，好钻研，好关注天下事，树立远大理想。

璞玉，需要精雕细琢。每一块璞玉都拥有独一无二的外形，只有因形施艺，把它雕刻成最能体现其特色的玉雕，才是它价值的最大体现。每个孩子都有自己的特色，尊重孩子的天性和特点，根据孩子的个性和特长，给孩子展现自我的舞台，让每个孩子都成为优秀的"我"。

璞玉，需要打磨抛光。精益求精、品尚行范、思致超越，"璞玉班"的孩子们要同心协力，为打造一流的班集体而奋斗。同学间相处融洽、和谐、互助，学生养成良好的性格和品德，文明有礼，团结有爱。

（三）主题班歌

隐形的翅膀

每一次　都在徘徊孤单中坚强
每一次　就算很受伤也不闪泪光
我知道　我一直有双隐形的翅膀
带我飞 飞过绝望
不去想　他们拥有美丽的太阳
我看见　每天的夕阳也会有变化
我知道　我一直有双隐形的翅膀
带我飞 给我希望
我终于看到所有梦想都开花
追逐的年轻　歌声多嘹亮
我终于翱翔　用心凝望不害怕
哪里会有风就飞多远吧
不去想　他们拥有美丽的太阳
我看见　每天的夕阳也会有变化
我知道　我一直有双隐形的翅膀
带我飞 给我希望
我终于看到所有梦想都开花
追逐的年轻　歌声多嘹亮
我终于翱翔　用心凝望不害怕
哪里会有风就飞多远吧
隐形的翅膀让梦恒久比天长
留一个愿望让自己想象

（四）班级班训

　　　　　　　书香浸润，精雕细琢。

（五）班级口号

　　　　　　　修身养德，读书明理。
　　　　　　　天生我才，精雕细琢。
　　　　　　　艰难困苦，玉汝于成。

（六）班级公约

　　　　　　　在快乐中学习，在书香中呼吸。
　　　　　　　规范日常行为，自觉锻炼意志。
　　　　　　　提高自身修养，全力以赴做最好自己。
　　　　　　　共建美好集体，共建和谐温暖大家庭。

四、班级文化建设活动设计

（一）总体思路

以"书香""璞玉"文化为主题，利用班级文化墙和班级空间进行浸入式文化建设，利用班会课、课余时间开展书香璞玉文化主题活动，在时间和空间上，让学生沉浸在书香的文化氛围中，给学生展示的舞台，培养其个性和特长。

（二）推进步骤

1. 文化浸润，书香育人

努力打造一个书香育人环境，让孩子浸润在玉石灵气的氛围。

首先，打造一个书香的硬环境。第一，利用学生特长进行布置课室，如张贴学生的书法、绘画作品，定期更新，让更多好作品得以展示。第二，建立好班级的图书角，摆放学生喜欢阅读的名著书籍，做到图书种类丰富、内容充实。明确图书管理员职责，建立班级图书管理制度。第三，墙壁挂名人名言。

除了硬环境，还要努力打造育人的软环境。如班级要求入室即静。养成阅读习惯，如开展课前3分钟诵读美文活动。通过以上方式，强调文化的浸润作用，以文化育人为管理理念，重点关注学生学习的环境、氛围。

2. 天生我才，精雕细琢

学生个性发展需要舞台，需要展示。班级要开展丰富多彩的课余活动和社会实践活动，积极为学生创造机会，为学生搭建展示个性发展的平台，激发学生的生命活力。每块璞玉都各具特色，每位学生都有各自的闪光点。通过活动，培养学生自我参与、自我管理、自我完善、自我创新的综合能力，让学生展示自己的才能，认识自己的价值，追求自己的人生目标。主题活动可安排在班会课或课后进行，包括知识拓展、能力素养、团队建设、培养意志不同方面。课后活动还延伸到校外，充分利用家、校、社的资源，给孩子不同的展示舞台，走出学校也可组织志愿服务、文化交流等不同的活动。多给孩子机会去尝试不同的东西，要让孩子逐渐变得勇敢一些，这样才可以去发现最适合的东西，让学生更具包容心和可塑性。

3. 艰难困苦，玉汝于成

修身养德，不断学习，不断总结，不断反思，在反思中前行。璞玉经过精雕细琢，打磨抛光，才会呈现出靓丽的光彩。事情没做好，总结、反思后继续做；成绩没提升，在错题讲解后坚持加强训练，失败不是结果，失败是过程。所谓艰难困苦，玉汝于成，就是形容必须通过不断的打磨、锻炼，经得起批评、修正，才能不断提升。学生参加活动不是目的，活动后的总结和反思才是重点。班主任要善于组织学生及时总结和反思，渗入璞玉文化，给予学生适时的鼓励与指引。定期开周小结、月总结会。让学生养成写计划、反思的习惯，让学生明确反思的方式，教会学生反思的方法，例如内省式反思、学习式反思、交流式反思、研究式反思，可以在班会课上引导学生自我提问、交流对话、研究案例、观摩分析、总结记录、自我质疑。

五、班级主题班会范例

艰难困苦，玉汝于成
——"璞玉班"班级文化建设主题班会

（一）设计背景

学生学会反思，如璞玉经过打磨雕琢，才会成长。

（二）教育目标

1. 使学生认识到我们应该对生活常反思，学会珍惜光阴。

2. 使学生充分体验到反思的重要性。

3. 学会反思，珍惜生活。

（三）教育的重点及难点

重点：让学生学会反思，努力完善自己，懂得怎样对待我们的生活。

难点：如何反思才是真正的反思？

（四）教学思路

1. 以教师为主导、以学生为主体，学生分小组发表自己的观点、交流、讨论、分享。

2. 注重理论联系实际，引导学生进行角色体验，注重学生探究问题的过程。

（五）教学方法

小组互动，探讨交流，营造"自主—合作—探究"的讨论模式。

活动教学法、启发式教学法。

（六）班会课流程

第一部分：回顾近期生活、学习的照片、视频，对反思形成初步理解。

班主任导入：明确班会的主题——学会反思，学会成长。

思考：

1. 你怎样理解反思？（小组讨论，交流看法）

班主任：明确反思的含义。（幻灯片出示何为反思）

2. 请班长等班干部总结班级上周在学习、纪律和卫生劳动等几方面的情况。思考过去的事情，从中总结经验教训。

3. 班主任引导思考：我们有必要反思吗？在同学们的心中，反思处于一个什么样的地位呢？你怎样认识反思的重要性呢？

学生自由发言。

第二部分：学会反思。

班主任：幻灯片出示反思小故事。

班主任点拨：很多人想改变世界，但很少人想改变自己。我们如何反思？反思什么呢？对于近期的学习和生活，你自己是否主动思考过：我学到了什么？我有什么困惑？

班主任点拨：幻灯片出示请你反思。

关于学习：

目前自己学习中得到了什么乐趣？有什么样的困惑？

有没有浪费时间的现象，能否优化？

你对现在的学习状态满意吗？

关于社交：

你拥有了多少朋友？你总是参加社会活动吗？

你在社会活动中总是像想象的那样积极并受人欢迎吗？

你是跟随者还是组织者？

关于为人：

你拥有了哪些宝贵的品质？

你周围的人对你的看法如何？

你认为自己是个高尚的人吗？

你认为班级中谁做得比较好？

第三部分：对反思的小结：给自己写一封信。

请你反思上一周你的言行、举止、常规表现等问题，并对自己在本周的言行、举止、常规表现等问题做出承诺，给自己写一封信。

第四部分：在同学的帮助中反思成长。

小组交流反思的小结，听取组内同学的意见。

第五部分：引导有效反思——反思过后就要改，不改的反思就是浪费时间。

在反思过后就是要把自己的一些不足列出来进行改变，但是要先把自己需要改变的事情赋予优先级，不要觉得自己有缺点或是不足就急着全都去改变。可以先进行选择，选出哪些是最重要的，现在最急着去改变的，或是立刻就能去执行的，先去进行优化和改变。

第六部分：结束语。

祝愿同学们今后能在反思中不断成长，能够反躬自省的人，就一定不是庸俗的人。不断地自我反省，找到自己的缺点或者做得不好的地方，然后不断改正，以追求完美的态度去做事，从而取得一个又一个的成功。

课后，结合同学们写的承诺书，对每位同学进行考察。一周后再进行同主题的班会，针对承诺书检查落实，做到对璞玉反复雕琢。

如琢如磨，至善如玉
——"琢玉班"班级文化主题建设活动方案

一、班级主题阐述

"琢玉班"，取名于《诗经》。《诗经·小雅·鹤鸣》中有："他山之石，可以为错。""他山之石，可以攻玉。"古代玉器是利用"他山之石"一类硬度高于玉石等的"解玉砂"，辅以水来碾磨玉石，琢制成所设计的成品。《诗经·国风·卫风》中有："有匪君子，如切如磋，如琢如磨。""琢"本来指把玉石等加工制成器物的动作。《论语》中引申为君子的自我修养。后人引为文采好、有修养。

二、班级育人目标

（一）通过以学生为主体的班级环境打造，及时的记录与反馈，让学生在参与中培养责任与担当意识；

（二）通过学生、家长共同参与的班级活动，引导学生学会人际交往，培养学生正确的交往观和是非观；

（三）通过构建系统班级主题文化，引导学生参与集体活动，培养学生的集体荣誉感、归属感和价值感。

三、班级文化元素

（一）班级名称

琢玉班。

（二）班徽

主体是"中国结"和"笔"，"中国结"预示团结的"琢玉班"，"笔"代表我们主动参与班级活动，不断培养优秀的行为习惯，成就自我，成就属于自己的青春传奇。

（三）班服

正面：以学生设计的"琢玉班"的班名"琢玉"二字为主体，记录琢玉的青春岁月；背面印有"青春传奇"，寓意"并行共生，同行致远，彼此成就有关青春的一段传奇"。

（四）玉之雏形

在形式上确定团队元素。一是在班徽、班服、班旗等班级标志的设计和制作上要体现孩子们的参与和班级的特色。"琢玉班"班徽的设计经过老师、家长、学生的讨论，并在家长和学生的共同参与下完成。二是"琢玉班"通过这样的活动传递班级标志所承载的意义，如班徽代表着一个团队，进来班级你就是团队的一分子，出了班级你就是团队的全部，每一个人都是我们这个优秀团队的创建者和维护者。

（五）玉之内涵

在内涵上凝聚集体意识。学生在班级生活中的成就感来自有能力完成某一项工作而收获的自信，来自老师的关注和肯定，当我们围绕班级目标构建班级文化时，重点就在于通过一系列的班级文化载体的构建，让学生真正成为班级的主人，理解班级文化的内涵。"琢玉文化"目前包括 "琢玉主题活动文化" "琢玉主题环境文化" "琢玉主题制度文化" "琢玉主题家校文化" "琢玉主题课程文化" 等；同时拥有自己的记录载体：班级报纸《初见》、班级微信公众号"琢玉班"、班级文选《琢玉》。班级文化的每一种载体的形成与发展都是在班级成员共同努力下完成的。如班级微信公众号的内容，可以是学生写的心路历程，可以是老师写的内心感触，也可以是家长的活动参与感想。这些让每一位成员得到关注和认可的团队活动让每一位成员对团体内涵的认知不断完善，从而让每一位成员在参与中产生集体荣誉感。

（六）玉之追求

在精神上追求共同体价值。在构建班级主题文化的过程中，我们需要班级成员对班级有归属感。而在"琢玉班"，同学们最有认识最统一的就是我们班的班训"青春传奇"，这不仅仅是我们的班训，更是我们的精神追求，即不忘初心，努力将更多优秀的品质修炼成为日常的行为习惯，做更有气质与修养的自己，成就每个人自己的青春传奇。当一个班级的精神追求可以成为每一个孩子的共同认识时，这个班级就有了魂，有了属于它特有的底蕴，形成了共同的团队价值观，对于孩子们来说，这有助于他们在集体文化的追求中完善"自我""他我"和"社会的我"，这样也就有了属于我们"琢玉班"的班级主题文化。

四、班级宣言

青春传奇

孩子，如果你愿意成为一名温文尔雅的绅士、一名知书达理的淑女，那么我深信你愿意摒弃粗俗，积极完善自我；如果你愿意坚持个性至善、至纯，那么我深信你愿意抛下诱惑，参悟修行，提升自己；如果你愿意追求真理与担当，那么我深信你不会因为一时的虚荣而舍弃你那傲娇的尊严。

孩子，你可知道？山中那块石头经受了刻刀一刀一刀的雕琢，才成为一尊受人敬仰的佛像，不然它永远都是一块不起眼的铺路石。那块石头的荣耀来自一刀一锉的雕琢之痛的磨砺，我们应该明白，勇士的资质也许并不如人，但从来都是自信迎接挑战。

孩子，人生的道路可能会很顺利，也可能会很曲折。但请不要忘记你最初的梦想。未达远方，初心不改。请相信自己，信任你的同伴。知人生须经磨炼，携同侪前行经风历雨，方懂自己应孜孜追求纯良之秉性、饱满之个性、高贵之志气。琢玉，成就你我的青春传奇。

五、班级主题文化设计

班级主题文化设计结合"琢玉班"的班级人文实际，围绕不同的角度进行，通过递进式的主题活动，让学生在丰富多彩的班级活动中浸润和自我雕琢。德国的哲学家雅思贝尔斯说:"教育就是一棵树摇动一棵树,一朵云推动一朵云,一个灵魂唤醒另一个灵魂。"教育的目的在于唤醒,唤醒我们的所有团队成员不断完善自我。

(一)围绕青石成长,打造玉石班级环境文化。

主要环境布置:一是初生璞玉,"琢玉班"成员个人形象和成长故事展示;二是玉之淬炼,"琢玉班"班级成长过程中高光时刻的成果展示,以时间轴为径,图文并茂;三是玉之升华,主要是"琢玉班"成员先进榜样事迹展示,旨在表扬一段时间内表现优异的好榜样;四是玉之经典,记录每一届"琢玉班"的优秀学生,记录班级生命的传承,更鼓励琢玉学子努力前行。

(二)围绕学科平台,引导学生全面认识自己。

主要的载体有读书节、古诗文朗诵活动、英语口语节等。以我们的读书节为例,老师和学生共同确定读书节的阅读书目和相关环节,包括读书心得、读书故事、读书书评和阅读汇报班会等四个环节,系统呈现孩子读书的成果。

(三)以家校为基础,促进学生美德与素养的生成。

主要的载体有家庭日、家庭会、亲子作业、家长课堂等。

1. 构建系列教育主题的家庭日。目前我们的家庭日有两大类:一是亲子活动,二是班级纪念日,主要有青春礼、男生节、女生节等。例如,青春礼家庭日,是定在初一那年的6月1日举行,举办青春礼的主要目的在于激发孩子们对青春的认识,明确青春不仅是身体的成长发育,更是心智的成熟、责任的担当。

2. 举行具有延续性教学目标的家庭会。"琢玉班"的家庭会是班主任老师、家长和孩子一起参加,围绕亲子沟通的某一个主题而举行的主题沟通活动。家庭会的主题力求形成一定体系,从而产生递进的教育意义。

3. 布置具有教育意义的亲子作业。亲子作业是完善"琢玉班"的"家文化"的途径之一,是促进家校沟通、亲子沟通的重要载体。亲子作业设计思路是由"家"出发,首先认可最亲的人——父母,再推及正确对待同学、老师和社会。例如作业《父母向我说心事》:想方设法让父母告诉你一件他们的心事,可形成文字感悟。父母能把心事告诉孩子,不仅是对孩子能力的信任,更是对孩子情感的信任;孩子完成这样的作业,既是自信的积累,也会慢慢懂得父母也有难处、心事,进而慢慢学会关心、体谅父母。

（四）以学生为落脚点，促进学生增强集体认同感。

"琢玉班"有一类活动，如美食汇、节日小惊喜等，我们把这一类活动列为适时加入的项目。主要根据学生的学习状态进行设计，在活动与学习之间做了一个适当的平衡，旨在适时提升班级成员对班集体的认同感。

在节日设计独具匠心的节日礼物，由爸爸妈妈们等孩子们回教室上晚修时把礼物放在孩子们的床铺的角落，每一份礼物都附带我们的家长们写给"琢玉班"孩子们的祝福寄语，这样美好的回忆不断增加，在潜移默化中加深彼此的认同。

六、班级文化主题班会设计

琢之淬炼，玉之升华

——"琢玉班"班级文化建设主题班会

（一）活动背景

初中生处于由儿童向青年过渡的生理发育期和精神成长期，精力旺盛，体力充沛，但在生活态度和思想发展上存在较大问题。面对初中的新生活会呈现多元的价值取向，如何让刚升上初中的孩子积极面对生活的现状，做有效率的"努力"和有方法的"坚持"，以更好规划未来的初中生活。

（二）活动目标

1. 通过活动让家长和学生知道规划的方法，合理规划时间，合理调整心态，做有效率的努力，并学会坚持。

2. 通过调查、统计，明晰适应初中存在的问题，通过亲子活动合理规划时间、调整心态，学会有效坚持。

3. 积极适应，合理规划，增强信心，树立积极的价值观，提升自我效能，成就玉之升华。

（三）活动对象

初一学生家长、学生，初中教师。

（四）活动准备

设计初中适应问卷调查并作结果分析；收集视频，制作课件；准备白纸若干，供亲子活动使用。

（五）活动过程

环节一：孩子未来的初中。

1. 教师播放课件并解说

美好的遇见，初中。未来，我们将重新叙写自我的归属。各位家长、孩子们，很开心，我们一起追梦。我们的科目增多了：语文、数学、英语、道德与法治、生物、地理、历史、物理（初二）、化学（初三）、音乐、美术……那未来，我们该怎么面对我们的初中生活呢？

2. 教师小结

失败与成功，本质上有可能都是同一种需要所导致的，那就是自我价值的实现。失败？成功？我们也许在做同样的一件事情，那就是努力。也就是说，我们要拥有积极的价值观，直面现状，不断努力，不断收获自己的成就感。

环节二：洞见——孩子的现状。

1. 认知现状

（1）**教师活动**：播放课件，运用对学生的问卷调查结果，总结为"知识现状""时间现状""心理现状"的结果进行分析。

56% 我懂得如何计划学习时间	45% 我懂得区分不同的知识的不同的记忆方法	45% 我能够把一天的时间计划细化到每一分钟	52% 遇到失败，我能够找到问题的症结所在	56% 当生气时，我能够控制自己的情绪

（2）**家长活动**：家长针对孩子的问卷调查结果谈自己的看法。

（3）**教师总结**：能够对知识有效记忆、有效保持、及时联想、及时再现；心态应该是辛苦但不痛苦，压力没有超过能力，充满自信；身体能够拥有主动对抗一般

105

疾病的能力。

（4）教师追问：如何才能够突破我们所处的现状，更好地规划我们的初中生活呢？

2. 突破现状

（1）教师呈现"现状三个情景"。

情景一：突破知识现状。学生问卷中"你觉得当前在知识掌握上遇到的最大问题是什么？"针对学生问卷中出现的有"知识多难记忆""缺少记忆方法""知识背了又会很快忘记"等等。

情景二：知悉时间现状。学生问卷中"你觉得当前在时间安排上遇到的最大问题是什么？"出现的答案有"科目多，不懂得如何规划时间""上了初中兴趣比赛活动多，不知道怎样平衡时间"。

情景三：改变心态。学生问卷中"请描述你当前的心态最大的困惑"针对学生问卷出现的"面对未来初中的生活充满新奇，但内心有很焦虑""到了新环境充满学习的热情，但害怕坚持不了""梦想考上好的高中，但担心实现不了"。

（2）亲子讨论：家长和学生分组讨论，请代表呈现亲子合作讨论的成果。

3. 教师小结

情景一：突破知识现状。

（1）认识记忆法。利用"拼图思维"对知识进行建构，利用"积木思维"整理错题。

（2）认识"艾宾浩斯遗忘曲线"，加深对知识的第一印象，进行合理重复。

情景二：知悉时间现状。

（1）引入"四象限法"，对重要性的界定：事情本身的地位，自己的重视程度。对紧急性的界定：事情的完成时间长短；自身时间的安排。

（2）引入"番茄工作法"，对时间的界定：不一定是25分钟，需全神贯注，不受干扰。对内容的界定：内容的量要适中，内容必须能够完成。

情景三：改变心态。

内在动力的刻意训练；做有的放矢地"坚持"；学会与负面情绪相处。

4. 亲子活动

利用"番茄工作法"或"四象限法"设计一天的任务安排,张贴在班级展示区,供与会人员学习参考。

环节三:做有效率的努力。

1. 教师播放课件并引导

我们对自己初中生活的现状进行了剖析,也讨论了一些有针对性的做法。那么我们如何让这些做法更加有效呢?我们该做怎样的努力?

2. 播放视频

凌晨四点的科比。

3. 教师提问

我们怎样努力把我们变得像凌晨四点的科比一样?

4. 学生代表分享

教师用板书记录学生发言要点。

5. 教师总结引导(同学们发表很多很好的观点,老师也谈一下自己的看法)

(1)直面问题,正确节省时间。

(2)寻找适合的学习伙伴。

(3)提升目标反馈。

(4)合理规划,不断重复。

(5)祛除自身的陋习。

6. 课后拓展

(1)根据自己的特点,设计一天的作息时间表。

(2)根据自己的实际,设计学科复习的任务清单。

逆风成长，化茧成蝶
——"毅蝶班"班级文化主题建设活动方案

一、班级主题阐述

毅者，坚也。一只普通的毛毛虫成为美丽的蝴蝶需要经历四个阶段，卵期（胚胎时期）、幼虫期（生长时期）、蛹期（转变时期）和成虫期（有性时期）。前两个时期，它需要不断地积累能量，做好自己羽化的准备；而蛹期和成虫期则是由量变到质变，取得突破的关键性阶段。四个阶段周而复始，形成一个生活圈。而不同的蝶种完成一个生活圈的时间有长有短，短者数十天，长者近三年。一只毛毛虫能否耐住寂寞与孤独度过蛰伏期，并在合适的时间凭借着坚毅的信念与勇气破茧成蝶，这是它是否能够取得成功的关键。

其实，每个学生都是一个蛹，都渴望有一天能够化茧成蝶。从德育方面来看，以"毅蝶"文化为内核的班级建设，可以从三个方面进行解读，一是认识自己，结合自身实际树立远大的目标，找好自己奋斗的方向；二是累足成步，充实自身，做好前期量的积累；三是脚踏实地，坚定破茧的信念和勇气，为实现目标而付出实际行动与努力。

二、班级育人目标

（一）了解"毅蝶"文化的核心理念，引导学生形成正确的世界观、人生观及价值观。

（二）将克己复礼融入日常行为规范，以不怕困难、勇往直前的坚毅品质约束自己，形成良好的中学生日常行为及道德规范。

（三）将顽强坚毅的品质融入学习生活，培养学生勤学苦练、孜孜不倦的求学品质。

（四）以化茧成蝶为引领，鼓励学生结合自身实际树立理想目标，并激励学生为实现目标付诸实际行动，从而融入社会、奉献社会。

三、班级文化元素

（一）班级名称

毅蝶班。

（二）核心理念

毅蝶，即坚毅的蝴蝶。蝴蝶在蜕变前只是一只"平凡的"毛毛虫，但它正视自我、坚定目标、不惧困难、勇敢蜕变，最终羽化成蝶。人亦如此，在成功以前，实则有一段蛰伏期。在这一时期内，自身才华还未彰显，因此需要不断地积累自身，为发光做好准备。因此，在这一时期，应该做到两个方面：一是认识自己，根据自身实际设立目标并制定行动规划；二是突破自己，按照规划采取实际行动，厚积薄发、成就自己，最终羽化成美丽的蝴蝶。

认识自己。古希腊哲人苏格拉底曾说："认识你自己。"我国著名的教育学家老子也说："知人者智，自知者明。"这都强调了认识自我的重要性。一个人只有清晰地认识自我、了解自我，才能更好地融入社会，促进自身的发展。因此，化蝶的第一步就是认识自己。认识自己分为三个方面：一是生理自我，从外在形象认识自己。个人的形象符合中学生规范，头发干净，衣着整洁，热爱运动，无不良嗜好，不穿奇装异服，不染发、烫发、标新立异等等，此乃外形之美。二是心理自我，从内在言行认识自己。自身的言行举止是否符合中学生日常规范，是否做到举止文明、言语得当、待人有礼、乐善好学，以阳光、乐观的心态对待生活与学习。三是社会自我，从社会角色上认识自我。马克思曾说"人是社会的动物"，只有在社会中，自我的价值才能更好地实现，也只有在社会中才能更好地促进个人发展。而社会自我就是指个人是否承担了社会角色的相应责任，以此促进自我及社会的发展。例如，在家庭中，"我"的角色是父母的孩子，"我"是否有尽到为人子女孝顺父母的责任；在校园里，"我"的角色是学生，"我"是否有尽到尊师爱友、乐善好学的责任；在社会中，"我"的角色是公民，"我"是否有尽到热爱祖国、奉献社会的责任。学生只有从三个方面全面、清晰地认识自我，才能更好地为自己设定具体的目标及行动规划，从而发展自我，推动其世界观、人生观及价值观的形成，才能更好地做一个有责任感的公民。

突破自己。根据马克思唯物主义的观点，人能够认识客观世界，但更重要的是能够通过劳动改造世界。作为个人亦是如此。认识自我后，更重要的在于改变自我、突破自我。这一改变在于认识到自己的优缺点后能够扬长避短，取他人之长，补自己之短，不断激发自身的潜能，由此才能做更好的自己。人是不断发展的，这一发展是波浪式的前进和螺旋式的上升，能否将这一点落实到自我的完善之中，是自我蜕变的关键所在。认识自我、发展自我、完善自我、突破自我，这是社会的发展路径，也是人的发展路径。社会只有在革新中不断突破，才能更和谐；人也只有在自我革新中不断突破，才能更充实、完善。发展的关键就在于扬长避短、取长补短、激发潜能。

"毅蝶班"以认识自我、突破自我为目标，在学习中，立真志、求真知、从真善，积极地融入社会、服务社会并奉献社会。一个人认识自我后，改变自我的过程就是从内打破的过程，是自我的成长，也是自我的发展。正如蝴蝶的蜕化一般，坚定信念、克服困难并敢于突破自身，才能取得成功。每一只毛毛虫都有一双翅膀，但它隐形了，需要自己去发现、去经历，最终翱翔蓝天。

（三）主题班歌

隐形的翅膀

每一次　都在徘徊孤单中坚强
每一次　就算很受伤也不闪泪光
我知道　我一直有双隐形的翅膀
　带我飞　飞过绝望
不去想　他们拥有美丽的太阳
我看见　每天的夕阳也会有变化
我知道　我一直有双隐形的翅膀
　带我飞　给我希望
我终于看到所有梦想都开花
追逐的年轻　歌声多嘹亮
我终于翱翔　用心凝望不害怕

哪里会有风就飞多远吧

（四）班级班训

立志　勤学　择善　奉献

（五）班级口号

乘风破浪，不畏艰险。

毅蝶我班，一飞冲天。

（六）班级公约

认识自己——识己之短，见人之长，立真志。

突破自己——取长补短，勇于尝试，求真知。

成就自己——扬长避短，激发潜能，从真善。

四、班级建设活动设计

（一）总体思路

在"毅蝶班"的班级核心内涵中，认识自己主要从生理自我、心理自我及社会自我三个方面形成立体、直观的感受，有利于学生见己之长短，可从多处着手，完善自我。突破自己主要包含扬长避短、取长补短及激发潜能三个方面，从自我到他人到社会，形成多维度横纵衔接，有利于学生融入社会、服务社会及奉献社会。

（二）实施策略

1. 优化教室环境布置，营造化茧成蝶的班级氛围

在教室入口的墙上展示班级的"毅蝶"文化，包括班名、班训、班级口号及班级合照，增加学生的班级归属感及文化认同感。

在教室内部左边墙面展示蝴蝶成长的四个阶段，即卵期（胚胎时期）、幼虫期（生长时期）、蛹期（转变时期）和成虫期（有性时期）。每个阶段的介绍辅以图片及文字说明，既美化教室环境又有利于增长学生的生物知识。在教室右边墙面悬挂"毅蝶"文化的相关书画，例如和坚毅有关的名人名言等，组织具有相应才能的学生提供书法、绘画等作品，营造班级的文化氛围。

教室前国旗下方张贴班训："立志 勤学 择善 奉献"。在教室前方的左边张贴

班级规章，时刻提醒学生审视自身；前方右边张贴社会主义核心价值观的二十四个字，引导学生从身边小事做起，从一点一滴做起，使每个学生做到"内化于心，外化于行"，自觉规范自己言行，养成良好的行为习惯。右边墙角处设立图书角，放置名著典籍和科普类读物等，以培养学生爱读书的习惯，拓展学生的知识面。图书角应设有图书管理员，并配以图书借阅登记本，做好班级物资的管理工作。

书架上可用透明箱摆放不同时期、不同种类的蝴蝶标本，营造班级文化氛围，同时增强学生对蝴蝶的实际认知。标本应选择专人负责，确保其安全及完整。

在班级布置中，可多放置绿色植物，从而优化空气质量，缓解疲劳。配上班级多处的蝴蝶元素，使学生仿佛置身森林、峡谷，有益于缓解压力，放松身心。班级植物应设置专人照料，一方面维护班级环境，另一方面也增长了生物知识。

由班委牵头，学生以小组为单位，每月定期绘制板报，板报主题与学校德育主题相结合，内容应充分融入"毅蝶"内涵。在板报下的白墙上张贴全班同学的个人照片，有利于展示自我风采，增强学生的归属感。

教室后方板报旁设公示栏，包括积分榜、梦想直通车等。通过小组积分榜让班级内部形成良性竞争，激发班级活力。学生将自己三年中学生活的目标写在便利贴上，并张贴于梦想直通车栏目，由此起到激励的作用。公告栏处同时张贴班级各项评比中的荣誉奖状，增加学生的集体荣誉感。公示栏应设置专员管理，并及时更新内容。

教室整体应整洁有序，内容多但不杂乱，给人以整体美观、舒适的感受，所有事物应设置专员管理，责任到人，以培养学生的良好的行为习惯。

2. 从细节处规范自身，重视毅蝶文化的落实

班级通过日常管理及主题实践活动，让学生落实"立志、勤学、择善、奉献"的班训。

立志。通过班会课讲解名人少年立志的故事，使学生有所启发，并根据自身实际设立自己的目标。统一打印目标卡片，内容包括对自己行为习惯的要求和学习上的要求，并选择自己的座右铭，将卡片写好后贴于自己的桌面右上角，时刻提醒自己。

勤学。将自己设定的目标具体化，包括日常行为规范、上课纪律、作业完成、为人处世等，使目标具有可行性。例如"入室即静，入座即学""认真听讲，敢于提问""温故知新、勤学好问"等。

择善。所谓"三人行必有我师焉。择其善者而从之，其不善者而改之。"每个同学身上都有自己的优缺点，学生应正视自身，勇于改正自身陋习，取长补短。

奉献。人生的价值不在于索取，而在于奉献。一个乐于奉献的人，能正确认识自己，也会赢得他人的尊重。教师应利用班会课及重要节日对学生进行文明礼仪及理想信念教育，从而培养学生乐于奉献的精神品质，形成和谐的班级氛围。

在"毅蝶班"中，教师应重视班级榜样的作用，将"毅蝶"渗透到行为举止的各方面。例如在生活中，应尊敬师长、关爱同学、洁身自好，做出符合身份特点的言行。而在学习上，应刻苦认真、勤学好问，同学应积极向榜样看齐，榜样同学也要主动关心需要帮助的同学，形成良好、和睦、向上的班级氛围。

3. 多渠道记录表彰，形成"毅蝶班"的点滴成长日记

在每周的班会课上，对一周的班级事迹进行总结。选出其中具有代表性的成长故事，与全班同学分享、讨论。

公告栏处应张贴有明确的班级班约及积分标准，每天更新积分情况，每周进行一次全班公示，对学生的日常行为表现做出及时的反馈与评价。每月由全班投票推选一名班级榜样，并由专人汇总相关材料，张贴于班级后方的公告栏，激励更多同学向榜样学习。

除了班会课外，开通班级公众号，选拔专员小组进行管理，每月播报一次班级大事迹，这既能够锻炼同学们的综合素质能力，拉进家校距离，同时也能记录班级成长点滴。

教师要善于发现每位学生身上的闪光点，避免评价标准单一化，对学生的评价应具有灵活性、多元性，促进学生的多层次、全方位发展，使每位同学都有展示的机会。

五、班级主题班会示范

"成长·成蝶"班级文化建设主题班会

（一）设计背景

刚刚进入中学的孩子，思维发展还不够全面，对很多事物还懵懵懂懂，对自我的认识还不够清晰。以"你想要成为一只怎样的'蝴蝶'"为问题引入，引导学生认识自我，发展自我，并形成自己中学阶段的基本目标，激发内在动力。

（二）教育目标

1. 从生理自我、心理自我及社会自我三个方面认识自己，形成较为全面的自我意识。

2. 认识到自身的长处与短处，能够发扬长处，并寻找方法弥补短处，从而为做更好的自己而努力。

3. 通过交流与分享，形成中学时代的基本目标，能够将实现目标的行动具体化，并辅助以实际行动，从而规范自身的道德品行及求学态度。

（三）活动准备

1. 由班委组织策划本次活动，推动活动顺利进行。

2. 主持人撰写好主持稿，熟知活动流程。

3. 以班级小组为单位分工收集名人勤学苦练的故事，并形成汇报资料，须包括照片、简要事迹、精神品质等。

4. 成立班会节目组，排练以"成长·成蝶"为主题的小品节目；组织全班学习演唱班歌《隐形的翅膀》。

5. 班会活动前，教室座位应重新摆放，整体后移并两侧弯曲，在教室前方留出空地，便于主持及小品表演。

（四）活动过程

1. 主持人开场

主持人宣布班会开始。

2. 活动一：小品表演《成长·成蝶》

（1）由班会节目组表演小品《成长·成蝶》，小品应符合班会主题，既符合时代发展特点，又渗透"毅蝶"哲理。小品以毛毛虫想要成为蝴蝶的困惑结尾，适当留白，主持人适时引导全班分享感受，并为毛毛虫出谋划策。

（2）主持人在引导全班解决小品中的问题后，将问题延伸至"你想要成为一只怎样的'蝴蝶'"，适当选择同学进行开放式回答。

3. 活动二：名人的破茧故事

（1）主持人组织各小组分享收集的名人成长故事，重点应在于"如何成长为自己希望的样子"。

（2）主持人应把握好时间及分享进度，适时对分享进行小结。

4. 活动三：写下我的目标及行动

（1）由班委分发卡片，每位同学一张。在看过小品及名人的成长故事后，由同学自己进行思考"我要成为一只怎样的'蝴蝶'""怎样才能成为我希望的样子"，并在卡片上写下自己的目标及具体行动。

（2）主持人组织愿意分享的同学上台交流自己的目标及为此要付出的行动，同学在倾听的同时对自我进行思考，也可为交流的同学提出一些建议。

（3）由班委回收每位同学的梦想卡片，班会后进行整理，并将同学们的梦想卡片张贴于教室后墙的公示栏。

5. 活动总结

班主任对活动进行总结，明确两个要点：一是每一只蝴蝶在翩翩起舞前都要经过长时间的训练，所以同学要认识自己、完善自己、突破自己，为实现目标付诸行动；二是每一只毛毛虫的生长周期并不相同，或长或短，因此同学们也不必心急，只需走好自己的人生道路，一步一步走向最终的成功。

每一只可爱的毛毛虫都有一双美丽的翅膀，有的发现得早，有的发现得晚。因此，我们要认识自己，看到自己的翅膀，发展自己的翅膀，才能在蓝天中翱翔。

主持人适时引导全班起立合唱班歌《隐形的翅膀》，通过歌曲给予人鼓舞与动力，在班歌中结束本节班会课。

扶摇直上心无畏，逐梦蓝天伴我行
——"蓝鸽班"班级文化主题建设活动方案

一、班级主题阐述

蓝鸽，是中国著名的飞翔鸽种，在世界名鸽中享有盛誉，它又是有名的高飞鸽，能磨砺以须，与群鸽上阵，毫不后人。同时，经过训练的中国蓝鸽，耐翔力十分惊人。学生感知蓝鸽扶摇直上、勇敢无畏的宝贵精神和刻苦耐劳、坚持不懈的顽强品质，有助于增强综合素质能力，确立定位清晰、科学的发展目标，在成长过程中积极进取，翱翔在属于自己的梦想蓝天。

二、班级育人目标

体会蓝鸽象征的精神内涵，树立勇敢无畏、坚持不懈的精神品质，同时培养学生以蓝鸽为延伸的全球和平发展理念与国际视野。

1. 了解作为中国鸽代表的蓝鸽，介绍其基本寓意。

2. 了解蓝鸽精神在新时代发展中起到的建设性作用，熟悉典范案例。

3. 开发基于和平与国际发展的特色主题课程，从视频采访、创编小报、模拟论坛等多角度，关注社会热点，拓宽学生的国际视野。

三、班级文化元素

（一）班级名称

蓝鸽班。

（二）核心理念

"蓝鸽班"以发展蓝鸽精神的活动为载体，结合新时代、新国际、新媒体等多元趣味的方向，让学生在小组活动、集体探究、合作学习的锻炼中，提高综合实践能力，培养批判、探究的意识。

颜色：以深蓝色为主色调，辅之淡蓝、淡白。

图案：核心标志为蓝色和平鸽造型，用简单线条勾勒出整体造型。白翅高高举起，蓝鸽昂首向上，同时外围由淡蓝色班级名称半圆式环绕。

（三）主题班歌

赛鸽（改编）

一

给你一双眼睛，让我看见梦想

给你一双翅膀，带我领略成长

给你一个舞台，替我赢得荣耀

给你一个赛场，为我抹去悲伤

历尽辛酸，擦干最后一滴泪

绝不放弃，拼尽最后一滴汗

鸽子，带我飞！

飞上蓝天去超越闪电

鸽子，让我飞！

希望注定让你我同行

二

你用期待的眼神，坚定我的信念

你用拼搏的翅膀，带走我的灵魂

是你给我勇气，令我痴心不改

是你给我希望，让我不再彷徨

翻山越岭，只为不变的信仰

锲而不舍，追逐永恒的理想

鸽子，展翅吧！

117

美好的蓝天在等着你

鸽子，展翅吧！

美好的未来在等着你

（四）班级班训

坚持不懈，奋进向前。

（五）班级口号

展翅翱翔，扶摇直上。

我心无畏，逐梦蓝天。

（六）班级公约

礼貌待人，衣冠严谨。

尊重师长，团结同学。

谦虚做事，自觉自省。

树立目标，勤学苦练。

四、班级文化建设活动设计

（一）总体思路

1. 建设以蓝鸽精神为主题的班级环境，打造交流新平台。
2. 以学生的学习生活等主题班会为基础，融入蓝鸽精神文化教育。
3. 运营校园蓝鸽电视台，传递更多英勇无畏的精神理念。

（二）实施策略

1. 建设以蓝鸽精神为主旨的班级环境，打造交流新平台

（1）建设以蓝鸽精神为主题的班级环境。班级以蓝鸽勇敢无畏、坚持不懈的品质为班级的文化，班牌用蓝鸽的形象进行装饰，教室布置、班徽设计体现梅花特色。同时设立"蓝鸽荣誉栏"，以激励方式促进学生学习成长。设立蓝鸽信箱，方便了解学生情况，及时与学生、家长沟通。以"蓝鸽信箱"为桥梁，增进师生之间的感情。

（2）以蓝鸽文化打造班级文化交流新平台，进一步挖掘"蓝鸽"精神内涵。以蓝鸽形象设计班级标志，以蓝鸽形象创编班歌，使蓝鸽精神深入班级文化的方方

面面。

2. 以各类主题班会为基础，融入蓝鸽精神文化教育

（1）班级定期举办主题班会活动，安排学生学习蓝鸽精神文化，展开系列小组学习探究。教师将蓝鸽精神与实际生活、榜样人物相结合，再请学生找寻身边的蓝鸽精神，并加以汇报展示。教师每期可提供不同的展示主题，让活动连接学生生活经验，并且具有行动性、挑战性、动手动脑的实践性、活动内容的广泛性、与学生学习生活的相关性，并使活动常规化、制度化，形成长效机制。

（2）请学生围绕班级文化主题，自主撰写座右铭，并在图形为小云朵的便签贴上明确个人的学习目标，最后将全班同学的"目标"展示在班级内的"蓝鸽天地"，提醒学生如蓝鸽般目标坚定，并为之奋勇努力。同时组织"蓝鸽结伴"活动，使班级学生互助结组，以优带差，形成一个健康阳光、团结互助、文明守纪的班集体。

3. 运营校园蓝鸽电视台，传递更多英勇无畏的精神理念

（1）从班级延伸到学校，运营设立校园蓝鸽电视台，将蓝鸽精神文化理念传递进更多学生内心。同时利用模拟电视台的平台，有效锻炼学生对时政及社会热点的搜集与学习，以及对新媒体及宣传类综合工作的尝试。

（2）以蓝鸽电视台为本体，同时延伸出蓝鸽小报、蓝鸽论坛等多方活动。请学生自主组织开展，教师进行指导。蓝鸽小报即为刊登班级或校园新事、设计榜样人物专栏等而设立的期刊，侧面对学生进行思想引领教育，每期蓝鸽小报的编辑团队将由班级内各组轮流担任，并在学期末进行"最佳期刊"的评选。蓝鸽论坛可围绕生活、学习等问题，开展多方辩论、交流活动，意在锻炼学生的组织和表达能力，同样每期论坛由固定一组同学负责主持，需要负责为本期活动选择背景资料、邀请校园嘉宾等多项环节。

（三）创建"蓝鸽天地"评价模式，形成班级活动特色评价方式

1. 为促进学生养成良好的行为习惯并激励促学，班级可创建名为"蓝鸽天地"的综合素质激励性评价机制。"蓝鸽天地"涵盖了学生的品德教育、学习能力、体质锻炼与综合拓展四大方面。学生在不同领域的奖项或良好表现，可以累计里程数，让属于自己的"蓝鸽"飞得更高、更远。

2. 在评价机制的基础上进一步深化"蓝鸽天地"的评价模式，将班级特色活动与"蓝鸽天地"的奖惩评价相结合。教师应进行分段奖励，当学生累积到规定的里程数，即蓝鸽飞翔到某个站点时，学生将获得文具等物品作为奖励，灵活调整评价奖励机制，如遇到"蓝鸽结伴"活动，针对进步较为明显，或在带动同学方面卓有成效的学生，可在班级内树立典型，进行特别嘉奖。

五、班级建设主体班会课设计

扶摇直上 放飞梦想
——蓝鸽精神主题班会课

（一）班会主题

扶摇直上，放飞梦想。

（二）教育目标

教师引导学生了解蓝鸽精神，学习科学的世界观与价值观，树立正确的人生目标，使学生充分展示自我，学会学习，学会生活，知道为实现理想而脚踏实地地进行努力。

（三）活动准备

1. 提前搜集有关蓝鸽精神的榜样人物。

2. 利用蓝鸽形象的图案、标语装饰教室。

3. 教师以英勇骁战的中国海军为例展开，将蓝鸽精神联系实际，强调本班文化建设的重要性，并邀请学生进行小组讨论，将身边的蓝鸽精神进行记录分享。

4. 延伸蓝鸽精神，明确树立理想的重要意义。请学生畅谈自己的理想。

（四）活动流程

1. 主持人开场白

同学上台介绍本次班会活动主题及流程。

主持人：老师、同学们大家好！今天，我们在这里召开"扶摇直上，放飞梦想"主题班会，理想是灯塔，是指引人生前进的方向，照亮人生前进的路程。我们的蓝鸽，翱翔在理想的天际，是未来最美好的代名词。

现在，就让我们一起，在今天的班会活动中，追随着蓝鸽的身影，放飞理想！我宣布，本次主题班会正式开始。

2. 学生展示朗诵,营造班级氛围。

理想

（流沙河）

理想是石,敲出星星之火;
理想是火,点燃熄灭的灯;
理想是灯,照亮夜行的路;
理想是路,引你走到黎明。
饥寒的年代里,理想是温饱;
温饱的年代里,理想是文明。
离乱的年代里,理想是安定;
安定的年代里,理想是繁荣。
理想如珍珠,一颗缀连着一颗,
贯古今,串未来,莹莹光无尽。
美丽的珍珠链,历史的脊梁骨,
古照今,今照来,先辈照子孙。
理想是罗盘,给船舶导引方向;
理想是船舶,载着你出海远行。
但理想有时候又是海天相吻的弧线,
可望而不可即,折磨着你那进取的心。
理想使你微笑地观察着生活;
理想使你倔强地反抗着命运。
理想使你忘记鬓发早白;
理想使你头白仍然天真。
理想是闹钟,敲碎你的黄金梦;
理想是肥皂,洗濯你的自私心。
理想既是一种获得,
理想又是一种牺牲。
理想如果给你带来荣誉,
那只不过是它的副产品,

121

而更多的是带来被误解的寂寥，
寂寥里的欢笑，欢笑里的酸辛。
理想使忠厚者常遭不幸；
理想使不幸者绝处逢生。
平凡的人因有理想而伟大；
有理想者就是一个"大写的人"。
世界上总有人抛弃了理想，
理想却从来不抛弃任何人。
给罪人新生，理想是还魂的仙草；
唤浪子回头，理想是慈爱的母亲。
理想被玷污了，不必怨恨，
那是妖魔在考验你的坚贞；
理想被扒窃了，不必哭泣，
快去找回来，以后要当心！
英雄失去理想，蜕作庸人，
可厌地夸耀着当年的功勋；
庸人失去理想，碌碌终生，
可笑地诅咒着眼前的环境。
理想开花，桃李要结甜果；
理想抽芽，榆杨会有浓荫。
请乘理想之马，挥鞭从此起程，
路上春色正好，天上太阳正晴。

3. 教师分享与小组讨论。

教师：有了远大的理想，就有了明确的奋斗目标，就有了进取的动力，就有了成功的可能。古往今来，不论是帝王将相、开国元勋，还是赫赫有名的思想家、政治家、军事家、科学家，他们从小就有远大理想。也就是这些理想促使他们不断进取，从而取得成功。同学们，你们知道哪些有关理想的故事或名言呢？

（教师与学生互动，请同学来说说。）

教师：今天，老师不仅想介绍给大家这些名人轶事，还想给大家介绍一个特别的群体。他们有着保卫中国的崇高理想，他们身上闪烁着动人的光辉，他们就如同蓝鸽一样，利用自己的知识和力量，翱翔、守卫在祖国的海域。

（教师介绍中国海军坚韧不屈的事迹，引导学生树立正确价值观。）

教师为班级学生提前分组，请学生谈一谈自己身边的蓝鸽精神，或是为理想不懈努力的事迹。讨论完毕后，请各组派代表上台展示分享。同学进行相应点评。

4. 反思自我，规划未来。

主持人扮演记者，走下讲台，随机采访数名同学的理想和为什么要树立这个理想。简单交流后，分发白云形状的小卡片，请班级同学记录下自己的理想目标（教师需引导其进行初期、中期、长期的不同规划）。结束后各同学目标将在班级内的"蓝鸽天地"进行展示。

主持人：同学们，理想是一切美好事物的开端；理想是一切力量产生的源泉；理想是一切奇迹发生的前提，有理想，我们无所不能。放飞理想吧！只有播下理想的种子，才能嗅到春天那醉人的芬芳。不经历风雨，怎能见彩虹？同学们，让我们一起努力学习，一起为了心中的理想扬帆起航！

怀若水之心 壮凌云之志
——"若水班"班级文化主题建设活动方案

一、班级主题阐述

水，是大自然馈赠给人类的生命之源，地球表面有71%被水覆盖，它是包括无机化合物、人类在内所有生命生存的重要资源，也是生物体最重要的组成部分。古代先哲们赋予了水人文意义和哲学精神。老子认为"上善若水"，提出"水利万物而不争"，水是至高无上的善，富有牺牲精神、利他精神。孔子提出"逝者如斯夫！不舍昼夜"，这是孔子在考察宇宙，体触万物时生发出的精粹思想，就是要我们珍惜时光。而朱熹从理学家的立场出发，在《四书章句集注》中将"逝者如斯夫！不舍昼夜"这句话的意思概括为四个字"进学不已",也就是说要不断地学习。由此可见,"水"的本意、内涵及其延伸出的人文精神,都非常丰富。从德育方面来看,以"水"文化为育人目标,可以将其分为两个层面,一是关注学生"对内"的成长,做到珍惜时光,自强不息,二是关注学生"对外"的成长,学会建立与他人、与社会的关系,做一个能与他人和谐相处的人,做一个对社会有责任感的人。

二、班级育人目标

（一）了解水文化的核心理念。

（二）能设立符合实际的个人目标,形成自律、自强的意志品质。能以"进学不已"的态度来对待学习,不断提升自己的学习能力。

（三）能够以文明友善的态度在日常生活中与人交流,以自身行动构筑积极进取、和谐共进的良好班级环境与风貌,自觉成为"水"文化的实践者、传播者。

三、班级文化元素

（一）班级名称

若水班。

（二）班徽

将水的字形演变（见右图）与班级数字融合起来,师生共同设计,构造出有内涵、有个性、有感召力的班徽。

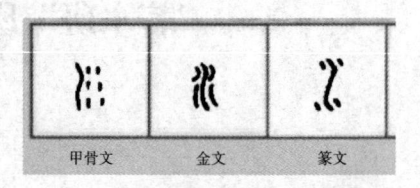

甲骨文	金文	篆文

（三）核心理念

自律,重在营造一个珍惜时光、严格自律的班级风貌。在个人行为习惯方面,学生应自觉做到遵守《中学生行为守则》以及校纪班规,做一个懂规矩、守纪律的人。在班级风貌方面,班级的学习园地和班级布置应有针对性地营造一个严谨而又积极的班级目标、班级舆论和学习氛围。

自强,重在树立一个贴合个人实际、符合社会发展需要的成长目标。在个人意志品质方面,培养学生胜不骄、败不馁的性格。在个人学习能力方面,引导学生正确认识个人的优势,培养学生学会设立分步目标,不断加深自己的学问功底，始终保持求知欲。班级主题活动的设置要考虑学生的年龄特点和个体差异性，改革评价方式，加强人文关怀，多维度激励学生，让每位同学都有进步的空间。

与人为善，重在培养个人为人处世、待人接物的能力。在思想方面，海纳百川，有容乃大，培养学生同理心，以广阔的胸襟看待人与人之间的相处，以善意对待世界，做一个豁达、开朗的人；在实践方面，培养学生行为习惯，做到衣着干净，外表整洁，语言文雅，进退有度，有礼有节，做一个文明有礼的人。在引导过程中，班主任需发挥示范引领作用，在衣着打扮、言谈举止、行为习惯等方面做好表率，严于律己，宽以待人。

甘于奉献，重在帮助学生树立正确的世界观、人生观、价值观。甘于奉献是一种美德，更是一种力量，一种不忘初心、砥砺前行的动力……只有弘扬奉献精神，并把它作为一种极具力量的精神武器，团队才会不断壮大，社会才会优化发展。班级做好顶层设计，从加强思想引领、建设师资队伍、设立活动岗位、建立激励制度、培养骨干队伍等角度进行谋划，把道德准则运用到实践中去，并进一步把这种奉献的品质传承、传递给他人，形成班集体的共识。

（四）主题班歌

千山万水

千山万水 无数黑夜 等一轮明月

梦的边陲 风吹不灭 从不感疲惫

东方无愧 第一是谁 让我们追求完美

我态度坚决 面朝北 平地一声雷

做好准备 这一回 起跑后绝不撤退

痛快一起 努力的感觉

我们拥有 同样的机会

梦想挟带眼泪 咸咸的汗水

你我同个世界 爱从中穿越

梦与希望在飞 我向前去追

有目标就不累 等着我超越

远远抛开一切 过千山万水

（五）班级班训

怀若水之心，壮凌云之志。

（六）班级口号

海纳百川，向上向善。

（七）班级公约

若水遇器斜而不歪，志坚行苦。

若水形至柔而有骨，追求不懈。

若水容百物而不弃，心胸宽广。

若水润万物而无言，甘于奉献。

四、班级文化建设活动设计

（一）总体思路

在"若水班"的班级核心内涵中，自律、自强侧重于学生自身发展，与人为善、甘于奉献更偏向于引导学生如何正确建构与外界的联系，两者都融合了对学生道德修养、精神品质和行为习惯的培养，这需要通过主题实践教育活动、理想信念教育活动来形成。实施过程中，两种活动可以相互交融，使之相辅相成，共同提升学生的个人修养，具体而言，班级建设活动的设计分为以下两点：

1. 贯彻"若水班"的核心内涵，创设班集体的物质文化氛围，营造良好精神风貌。

2. 开展与主题相关的班级活动，使学生在实践中领悟"水"的内涵，提高个人修养。

（二）实施策略

1. 围绕"若水"的核心内涵构建班级文化氛围

组织学生以小组为单位，选一个与"若水"内涵有关的词语或成语作为组名。

每周班会课上台展示小组对组名的解读，可以深化学生对班级理念的认识。组织学生参与班徽的设计。以"水"的字形变化和班级序号为主体，鼓励学生设计出能代表本班特色的班徽，再通过投票选出同学们最认同的班徽。把班徽制成宣传画挂在教室前门外，与班牌平齐，同时，把班徽应用到班旗上，还可以定制成小型胸针，在各类活动中，让班旗在旗手的手中挥舞，让班徽在同学胸前亮出来，激发学生对班级文化的认同感和自豪感，增强班级的凝聚力。

在教室内设立格言栏，在潜移默化中深化学生对班级理念的认同感。教室国旗下方张贴班徽、班名。教室后方黑板报上方用横匾书写班级班训："怀若水之心，壮凌云之志"。在教室四角悬挂班级口号："若水遇器斜而不歪，志坚行苦。""若水形至柔而有骨，追求不懈。""若水容万物而不弃，心胸宽广。""若水润万物而无言，甘于奉献。"将班歌装裱好，挂在前方黑板侧面，让进入教室的人一开始就能直观感受到班级文化。

在班级文化布置中，还应通过书画、器物等方式加入"水"的元素。例如悬挂毛主席的书法作品《水调歌头·游泳》，大气磅礴的字体与充满豪情壮志的诗句相结合，让班级文化氛围更加浓郁。在班内放置一到两盆绿植，安排专人每日浇水，使教室不但具有绿色气息，又能让学生感悟到水滋养万物而不言的内涵精神。

2. 围绕"若水"的核心内涵开展班级活动

针对"自律"，班级围绕一日常规，从行为习惯和学习习惯方面制定详细规则。无规矩不成方圆，"若水班"班风的形成离不开每一个同学对规则的理解和实践。班级需要通过主题德育教育，让学生深刻认识习惯与作风的重要性，并将这些习惯进行细化，交由相应班干部落实。例如明确早自习前家庭作业的上交、自习课上学生的学习规范等要求，细化放学后负责卫生工作的学生如何摆放桌椅、清洗垃圾用具等内容，在全班讨论后形成共识，认真执行，不断反馈、反思和磨合，最终引导全体同学形成从"他律"到"自律"的转变。

针对"自强"，从精神引领和实践指引两个角度展开教育。设计以"人才"为主题的系列班会，多角度、多形式地展示各个行业的优秀人员，例如中国第一位盲人女钢琴调律师陈燕、90岁高龄仍然工作在手术台前的我国肝脏外科医学奠基人吴孟超等，学习他们身上永不放弃的优秀品质，树立正确的人生观和价值观。在实践中，指导学生用好学期学生档案，设定分阶段目标，例如每月学做一道新菜式等，鼓励学生正确认识自己的优势，设立合理目标，学会体验生活的乐趣，感受奋斗的喜悦，树立信心，对世界、对未来充满希望。

针对"与人为善"，班集体需善用榜样力量，树立身边典型。最直接、最好的榜样是班主任，从师生交往做起，老师"平视"学生，尊重学生，遇事以理服人，严于律己，宽以待人，用幽默化解矛盾，用豁达减少纠纷，让笑声充满教室，营造和谐、温馨的班级氛围。最好的教育契机就是抓住身边小事，因为实践是检验真理的唯一标准，用发生在身边的事例去进行教育，可以事半功倍。例如小A因为小C扫地慢，耽误自己拖地而发脾气，造成同学间的矛盾，班集体可以借此机会展开讨论，分析利弊，找寻解决问题的方法，在潜移默化中让学生学习如何在团队中更好地展开合作，达到教育两个人，影响一个班的效果。

针对"甘于奉献"，班集体需着力于实践育人。一方面，班级努力挖掘内部资源，建立多种班内志愿岗，并积极向年级组、学校申请校内志愿活动，做到人人都有机会参与到活动中去，激发学生使命感和成就感。另一方面，在师资力量上，班集体既要发挥老师的引领作用，也要善于利用社会志愿服务机构的力量。同时，全力培养班内志愿服务骨干力量，给他们压担子、传技巧、树形象，使他们在实践中成长为"小小火车头"，带领志愿小分队，发挥骨干力量的示范引领作用，做好传、帮、带，增强班级的凝聚力和战斗力，让每个同学都能在实践中得到锻炼与成长。

3. 围绕"若水班"的核心内涵形成独特、多元的评价体系

形式上，可发挥传统班级公告栏的宣传、反馈作用，及时公布班级动态，张贴一些班级活动的信息、照片等，另外，可采用电子相册、短视频记录同学们的闪光点，例如运动会上选手矫健的身姿、服务岗上志愿者们兢兢业业的背影等，增加宣传的及时性和丰富性。

内容上，班级应安排专人负责每周更新学生积分情况，对学生的日常行为表现

做出及时的反馈与评价，并通过月度表彰先进的方法，评出"每月班级之星""每月自律之星""每月自强之星""每月文明之星""每月奉献之星"，激励更多学生自觉遵守班级公约、努力向优秀典型学习。

五、班级文化主题班会示范

"奔流不息，奋斗不止"主题班会

（一）设计背景

学生从小学进入初中，迎来人生旅途的一个重大转折期。从身体发育角度看，学生的身体随着青春期发育而逐渐成熟，身高和体重快速增长，开始像一个小大人。同时，伴随着外形的变化，同学们出现成人感，开始追求独立，对师长、父母过多、过细的照顾产生逆反心理，希望能自己决定自己的事情。但是，部分学生无法适应不断增大的学业压力、竞争压力，想自立又缺乏奋斗的精神和能力，以"躺平"为理由，以"拒绝内卷"为口号，消极对待学业和生活。基于这样的背景，教师需要通过一系列主题班会活动来引导学生树立正确的人生观和价值观。作为"若水班"的班主任，可以围绕水流奔腾而不停息的特性，鼓励学生像水一样，永远向着定好的目标出发，不懒惰、不倦怠，做一名真勇者。

（二）教育目标

1. 通过学习邓清明的先进事迹，结合身边案例，让学生正确认识"奋斗"的意义，对自己的学习生活有更明确的计划。

2. 通过小组合作，培养学生团队意识。

3. 通过交流与分享，增强班级凝聚力。

（三）活动准备

1. 以班委会为核心，建立班会课筹备组。其中，第一组负责查找邓清明的资料，包括文字资料和视频资料；第二组负责招募成员，编排小品；第三组负责布置会场，准备硬件设备；第四组负责安排主持人，撰写主持稿及制作背景图片，推进班会课的顺利进行；第五组负责整合资料，进行现场拍摄，并完成后期宣传。

2. 在筹备会议上，班主任布置任务并给各小组成员指导。

3. 将班级成员按六人一个小组进行分组。

（四）活动过程

第一环节：开场

1.播放班歌，主持人宣布班会开始。

2.在音乐背景下，全体师生起立，由主持人带读，集体诵读"若水班"班级公约。

3.主持人介绍本节班会课主要内容、形式。

第二环节：进行

1.表演小品《下课》。

小品展示三名同学在课间休息时间的聊天场景。A同学因为作业没有做完，被批评后情绪低落，吐槽初中课业太多，学习好累。B同学安慰她坚持下去，只要好好读完这三年，考上高中就好了。C同学一边翻看着杂志一边说："哪里只可能坚持三年。初中阶段的目标是考上高中，考上高中后要努力考上大学，考上大学又要面临找工作，每个阶段都可能会被淘汰，努力有什么用？努力又不一定成功，不如干脆随缘就好"。说到这里，其他两个同学都安静下来，陷入沉思。

2.观看视频《飞天时代楷模邓清明：十八年等待，永不停歇备战的脚步》。

主持人介绍邓清明事迹：中国首批航天员。于1998年入选航天员大队，二十四年来，他四次入选任务梯队，四次与飞天失之交臂。如今，为了实现航天梦想，他在55岁的年龄仍然在坚持训练。他说：追梦没有休止符，奋进永远在路上。

3.小组交流。

主持人给每一位同学发放邓清明撰写的文章《航天员自述（邓清明）》。同学们阅读后，以小组为单位展开讨论，完成展示图。为航天员邓清明画一幅简笔人物画，选择三个词去描绘小组成员对邓清明同志的看法，用三个事例去进行说明，并结合小品，谈谈作为中学生如何正确认识"奋斗"的意义。小组成员做好任务分工，准备在班级里进行展示。

4.分组展示。

各小组依次上台。小组成员展示小组为航天员邓清明画的简笔画，并介绍本组的讨论成果。

5. 点评环节。

主持人邀请学生代表分享活动心得。

师生投票选出三个优秀小组。

第三环节：总结

主持人邀请班主任对活动进行总结，主要内容包括：

1. 为每个小组的展示活动点赞。同学们经过思考能发现他人身上的闪光点，并转化为自己前行的动力，这是同学们成长的表现。同时，各小组能通力合作，顺利完成展示任务，体现了班级同学间强大的凝聚力，值得表扬。

2. 对未来班级的建设给予期待。班主任结合"若水班"的班级核心内涵，谈谈由邓清明事迹所想到的"奋斗"内涵。希望同学们以此次活动为契机，把大家期待创造美好生活的愿景落到实处，做一个自强、自律的优秀学生，为建设文明和谐班集体共同努力！

第四环节：升华

主持人播放航天员邓清明作为嘉宾在《朗读者》第二季里朗读的诗篇《望星空》的视频，为班会课画上句号。

第三章 人文图腾凝班魂

鸿雁于飞，聚鸣嗷嗷
——"鸿雁班"班级文化主题建设活动方案

一、班级主题阐述

"鸿雁班"，班名源于《诗经·小雅·鸿雁》，班级宣言"鸿雁于飞，振奋其羽；鸿雁于飞，集于中泽；鸿雁于飞，聚鸣嗷嗷"也改编于此。鸿雁，性喜结群，常成群活动，重视团队，重视家的氛围；鸿雁，寓意志趣高远，心怀天下。"鸿雁班"围绕着"家"的意味和团队的价值进行构建。雁群本着有事大家商量的原则，自主制定，自主参与，自主评价，依托班级活动，追求班级管理的共同体价值。

二、育人目标

1. 通过开发班会课程，引导学生积极参与班级文化建设，培养学生责任担当意识；

2. 通过鸿雁传书活动，密切家、校、生联系，构建三位一体的亲子交流方式，引导学生积极交往，培养学生正确的是非观和交往观；

3. 通过开展系列的鸿雁活动，让学生在活动中感受到自己的价值，感受到自己在群体中的归属，进而不断去挖掘自己的潜能，不断超越自我。

三、班级文化构建历程与载体

鸿雁于飞，振奋其羽。通过一系列课程引领学生认知雁群文化。班级课程主要有开学第一课、励志方法类课程和家庭会课程。开学第一课包含《未来：重新定义自我的归属》和《让努力真实发生》；励志方法类课程有《梦想起航》和《洞见：个体崛起》；家庭会课程主要有《遇见最美的自己》《追光的鸿雁，不悔的青春》等。

鸿雁于飞，集于中泽。通过雁群主题活动进行团队建设，旨在依托集体活动培养学生对集体的归属感和集体荣誉感，并通过雁群主题活动的开展不断找寻归属感和价值感。雁群主要活动分为书信感想类的"一封家书""我的开学第一课"，美食品鉴类的"节日活动""水果拼盘"，益智修身类的"水浒集卡""插花课程"，交往体验类的"男女生节""外出研学"等等。

鸿雁于飞，聚鸣嗷嗷。制度的权威对于追求共同体价值的人来说，是对契约的自觉和对自我价值的虔诚。通过构建班级制度，涵盖纪律、卫生、兴趣加分、评优等方面，实行自主管理。追求自主管理，本着有事大家商量的原则，自主制定班规，自主参与，自主评价，依托班级活动，追求班级管理的共同体价值。

四、班级宣言

鸿雁于飞，振奋其羽；
鸿雁于飞，集于中泽；
鸿雁于飞，聚鸣嗷嗷。

五、班级文化建设设计思路

（一）系统设计契合"鸿雁班"的班级文化

把班会课当成班本课程进行系统设计。针对班级学生的班会课程，依据《中小学德育工作指南》，结合中国学生发展核心素养，以及心理健康指导纲要，针对学生的心理健康教育、传统文化教育还有理想信念教育等各个方面系统地设计班会课程。例如心理班会课程，围绕着情绪调整环境，围绕学法指导、生涯规划、生命教育等方面开展系列的主题班会课程的设计。针对开学第一课，则紧密地围绕着时政和学生学龄段的特点进行设计，比如说在疫情复课期间，开学第一课的内容可以设定为抗挫折教育、防疫安全教育；初三的时候可以进行理想教育和生涯规划教育。针对学生和家长的班会课程也可以围绕着相关的主题，按照年级进行三年的系统设计。针对家长进课堂的班会课程，则可以根据家长的职业、兴趣、爱好、特长，进行班会课的主题确定，再与家长一起打磨家长班会课。针对学校的办学理念，我们还可以根据学校的校本课程特色，进行校本和班本的融合。

（二）以主题词构建"鸿雁班"的班级文化

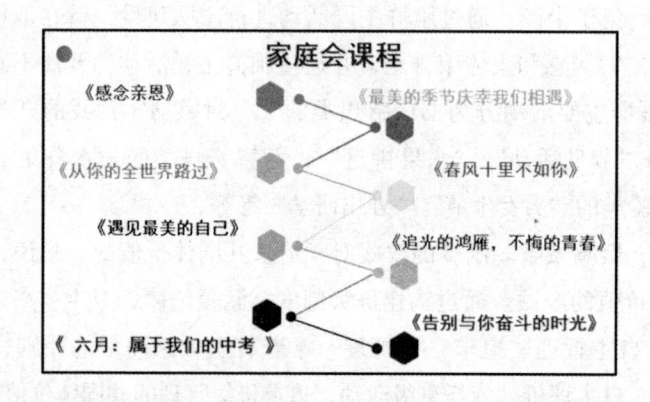

```
家庭会课程
《感念亲恩》           《最美的季节庆幸我们相遇》
《从你的全世界路过》    《春风十里不如你》
《遇见最美的自己》     《追光的鸿雁，不悔的青春》
《 六月：属于我们的中考》 《告别与你奋斗的时光》
```

将三年的班本课程视为整体进行顶层设计，确定关键词是非常重要的。那么如何确定关键词呢？以针对家长和学生的班会课程为例，鸿雁班是以"感恩""遇见""沟通""陪伴""团队""价值"为主题进行家庭主题班会课程的设计，开发了八节主题家庭会课程。通过感恩父母迁移至感恩他人，触发感恩之情，从而促进对彼此的认可；通过彼此的遇见，遇见同学，遇见老师，遇见一切的美好，促进学生对于班集体的认可；学会与父母、同学、老师沟通，探讨有效陪伴，肯定彼此的价值；在能够彼此认可和彼此肯定的前提下，与学生一起探讨未来人生、探讨职业规划、探讨中考目标。主题围绕着安全感、归属感和满足感进行系统设计，整合微视频、微情景、微故事等素材，让家长、学生和老师在系统的课程环境中得到情感的共鸣。

（三）以活动课程塑造"鸿雁班"班级文化

"鸿雁班"注重家校生三位一体，在班级记录、青春期教育、团建活动、德育考评、审美情趣等方面开展一系列的活动体验课程。例如《鸿雁第一课》旨在记录自己在"鸿雁班"的成长；"鸿雁家书"写给我们的父母，旨在传达青春期的我们的独立心声，倡导柔性的亲子沟通；"鸿雁男生节""鸿雁女生节"在于引导男生女生树立角色意识和责任担当意识，通过角色互换让学生明白"你的岁月静好，那是因为有人为你负重前行"，同时进行男女生的青春期教育和情感教育；"鸿雁美食节"结合校运会、元宵节、家庭会、水果拼盘比赛开展美食分享，增进家、校、师、生情感；"新年红包""水果拼盘设计大赛""节日大抽奖"等班级团建活动旨在加强团队合作、创意培养、家校沟通、师生沟通。年终德育等级考评依托"集水浒卡活动（同学他评）""集神兽卡活动（科任老师点评）"开展德育评比，在增加趣味性的同时，提高了德育评比的便捷性；"鸿雁插花"课程则提升学生气质，男生修枝，女生插花，在相互配合中感受生活品位。"鸿雁班"通过系统整合的活动课程，联系家、校、生，让学生在活动中感受到自己的价值，感受到自己在群体中的归属，进而不断去挖掘自己的潜能，不断超越自我。

六、班级文化主题班会设计

遇见最美的自己
——"鸿雁班"亲子班会课程设计

课程导语：

古往今来，有太多太多的文字，在描写着各种各样的遇见。"蒹葭苍苍，白露为霜，所谓伊人，在水一方"，这是撩动心弦的遇见；"这位妹妹，我曾经见过"，这是宝玉和黛玉之间初见面时欢喜的遇见；"幸会，今晚你还好吗？"这是《罗马假日》里安妮公主糊里糊涂的遇见；"遇到你之前，我没有想过结婚；遇到你之后，我结婚没有想过和别的人"，这是钱钟书和杨绛之间决定一生的遇见。

——《朗读者》董卿

遇见仿佛是一种神奇的安排，它是一切的开始。我们在"鸿雁班"遇见，希望我们都能够遇见最美的自己。三年不长也不短，但这是孩子们最美的青春年华，所有留下的记忆，我想以后都会成为他们值得回味的青春。

课程内容：

第一部分"鸿雁初见"，"鸿雁班"班级管理理念和班级发展。

一是鸿雁于飞，振奋其羽。通过班本课程认知引领雁群文化。班级课程主要有"开学第一课""学法指导""鸿雁家庭会"；二是鸿雁于飞，集于中泽。通过雁群主题活动进行团队建设。团队建设主要依托"鸿雁主题活动"的开展。主要活动分为书信感想类的"一封家书""我的开学第一课"，美食品鉴类的"节日活动""水果拼盘"，益智修身类的"水浒集卡""插花课程"，交往体验类的"男女生节""外出研学"等等；三是鸿雁于飞，聚鸣嗷嗷。通过构建班级制度实行自主管理。自主管理，即本着有事大家商量的原则，追求共同体价值。

第二部分"善待是为了美好的遇见"，未来我们将如何叙写自我的归属。

首先，播放董卿《朗读者》开场白，引导谈论鸿雁的遇见。

其次，引入《抓小偷的故事》，从一个老师的视角重新审视自己的教育观。

设立辩题，进行辩论，引发家长对教育价值、道德价值、法理价值的讨论。

教师总结：那个老师想教育出一个诚实的小兰，但却没有成功。我想任何人都不希望这样的一个结果。教育与法律不同，教育的成功绝不是抓出一个小偷，比抓小偷更重要的事情，就是用情感改变一个孩子的心灵……我想我们关注的焦点不应该在孩子的错误上，这不是说纵容犯错，我们作为教育者还要有教育的情怀，让我们的教育行为对孩子们的终身发展产生积极影响，无论他们将来是安身立命还是兼济他人。老师、父母应该更多关注孩子的内心世界，未雨绸缪。关注孩子，不是苛责，是为了让孩子主动每天努力一点点。

播放泰国广告片《每天努力一点点》，过渡到第三部分。

第三部分"善待彼此的遇见"，通过一封家书和视频，分享我们善待自己和他人不仅是为了看清，更是为了看懂。

导语：我们应鼓励孩子努力克服障碍，提供适当的挑战，塑造他的勇气和自信，不要提出过高的要求，也不要提出过低的要求；允许和支持孩子创新尝试，不要把孩子视为被操纵的木偶。所以，孩子的成功其实需要我们（老师和父母）付出更多的坚韧和智慧。

引入《一封家书》（节选），一封惊动了教育部的家书，《人民日报》转发荐读。

教师总结：我想教会我的孩子善待自己、善待给予你帮助的人。首先知道什么是善，我们就知道什么是恶，进而就知道什么可为，什么不可为。因此，我们善待每一个人不仅是为了看清，更是为了更好地看懂。孩子，无论何时何地，都要快乐幸福。你们若安好，我便幸福。亲爱的，请善待你的爸爸、妈妈，因为终有一天他们会老去。请你在真正看懂了爸爸、妈妈怎样爱你的时候，像他们爱你那样去爱他们。过渡到第四部分。

第四部分"遇见最美的自己"，通过分析阶段考试中学生的情况，提出我们应在善待的基础上遇见最美的自己。

教师总结：一个人如果想过有尊严的生活，就必须有能让自己抬头挺胸的资本。

首先，让孩子明白"应该避免放纵自己的自信"。我们可能会对错事无知，可能会对后果无知，也可能会对自己不自信，但无论怎样，这些想法都是阻碍我们成长的。因为我们没有看到自身真实的问题。那么，我们真正的自信应该是面对现实，对自己有正确的定位，不惧怕失败，并勇敢向前。

其次，让孩子正确认识自己，并持之以恒。清楚自己能够改变什么，并持之以恒。请记住失败和成功都可以锻造出更大的成功，这在很大程度上取决于我们自己。没有量的积累，怎么会有质的飞跃？孩子，一切得慢慢地认真来做，所以持之以恒是多么重要。

最后，鼓励孩子始终坚持追求美好。当我们坚持追求美好的东西，你一定能够发现更美的东西，因为我们一直在寻找美。认识到最好不要把发现丑作为出发点，总是记住别人对你的不好；我们这样做并不是不保护自己，只是为了不延缓我们完善自己的脚步。那么，我们应该追求真善美，善待周围的人，一直追求美，我们才能遇见最美的自己。

凝力致远，扬帆起航
——"红头船班"班级文化主题建设活动方案

一、班级主题阐述

"红头船"指的是清代航运通商船队所使用的帆船，因船头油刷朱红色而得名。"红头船"从潮汕地区起航，远航至东南亚一带，是潮汕人的一个重要象征。在悠久的历史长河中，红头船曾是中国与世界各地文化和经济交流的桥梁，也是各地华侨同祖国紧密联系的纽带。提到"红头船"，总会让人联想到汕头澄海樟林。澄海樟林是红头船的故乡和始发地，大多数潮汕先辈在这里乘着红头船出发，为了生存和梦想远渡重洋。本校学生基本都是土生土长的澄海人，学生对于"红头船"的出海起点——樟林古港是非常熟悉的，很多学生还是华侨的后代，不仅熟悉"红头船"精神，并且非常敬佩这些艰苦奋斗、开拓进取的先辈们。以"红头船"文化为班级文化，其育人目的分为两个层面，一是关注历史，提高学生的认识；二是培养学生勇于拼搏、为梦想奋斗的精神。

二、育人目标

学校位处"澄海樟林"，学生基本都是土生土长的澄海人。以学生熟悉的"红头船"为班级文化，要实现的目标是：

1. 了解"红头船"文化的核心理念，强化学生的历史记忆。

2. 了解"红头船"文化的历史，学习为梦想远渡重洋的先辈们的精神，培养学生勇于拼搏、勇于奋斗的精神。建设一个勤勉向上、积极进取的班级文化氛围。

3. 以学习"红头船"文化为契机，促进学生彼此间的情感沟通，凝力致远，以建设一个充满凝聚力的班集体。

三、班级文化元素

（一）班级名称

红头船班。

（二）核心理念

在澄海的樟林港，一批批潮汕先辈乘坐红头船漂洋过海，经商谋生。通过对"红头船"精神的学习，引起学生对历史及传统文化的兴趣。对澄海人及澄藉侨胞来说，"红头船"既是苦涩的回味，又是美好的向往，也是万千赤子艰苦奋斗、开拓进取的象征。"红头船"精神所展示的"团结、拼搏、拓展、创新"的新时代内涵，是我们新时代青年前进的动力，是催人奋进的一种精神。

以"红头船"精神文化为班级精神文化，旨在培养学生在学习上努力奋斗、开拓进取、凝力致远，发扬祖辈相传的"红头船"精神，拼搏奋进。在学业上绘制切合自身实际的宏伟蓝图，学会探寻生活及学习的道路，扬帆起航，取得更大的成就。

（三）主题班徽

颜色：蓝色为主色调，辅以红、蓝、黄。

图案：帆船为主要图案，帆船的船头是红色的，帆船下面是蓝色的海水。

（四）主题班歌

船志

（根据《潮汕人》《红头船》改编　潮汕语版）

天连着海，海连着天，
驾着红头船走出潮汕
经商做工落力去打拼

谨记先贤老辈人个话
切实体验人生个意义
为了过上好日子，好日子，
自强不息敢甲命个争
香港暹罗咱四方为家

越挫越勇尚冲劲
努力万里凭着咱个意志
大展宏图迎新天地
切实体验人生个意义
大展宏图迎新天地
努力奋斗续写传奇

（五）班级班训

凝力致远，扬帆起航。

（六）班级口号

长风破浪会有时，直挂云帆济沧海。

（七）班级公约

凝——凝力量、思方向；
致——致梦想、敬创新；
以努力为桨、以学习为帆，航行远方！

四、班级文化建设活动设计

（一）总体思路

以"红头船"文化为主题，融合班级硬件建设以及文化活动建设，营造一个有利于学习、了解"红头船"精神的环境。培养学生学习先辈们平等互敬、和谐共处、团结友好的精神；"红头船"精神所展示的"团结、拼搏、拓展、创新"的新时代精神内涵，是我们新时代青年前进的动力，是催人奋进的精神。让"红头船"精神与新时代少年完美融合，使同学们在班级文化的浸染中养出一颗上进、奋斗的心，成为为学业进步不断努力奋斗、开拓进取的新时代青年。

（二）实施策略

1. 营造文化环境，构建班级氛围

营造班级文化环境，让"红头船"精神渗透到班级的每一个角落，在班级中将与"红头船"精神有关的故事、图片等，用宣传栏、标语、板报等形式宣传，结合形式多样的活动，让学生感受"红头船"精神的魅力，接受"红头船"精神的熏陶，在耳濡目染下强化文化认同。

（1）教室整体布置。

班级门口：班级文化展示区，张贴体现"红头船"的班徽、班牌、班名；介绍班级文化建设思想内涵。

教室外墙：主题展览区——"我与红头船文化"主题展览，学生以手抄报、思维导图、诗歌等多样的形式发表自己对红头船精神文化的看法与见解，并且随着班级文化活动的同步开展而不断更新内容。

教室内：在教室前后布列与"海""远航""励志"有关的名人名言。在教室的两边墙壁上，粘贴与"航海""红头船"有关的图片等相关的内容，并定时更换。

教室前方的国旗下方张贴班级班训：凝力致远，扬帆起航。

在班级布置中，加入海、远航、红头船、樟林古港等元素。"红头船班"教室中除了可挂与红头船、航海相关的图片、作品外，还可以悬挂或摆放一些与当时先辈们"下南洋"相关东西的作品，例如：甜粿、竹篮、水布等，使学生对澄海先辈的勤劳拼搏，以及与波澜壮阔的大海奋战的历史有更形象、生动的感受。

（2）制作班级板报。

板报内容与"红头船"相关。组织学生以小组为单位，每月定期设计并制作与"红头船"内容相关的板报。从"红头船"的形状介绍，到"红头船"的出海口环境——樟林古港介绍，再到发掘"红头船"相关的人、事、情，特别是重点挖掘先辈们与"红头船"相关的奋斗事迹，指引学生"品人生"，对学习前进的方向展开思索、探寻。板报目的在于潜移默化地深化学生对班级文化理念的认识与实践，并从中学习先辈努力拼搏的精神。

2. 创设班级文化主题活动

通过实践，开展不同形式的活动，使学生深化对"红头船"精神文化内涵的认识。

（1）参观樟林古港陈列馆。

由班委带头，组织学生以小组为单位，利用学生进行社会实践活动的时间，组织其到樟林古港陈列馆参观，了解当年古港在全国与外界通商、互通的地理位置，了解古港作为当时海上丝绸之路的优势，也了解当时红头船与潮汕人的关系，红头船是如何成为沟通人与自然的工具。通过组织学生到樟林古港陈列馆学习，了解当时潮汕人的顽强奋斗、勇于拼搏的精神，增强班级同学们对红头船精神文化的认识。

（2）以小组为单位，进行与红头船、潮汕人努力拼搏有关的研究学习，形成小组报告，形成潮汕红头船文化"研究学习报告"。进一步挖掘"红头船"精神内涵，凝聚小组力量，深化团结、拼搏、拓展、创新的班级文化内涵。

（3）到樟林古港古驿道进行定向赛。

组织学生分成各个小组，到樟林古港古驿道开展定向跑步友谊赛。定向跑步赛既锻炼了学生的身体素质，同时也锻炼了学生的团队精神。通过定向赛，让学生认识了"新兴街""南盛里""塘西西塘""樟林八街六社"等古迹，进一步加深他们对本地历史的认识。在探索古驿道的同时，引导学生认真去探寻学习、生活的方向和前进的道路。

（4）到老年人社区交流、学习。

学生自行组成小组，利用周末的"社区服务"时间，到附近的老年社区陪老年人聊天。通过与老年人谈话，听他们讲一些过去的经历，能更好地了解、理解澄海先辈们的生活，也更能理解当时先辈华侨"下南洋"的艰苦奋斗的事迹。学习先辈们平等互敬、和谐共处、团结友好的精神，融入"红头船"精神所展示的"团结、拼搏、拓展、创新"的新时代精神内涵教育。

五、班级文化主题班会设计

"凝力致远，扬帆起航"主题班会

（一）活动背景

本班的学生正好身处红头船当时迎风起航的地方。同学们对樟林古港、"红头船"文化精神还是比较有兴趣的。从班级整体而言，建立"红头船"班级文化精神非常有利于启发学生刻苦学习，使他们在前进的道路上凝力致远，扬帆起航。

（二）活动目的

1. 培养学生对传统文化的兴趣，使其对"红头船"历史传统文化有更深的认识。

2. 通过交流与分享，认识"红头船"文化的内涵及刻苦奋斗、凝力致远的重要性，并在以后的学习生活中自觉转化为其外在行动。

（三）活动准备

1. 分组活动，形成小组潮汕"红头船"文化"研究学习报告"。

2. 搜集与红头船有关的名人、名句及资料、图片、文字等。

（四）活动过程

1. 主持人开场，主持人宣布班会开始。

活动1：分组展示。

各小组展示他们开展的与红头船、潮汕人努力拼搏有关的研究，并以小组为单位，对所形成的潮汕"红头船"文化"研究学习报告"进行交流、探讨。

主持人甲：同学们，通过对"红头船"传统文化学习，大家收获了满满的知识和精神力量。先辈们艰苦奋斗的精神很值得我们学习。

主持人乙：是的，我们不仅仅要学习他们的精神，对于我们新时代的少年来说，还应该自觉地将学到的精神落实到我们的学习行动中，我们应该立志远大、开拓进取。

活动2：书写志愿。

学生用一张书签纸写下自己将为之拼搏的目标、志愿。写完后收集起来，贴在教室后面的宣传墙上。

活动3：分组交流。

分组进行"澄海名人"资料的交流、探讨和学习。同学们对各组所讲述的澄海名人，如著名作家秦牧、爱国华侨蚁光炎、享誉潮汕和国外的华侨陈慈黉、正大集团的谢易初家族、本校首任校长、爱国著名学者王鼎新先生等人的事迹进行学习、交流，并讨论他们之所以能成功，是缘于怎样的优秀品质。同时，深刻探讨"红头船"文化的精髓，总结探讨自己能从"红头船"文化和这些名人身上学到什么，从而转化为其自身外在的自觉行动。

2. 活动总结。

班主任对主题班会进行总结：今天，我们以"红头船"文化为主题开班会，希望大家能以"红头船"精神文化来鞭策自己，同时也希望同学们能向先辈们学习，向大家所交流的澄海名人们学习，学习他们的优秀品质，学习他们对生活、对学习、对学术的认真态度。希望你们在以后的日子里，凝力致远，扬帆起航！

仰望梦想星辰，砥砺璀璨人生
——"星空班"班级文化主题建设活动方案

一、班级主题阐述

繁星寓意美好的希望与闪烁的梦想，在绽放自身光芒的同时，更点亮了他人的未来之路，同时也引申为在某一领域有特别贡献或具有特殊才能的人。"星空班"，将以优秀榜样引领学习，激励学生自身成长。探索发现学生自身闪光点，树立发展信心，健全学生人格。同时引导学生明晰理想目标，促进学生在成长过程中仰望星空，在班级集体建设中砥砺成长。

二、班级育人目标

增强学生自信心，使学生通过对榜样引领的学习，成为阳光、活泼、富有朝气的新时代学子，使学生在多平台、多机制的班集体内乐于发光、勇于担当。

1. 了解星空的寓意及其榜样引领作用的引申内涵。
2. 激励学生找到自己的闪光点，融入班集体星空文化建设。
3. 挖掘星空艺术文化，创设班级文学艺术特色活动。

三、班级文化元素

（一）班级名称

星空班。

（二）核心理念

"星空班"倡导群星闪烁的星空理念，让每一个学生绽放属于自己的光彩，杜绝千篇一律的模板建设，围绕科学定位、综合发展，打造"师师用心、生生成星、配合出新"的交互式、实践型、综合性"星空班"。

（三）班徽

颜色：以深蓝色为主色调，点缀金黄色。

图案：核心标志为一个五角星整体，星星的五个部分代表不同的发展领域。五角星内部是深蓝色夜空，金黄色的群星在五角星内部闪烁，寓意既个性又团结的培育目标。五角星正下方，由深蓝色字体平行显示班级名称。

（四）主题班歌

仰望星空

这一天 我开始仰望星空 发现
星并不远 梦并不远 只要你踮起脚尖
我相信有一双手把我轻轻牵到你的跟前
我相信有一根线将梦想与现实相连
我相信有一种缘会把所有的偶然都实现
我相信就是这一天命运 开始改变

这一天 我开始仰望星空 发现

星并不远 梦并不远 只要你踮起脚尖

我从此 不再彷徨也不再 腼腆

张开双臂 和你一起 飞得更高 看得更远

我相信有一种缘会把所有的偶然都实现

我相信就是这一天命运开始改变

这一天 我开始仰望星空 发现

星并不远 梦并不远 只要你踮起脚尖

我从此 不再彷徨也不再 腼腆

张开双臂 和你一起 飞得更高 看得更远

开始仰望星空感觉 爱的时间空间

寻找生命中最灿烂的亮点

这一天 我开始仰望星空 发现

星并不远 梦并不远 只要你踮起脚尖

我从此 不再彷徨也不再 腼腆

张开双臂 和你一起 飞得更高 看得更远

这一天 我开始仰望星空 发现

星并不远 梦并不远 只要你踮起脚尖

我从此 不再彷徨也不再 腼腆

张开双臂 和你一起 飞得更高 看得更远

（五）班级班训

仰望梦想星辰，砥砺璀璨人生。

（六）班级口号

点点星火，汇聚成光。

群星闪烁，照亮未来。

（七）班级公约

以团结奋进为约，以文明守纪为则。

以榜样励学为行，以深思乐学为新。

四、班级文化建设活动设计

（一）总体思路

1. 打造优秀榜样引领的班级文化，提升星空育人的深度内涵。优秀的榜样力量化作繁星点点，为学生的发展之路指引方向，明确目标。

2. 从班会延伸日常活动，装扮星空文艺角，融入星空文化元素，利用好学生的优秀文艺作品，营造创意教育氛围，使学生在星空文化的氛围中生活、学习。

3. 评选班级星际奖章，设立健全的班级评比激励制度。以星空理念同步跟进家委会工作，定期评选"星星家长"，促进班级整体发展。同时加强家校联系，贯彻"星空班"的文化主题。家长是学生闪闪发光最坚实的动能与动源，家长的配合、理解是对学校、教师最有力的支持。

（二）具体措施

1. 打造优秀榜样引领的班级文化，提升星空育人的深度内涵。

（1）打造优秀榜样引领的班级文化。教师作为指导者，提出古今中外的典例事迹、社会时事热点中的英才榜样与学生生活实际中的优秀模范，促进学生对优秀品质与精神的汲取、探求。组织学生开展小组学习讨论、公益实践等具体活动，让学生在探索中学习，在交流中学习，不断提升星空育人的深度内涵。

（2）深度挖掘"星空"的诠释方式与理念内涵。以星空为元素设计班级标志，以星空理念选定班歌，以星空的精神打造班级硬文化，并重点加强对星星个体与星空整体两者辩证统一的理解与学习。

2. 从班会延伸日常活动，装扮星空文艺角，营造创意教育氛围。

（1）星空主题活动。

学习汇报：组织学习、汇报班会，每月班会评选班级榜样之星，如自律星、学习星、团结星。请班级内优秀学生分享介绍，不局限于学习成绩范围。提升学生自信心与表现力，并设立榜样学习周。

课外实践：记录班级成员的"星星足迹"，由班级积极动员组织实践小队，利用课余时间开展"第二课堂"，走访博物馆，参观历史景点，举办登山等集体团建活动，增强学生集体凝聚意识与实践动手能力。鼓励引导学生在实践活动结束后，完成实践报告，重点对所发现的"闪光点"进行复盘。

（2）星空文艺角。

"星空班"一直提倡多元化、多样化、兼容并包的班级文化。以此为基础理念，可进行班徽、班旗、班级板报、班级布置等一系列设计评比。需要结合学校特色、班级文化特色，鼓励风格多样，不加以局限。以"闪亮星空"为主题，鼓励学生展示多类别、多形式的文艺作品展览。动态的歌舞器乐才艺展示、静态的书法绘画文章作品，都可以被及时纳入主题展览，激励学生自主准备、积极准备、勇敢展示。

3. 评选班级星际奖章，设立健全的班级评比激励制度。

深化"星语心愿"激励模式，形成班级活动特色评价方式。班级启动具有星空文化特色的综合素质激励性评价机制。

"星语心愿"鼓励学生在学校的培养与自身学习的过程中，设立分阶段的目标，并在班级完善的奖惩激励制度下使学生能够脚踏实地一步步完成目标，获得较大提升。班级内可设置"星语心愿"墙，将学生的目标与实际考评情况进行展示，更好地激发学生学习的动力。

每个学生代表一颗五角星，星星的每个角代表着德育、学习、特长、体质、集体五大板块，鼓励学生能够均衡发展。星星可设立不同的颜色等级，最低为白色，最高为金色。所有同学从基础的白色星星开始，通过累计各类分数，可以兑换其他颜色的星星一角，直至升级为完整的金色星星。在不断让自己的星星变得闪亮的同时，也让学生个人真正开始发光、成才，最终闪烁于整片星空。

五、班级建设主体班会课设计

（一）**班会主题**：仰望星空，脚踏实地。

（二）**活动目的**：向学生传递设立目标与努力行动的重要性。凡事预则立，不预则废，同时也指导学生如何做好规划，安排学习任务时要轻重缓急得当。

（三）**活动准备**：

（1）搜集有关远大志向和努力奋斗的名人故事。

（2）筹备一套明确的目标规划方法。

（3）提前布置辩论主题，请学生提前组队排练。

（四）活动流程：

（1）播放背景音乐，班级齐声演唱班歌。

班主任请学生提前练习班歌，并将歌词内容投影至屏幕，或打印好分发给学生。请全体学生起立，配合伴奏演唱班歌《仰望星空》。

（2）主持人开场，上台介绍本次班会活动主题及流程。

主持人：学生时代，是我们每个人难忘的一段人生历程，要珍惜、要努力，要"仰望星空，脚踏实地"。今天，就让我们一起走进"仰望星空，脚踏实地"的主题班会！

（3）友谊辩论赛。

开展"仰望星空"和"脚踏实地"哪个更重要的辩论。

正方：仰望星空更重要。

反方：脚踏实地更重要。

预计用时十五分钟，教师点评表现，结束后请主持人发表总结。

主持人：同学们，其实仰望星空与脚踏实地同样重要。盯着星空的射手，总要比只盯着树枝的射手射得远。但只盯着星空，却不实践的射手，也同样射不远。相信现在，各位同学们也对理想、对现实有了更加深刻的了解。

（4）导入相关案例。

主持人：同学们，目标固然远大，为之奋斗的艰辛历程更不可无。

（播放具有远大志向并奋斗不止的名人视频。）

（小组展开分享并讨论：要想"仰望星空，脚踏实地"，我们该怎么做？）

（5）班主任寄语收尾。

教师主要对班级近期表现情况进行阐述，同时引申到本次的班会主题，并展示事先准备好的目标规划方法（制定个人目标计划书，班主任提前分发准备好的表格，请学生填写短期目标、中期目标与长期目标，以及具体执行方式），请同学们尝试实践。

教师最后简单点评班会学生表现后，发表结语，结束本次班会。

总结：通过这次班会，相信各位同学们基本都明确了自己的近期和远期目标，相信各位同学也都明白了努力要从现在开始，并要坚持不懈地为之奋斗的道理。作为"星空班"的学生，相信我们班的同学都会明确自己的目标，争当学习上的主人，将班级班训"仰望梦想星辰，砥砺璀璨人生"真正落实到自己的学习、生活中。仰望远大的目标，脚踏实地，为之不断地努力和拼搏。请同学们从现在开始，做好准备，为美好的明天扬帆远航！

同舟共济，击水中流
——"龙舟班"班级文化主题建设活动方案

一、班级主题阐述

龙文化源远流长，是中国文化的突出符号，是中华民族力量与精神的象征。龙的形象深入到社会的各个角落，龙的影响波及文化的各个层面，多姿多彩。其中与龙文化一脉相承的龙舟文化更是中华民族智慧的结晶，体现了中华民族的优良品格。赛龙舟已从传统的民俗活动发展成为深受国民喜爱的民俗健身活动，在东京奥运会皮划艇的比赛场上，中国龙舟作为展示项目划入了奥运赛场，这标志着龙舟已经启动了入奥程序。可见，龙舟深受各国人民的喜爱。对于新时代的高中生来说，加强集体主义观念，增强爱国主义精神尤为重要。弘扬传统文化，增强民族凝聚力和对自身文化的认同感成为校园文化的永恒主题。因此，从班级文化建设的角度，培育龙舟文化，发扬"同舟共济，团结拼搏；百舸争流，奋勇当先"的龙舟精神具有重要意义。

二、班级育人目标

1. 通过班级环境布置、制度建设和活动引领，营造浓郁的"龙舟"文化氛围，了解"龙舟"文化班级的核心理念（团结、拼搏）。

2. 同舟共济，团结拼搏：希望同学们在学习和生活中都能以团结、拼搏的精神与人合作，激励自己。

3. 百舸争流、奋勇当先：同学们在学习和生活中不免遇到困难挫折，形成正确的挫折观尤为重要，希望以此精神引导同学们承认困难、直面困难，积极寻找方法解决困难，激励同学们奋发向前，勇往直前。

三、班级文化元素

（一）班名

龙舟班。

（二）核心理念

1. 同舟共济，团结拼搏：龙舟运动即戮力同心、战胜困难、勇夺胜利的运动，集中体现团队合作精神。划龙舟是同学们很熟悉的中华民族传统运动，它既带有美好的寓意，也是团结向上的象征。"龙舟班"的每一个同学不仅是"我"，更是"我们"。强调集体观、大局观，"不说不利于团结的话，不做不利于团结的事情"是每位同学的行为准则。此外每学期每个小组要合作完成一个集体任务，并在期末进行汇报，汇报必须要包括选择任务、完成任务的过程以及结束后的感受。

2. 百舸争流、奋勇当先：划龙舟是智慧与力量、能力与意志力的考验，强调竞技精神。在智慧与能力方面，我们每学期开展学科竞赛和生活技能比赛，评选出"学科能力者"与"生活小达人"；在力量与意志力方面，我们通过一系列的意志力训练，让同学们体验培养意志力的重要性，使意志力得到锻炼。

（三）主题班歌

真心英雄

在我心中　曾经有一个梦
要用歌声让你忘了所有的痛
灿烂星空　谁是真的英雄
平凡的人们给我最多感动
再没有恨　也没有了痛
但愿人间处处都有爱的影踪
用我们的歌　换你真心笑容

祝福你的人生从此与众不同

把握生命里的每一分钟

全力以赴我们心中的梦

不经历风雨　怎么见彩虹

没有人能随随便便成功

把握生命里每一次感动

和心爱的朋友热情相拥

让真心的话　和开心的泪

在你我的心里流动

（四）班训

同舟共济，团结拼搏；

百舸争流，奋勇当先。

（五）班级口号

龙舟人，龙舟魂，

团结拼搏我最能！

（六）班级公约

班级要齐心，做事要用心。

待人要真心，遇难有信心。

四、班级建设活动设计

（一）总体思路

"龙舟班"紧密围绕"同舟共济，团结拼搏；百舸争流，奋勇当先"的核心理念，提高班级成员的士气，不断培养和增强同学间、老师间和师生间的相互协作的精神，增强班集体凝聚力，致力于打造一个积极向上的优秀班集体。同舟共济，团结拼搏侧重团队合作精神；百舸争流、奋勇当先强调竞技精神。这两个方面都是高中学生必不可少的能力，也是一个优秀班集体应有的灵魂。具体而言，班级活动分以下3点：

1. 贯彻"龙舟班"的核心精神，制造班级文化墙，突显"龙舟"文化氛围。

2. 开展丰富的文化活动，让同学们从体验中收获，在收获中成长。

3. 形成完整的评价体系，让成长有记录、有痕迹，让班级文化建设有实效。

（二）实施策略

1. 优化班级环境建设，展示浓厚的团结进取氛围。

围绕教室墙壁，以"河流图"整体规划班级文化墙。具有统一规划的文化墙可以强化班级管理目标，吸引同学们的关注，提升班级管理效能。结合本班龙舟文化主题建设，设计以下板块：

（1）目标引领板块：该区域展示班名、班训、班级口号以及班歌，以此为班级总目标，让同学们朝着一个共同目标前进。对于每位同学来说，班级要达到的目标就是自己所努力的方向，引导同学们制定自己的小目标并安排上墙，形成动力激励学生为目标而奋斗。

（2）集体凝聚力板块：该板块是要展示日常学习生活中的集体活动的风采照以及感想、随笔等，既能展示团队风貌，也能加强班级凝聚力。照片和文字是让活动可视化的最好方式，同时给了同学们一个释放情感的途径。

（3）成员激励板块：通过同学间的良性竞争可以实现激励效果，可以从精神和物质层面予以奖励，通过班会课给每个月各方面的先进个人予以表彰，并把他们的事迹、感言、照片等挂在该区域，让这些优秀的个人得到团队的认可，同学们的肯定与尊重，成为同学们身边的榜样。

（4）集体约束和规范板块：该板块展示班级公约与班级规章制度。无规则不成方圆，班级每一位同学的行为都需要约束和规范。这种约束并不是硬性的强制力，而应该从一开始的硬性约束到软性化约束，从约束和规范行为到约束和规范意识，使学生从被动约束到主动遵循。这种约束才具有真正的意义，才能更深入人心，内化成为班级文化，用文化引领学生成长。

（5）黑板报：以小组为单位，每月设计和制作与龙舟文化、龙舟精神相关的黑板报，比如端午节主题、活动预告与报道主题、情感表达主题等，每月进行评分与奖励，增强小组荣誉感。

（6）河流图的周围空白位置：可挂一些龙舟模型、龙舟划桨、龙头、锣鼓等反映龙舟文化的小饰物，甚至是原版物件，营造浓郁的龙舟文化氛围，达到统一规划的目的。

2. 开展丰富班级活动，感受龙舟文化之精髓。

班级活动都有极强的目的性和严格的要求，对德育活动的管理要努力形成一种有效的运行机制，即有目标、有活动原则、有基本的教育内容、有活动安排、有时间保证、有科学的评价和考核方案、有环境氛围等。结合本班龙舟文化建设目标，设计一系列活动，让学生走出课堂，走进社会，更深入了解龙舟文化和龙舟精神，并潜移默化成学生自身的精神特质，并转化成行动，影响学生的发展。

（1）组织参观顺德龙舟汇博物馆。顺德是龙舟之乡，参观顺德龙舟汇博物馆可以让学生追溯顺德龙舟文化的前世今生，也可以细数龙舟文化的精粹传承。从龙舟主题沙龙、体验活动到龙舟培训及体验基地，从听龙舟说唱、说龙舟传承故事到穿龙舟文化衫，再到亲手DIY龙舟模型。通过参观体验，体会龙舟精神和顺德传统文化。

（2）我为龙舟人代言。以小组合作的形式，利用周末拜访身边的龙舟人，通过访谈、录音、拍视频、采访、亲身体验等多种的形式记录龙舟人与龙舟的故事，回校后与全班同学分享，突出团结进取，奋发向上的主题，在班级形成浓厚的龙舟文化氛围。

（3）旱地龙舟班级联赛。联合三至五个班级举行旱地龙舟接力大赛，让学生在活动中培养团结进取、奋发向上的精神，体验龙舟活动的乐趣，增强班集体荣誉感。

3. 小组合作管理的制度体系和评价体系，激发龙舟精神。

制度体系和评价体系是一个班级进入自动化运行的保证，以小组合作管理的模型，通过可操作的制度体系和评价体系，重点评价小组参与活动的次数、小组参与活动的人数、参与活动的精神风貌等，以此增强小组成员的凝聚力和班集体荣誉感。

第一步，制定班级文化评价制度和评价表格，由同学们表决通过。第二步，实施评价，由小组长进行记录并每周公布（见表3-1）。第三步，及时反馈，表扬优秀个人、小组，形成积极向上的班级氛围。

表3-1　龙舟班小组内部日常评分情况（组长负责）

第____周　　　　　　　　　　　　　　　　　第____组

组员	加分项						扣分项			校级扣分	小结分	组员签名
	参加班级、小组活动	能力者：学习（作业/测试优）	能力者：生活技能（家里、宿舍）	好人好事	活动分享	工作表现	活动迟到早退	能力者：学习（作业、测试差）	能力者：生活技能（家里、宿舍差）			
合计												
组长感言												

五、班级主题班会示范

"旱地龙舟，悦动青春"主题班会

（一）设计背景

运动使人快乐，运动使人健康。比赛总有输赢，需要参与者统一目标，制定策略，团结合作，力争上游。旱地龙舟运动讲究团队合作，步调一致，要求全体成员朝着一致的目标奋勇前进，夺取胜利。

（二）活动目的

1. 活动的体验远大于说教的效果，本班会课通过设计与班级文化主题相适应的活动，让学生感受龙舟运动过程中所需要的团结、协作、奋进，并以这种精神鼓舞学习。

2. 通过分享准备、比赛阶段的感受，进一步激发学生团结奋进，逆境求生的精神，提升同学们的精神风貌，增强班级凝聚力。

3. 通过传统项目的体验，激发学生爱国情怀，弘扬中华民族传统文化和传统美德。

（三）前期准备

1. 全班分为四个小组，每个小组为这次比赛准备好小组名、口号、宣传板报、展示队形等。

2. 准备旱地龙舟四只，奖状、奖品、活动音乐、扩音器等。

3. 成立比赛策划小组，挑选主持人，跟进各项前期准备工作，通力合作，确保比赛顺利进行。

（四）比赛流程

流程一：小组文化展示。

1. 由主持人介绍本次活动的目的、流程、规则等。

2. 小组成员通过组名、口号、宣传画、节目表演等展示小组精神风貌。

设计意图：展示小组风采，营造团结、积极向上的活动氛围。

流程二：旱地龙舟比赛。

1. 各组比赛前准备，主持人宣读规则：每组龙舟队伍由十二名队员组成，分成四个小队。赛道在足球场，当裁判员发令后，全队整体协调一致，向前移动。行进中不仅口号要整齐，还要步调一致。各队在行进中队员不得松手脱离船板；各组比赛时必须在自己的跑道中进行，不得干扰邻道的比赛。

比赛开始，各队从起点出发，当龙头到达终点线时，绕过标志杆返回起点，四个小组最先回到起点的队伍获胜。

2. 根据赛过评选出第一、二、三、四名并奖励。

设计意图：用另一种方式体验划龙舟活动，让"龙舟精神"可体验、可感受。

流程三：分享环节。

1. 全班围成圆圈席地而坐，分享赛前、赛中和赛后的感受。

2. 拍照留念。

设计意图：分享感受，让"龙舟精神"深入人心，并引导同学们把龙舟精神发扬在日常的学习和生活中，发挥活动的最大作用。

流程四：颁奖、唱班歌环节。

为获奖小组颁发证书和礼品，最后合唱班歌结束本次活动。

设计意图：激励优秀小组，通过全班合唱班歌，升华主题活动。

（五）活动总结

一个小小的旱地龙舟活动，让同学们放下了学习中的压力，尽情投入到比赛当中，这是一次压力的释放，同时，也是一次情感的升华。同学们在"龙舟班"的物质文化建设中，感受到了"龙舟班"的魅力，接受着龙舟精神的熏陶，但并不能深刻体验到"龙舟精神"的力量，通过本次班会课活动，同学们懂得了什么是目标一致、什么是迎难而上、什么是能力与意志力的统一。在最后的分享环节，老师和同学们的分享特别令人感动，其中有一位同学的分享让我印象深刻："因为我脚短，跟不上节奏，甚至是被小组同学抬起来走的，但我也没有放弃，尽我最大的力量保持龙舟的平衡，最终顺利到达终点。通过这次活动，我明白了参加比赛需要清楚自己的能力与现状，以及在团队里的角色，要把自己的优势发挥出来，我相信我一定能为团队出一分力，我也特别感谢小组成员对我的帮助，希望"龙舟班"越来越好，我们每位同学都能团结一致，勇往直前。"我想这就是集体活动的意义！

存高远之志，成报国之才
——"杨子江班"班级文化主题建设活动方案

一、班级主题阐述

历史，是记忆的年轮，定义着过去和现在。从1921年到2021年，中国共产党创造了"地球上最大的政治奇迹"，在庆祝百年华诞的重大时刻，"杨子江班"充分挖掘当地的红色资源，通过历史英雄人物，学习中国精神，打造富有属地特色的班级文化。从辛亥革命到抗日战争、解放战争，中山涌现出一大批抛头颅、洒热血，为推翻封建王朝、抗击外辱、建立新中国而舍生忘死的沙溪好儿女，杨子江就是其中的杰出代表。杨子江故居这个当年的中山抗日游击队二区中队队部旧址，于2007年6月被中山市委核定公布为革命遗址，2019年3月被定为广东省红色革命遗址。

"杨子江班"班级文化建设着力引进红色文化以加强班级建设，用红色文化凝聚班级力量，用红色精神汇聚班级共识，激励学生树立坚定的理想信念，自觉践行社会主义核心价值观，增强学生的文化自信和文化自觉。营造团结友爱、积极向上的班级氛围，增强班级凝聚力和向心力。

二、班级育人目标

1. 了解杨子江革命前辈的英雄事迹，通过学习他的故事，提炼杨子江精神：立志、勤奋、博学、奉献、爱国。

2. 将传承革命精神与班风、班貌建设相融合，创建优良班风、学风，规范班级成员的日常行为。

3. 树立坚定的理想信念和正确的世界观、人生观、价值观，培养学生成为品学兼优、全面发展、立志报国的具有杨子江精神特质的时代新人。

三、班级文化元素

（一）班级名称

杨子江班。

（二）核心精神——杨子江精神

杨子江精神：立志、勤奋、博学、奉献、爱国

立志：志不立，天下无可成之事。"男儿有志向何方，投笔从戎上战场。道德文章天下事，头颅热血保家乡。"这是史迹馆内镌刻的杨子江的一首诗，表达了当年视死如归的抗日决心。志是理想，是人生的方向，杨子江用一生在追求他的志向。在立志上，学生应明确什么是志，应以为了人民群众的美好生活，致力于在某一领域做出重大贡献为志。

勤奋：杨子江倡导的勤奋，一方面是学业上的勤奋，早年杨子江参加全省高中会考，夺得中山县（今中山市）桂冠，可见他勤学奋进的品质。"杨子江班"培养学生勤奋的品质，具体表现为养成认真听讲、课前预习课后复习、作业一丝不苟、勤学好问的好习惯。另一方面是劳动上的勤奋，教育青少年热爱劳动，培养爱劳动的习惯，培养德、智、体、美、劳全面发展的社会主义建设者和接班人，是当今教育的重要任务之一，亦是成就青少年幸福美满人生的有效途径。新时代下，我们要强调劳动教育的重要性，引导青少年弘扬劳动精神。

博学：杨子江在湛江工作时，激发了当地画家的创作热情，使湛江因此享有

"版画之乡"美誉。其深入戏剧界，调动剧作家的积极性，创作粤剧《寸金桥》，此剧演绎清末抗法故事，在《中国戏剧报》刊登，并被上海剧团搬上舞台，周恩来总理看过此剧，大加赞赏，曾说："这部戏剧不但编得好，而且演得好。"他喜作诗词、爱好书法，1996年出版《杨子江诗词》，故居仍保留了他的书法。"杨子江班"的同学全面发展，通过美育、体育双结合，提升学生的综合素质。

奉献：1938年冬，杨子江、黄石生、缪羽天等中共党员在二区以七八剧社为基础，成立二区青年抗日救亡工作队。开展抗日救亡宣传，张贴墙报、画报，散发抗日传单，演出《兄妹开荒》《放下你的鞭子》等街头剧，呼吁民众抗日。1938年10月，中共党员杨子江回到二区，召集原"七八剧社"的二十多名青年社员，在申明亭乡翠峰杨公祠成立中山二区青年抗日救亡工作队，由杨希吾任队长，杨子江任副队长，以翠峰杨公祠为活动基地，杨玉维借出自家的房子作为队部活动用地。"杨子江班"倡导像杨子江一样的奉献精神，同学间团结友爱、互相帮助，同时通过志愿服务活动，让学生将奉献精神转化为行动，秉承"奉献、有爱、互助、进步"的志愿精神，勇担社会责任。

爱国：从辛亥革命到抗日战争、解放战争，中山涌现出一大批抛头颅洒热血，为推翻封建王朝、抗击外辱、建立新中国而舍生忘死的沙溪好儿女，杨子江就是其中的杰出代表。抗日战争爆发后，杨子江团结当地青年参加抗日救亡工作，响应中国共产党的号召，为辛亥革命传薪火，热血丹心谱壮歌。在他身上表现的爱国情怀，是"杨子江班"少年的精神动力，"杨子江班"要引导学生将爱国之情内化于心，外化于行，并落实到日常的行动中。

（三）班徽

以红色为底色的圆形班徽，中间为"杨子江"三字，"立志、爱国、勤奋、博学、奉献"的精神内涵围绕在周边，寓意通过精神力量团结向上。

（四）班歌

红梅赞

红岩上红梅开

千里冰霜脚下踩

三九严寒何所惧

一片丹心向阳开向阳开

红梅花儿开

朵朵放光彩

昂首怒放花万朵

香飘云天外

唤醒百花 齐开放

高歌欢庆新春来 新春来 新春来

（五）班风

存高远之志，做红色精神的传承者；

成报国之才，做勤学超越的进取者。

（六）班训

传承革命精神，奋进成就人生。

四、班级文化建设活动设计

（一）总体思路

在班级文化创建中，要牢记习近平总书记提出的"注重用党的奋斗历程和伟大成就鼓舞斗志、明确方向，用党的光荣传统和优良作风坚定信念、凝聚力量，用党的实践创造和历史经验启迪智慧、砥砺品格"。班级以本地革命前辈扬子江命名，充分挖掘"扬子江"精神，通过班级环境建设加强思想建设，丰富实践活动，让学生在班级文化建设过程中，形成"立志、爱国、勤奋、博学、奉献"的品质，培养新时代的好少年。

（二）实施策略

1. 文化环境熏陶，打造班级文化建设的环境载体

（1）以"活力红"作为班级文化布置的主基调。"扬子江"精神是革命精神，是红色文化，这种文化植根于革命先烈用鲜血染红的泥土中，传承于一代一代人不懈奋斗的事业中，是连接过去、现在和未来的重要精神纽带。因此，班级文化布置的颜色主基调采用的红色，在红色的氛围中潜移默化影响学生，也正是红色文化的代代延续，才使得我们民族拥有稳如山的精神底气，挺起打不垮的精神脊梁。

（2）班级精神我来写。在班级内墙显眼处，张贴学生用毛笔写的"杨子江"精神，在内墙悬挂肖像格言，悬挂杨子江、杨奇、杨殷等当地革命前辈的画像；在班级外墙张贴中国精神的内涵，营造红色文化氛围，通过潜移默化的影响补充学生精神之钙。

2. 良好习惯培养，落实文明有礼的行为规范教育

培养学生良好的坐姿、读姿、写姿，让他们养成作业按时独立完成的好习惯。设立"杨子江少年"监督岗，发挥监督岗的监督功能，强化学生自治管理。制定"班级'杨子江少年'评选方案"，切实做好评选工作，激发学生争星热情，为学生成长营造健康育人环境。

3. 红色思想引领，推动立德树人的领航思想引擎

（1）定期召开红色文化主题班会，学习杨子江精神，宣传杨子江精神，并对红色精神进行研讨。以抢答赛、辩论赛、座谈会、影视评论等学生喜闻乐见的形式提升班会课的效能。

（2）阅读红色书籍，学习新时代、新思想，在班级图书角设立红色书目展架，引导学生撰写读书笔记，开展读书分享会，交流读书心得。

（3）举办英雄人物、劳动模范、优秀校友等报告会，让学生学有榜样、做有标尺，帮助学生树立正确世界观、人生观、价值观；通过唱红颂典、讲励志故事等活动激励学生，引导学生弘扬主旋律，向善向上，外化为行动、内化为品质。

（4）拍摄"杨子江"微故事，讲杨子江的事迹和精神，学生组建拍摄团队，通过微故事的拍摄，进一步弘扬其精神，激发学生爱国情感。

4. 丰富实践形式，坚定青春报国的理想信念

（1）培养"杨子江"精神解说员，与杨子江故居合作，开展培养小小解说员的活动。并在节假日期间组织练习和观摩，组织学生在节假日到杨子江故居志愿解说，使学生在活动中成长，在服务中提升。

（2）利用清明节组织班级成员到革命烈士馆开展"祭奠革命先烈活动"，利用"七一"建党纪念日、"五四"青年节等组织班级成员"重温入团誓词"活动，在

国庆节组织班级成员开展"唱革命烈士赞歌"活动来引导班级成员学习、宣传班级精神，从而让班级成员的理想信念得到升华，通过丰富多彩的活动，让班级成员穿越时空去感受，在亲身实践中了解、体验、欣赏红色资源，汲取红色营养，实现思想境界和实践能力的双丰收。

（3）鼓励学生利用假期，以实地走访、志愿服务、实践调研等社会实践形式，深入社会开展活动，让学生了解国情、社情和民情，理论联系实际，积极开展社会实践、志愿服务和公益活动，增强学生的服务意识、责任担当和奉献精神，活动后提交一篇活动感想或社会调查报告。

五、班级主题班会课设计

千磨万击还坚劲，奔涌后浪航新程
——疫情之下的爱国主义教育班会课

（一）班会目标

习近平总书记在全国抗击新冠肺炎疫情表彰大会上讲话指出，在这场同严重疫情的殊死较量中，中国人民和中华民族以敢于斗争、敢于胜利的大无畏气概，铸就了生命至上、举国同心、舍生忘死、尊重科学、命运与共的伟大抗疫精神。这种伟大抗疫精神作为鲜活的、宝贵的生命教育、信念教育、爱国教育素材，丰富了中国共产党的精神谱系，为推动中华民族伟大复兴增添新的精神动力。通过本节班会课，让学生通过分析一线抗疫师兄的事例，了解抗疫精神的具体内涵，培养学生舍小家为大家的家国情怀；通过体会抗疫斗争展现的中国精神、中国力量、中国担当，让学生更加坚定信念跟党走。过去有抗日救国的"杨子江"，今天有抗疫救国的逆行者，时光流逝，不变的是这颗爱国的心，不变的是国人的精神品质，本节班会课，让"杨子江"精神更具有时代意义，增强学生在祖国迈进现代化新征程中实现人生价值的使命感，并落实到生活的具体行动中。

（二）班会课题

千磨万击还坚劲，奔涌后浪航新程

（三）学情分析

本节班会课面向高中学段的学生，学生对抗疫英雄的事迹有基本的了解，对个人的付出有情感共鸣，但未能将个人与国家的利益统筹起来，在落实具体的行动上

反馈较为单一。

（四）班会过程

1. 导入环节：一起走过，回首过去

（1）课前播放视频《致我们一起走过的2020》。

（2）请同学们用一个字概括2020年。写在白纸上与同组同学分享。

（3）教师带着学生回到2020年我们经历的时光，引入本节班会课的主题，为本节班会课情感落实做好铺垫。

2."疫"线体验，感受当下

活动一：抗疫防护服体验。

（1）班会课前，以自愿为原则选择两名同学穿上防护服进行体验活动。以小组为单位组成记者团对体验者进行采访。

现场小记者采访体验者，每个小记者可以提一个问题。

（2）教师活动：在现场小记者的提问基础上追问，现在想脱下来吗？设想我们现在在隔离医院，你穿着防护服面临的困境有哪些？你想脱下来吗？原因是什么？你会脱下来吗？原因又是什么？

活动二："疫"线英雄面对面：钟真溪。

（1）了解钟真溪的抗疫故事：中山市第一批援助湖北医疗队队员，一位孩子不到一岁的双胞胎爸爸，同时也是我校毕业生。

现场与钟真溪师兄电话连线，再派出两名现场小记者，选取课前调查访问的问题中最典型的问题，与师兄面对面访谈，听一线抗疫人员讲述他的抗疫经历。

（2）教师活动：习近平总书记用"大考"来比喻这次新冠肺炎疫情，党员用自己的行动交上了逆行者的答卷。通过讲述逆行者们的故事，分析他们身上体现的爱国精神，让学生更全面理解抗疫精神。看到我们师兄在走出校门后，在祖国需要他的时候挺身而出，作为师弟、师妹的学生是充满自豪感和敬佩感的，通过与师兄的交流，增强向师兄学习的信念，增强学生弘扬抗疫精神的使命感，增强自己也可以成为国之栋梁的信心。

活动三：不一样的角色一样的心。

（1）学生分小组抽取角色卡，根据角色卡上的情景进行角色扮演。

角色卡1医生：面对突如其来的疫情，医院在招募抗疫医护，你决定报名，面对家人的担忧，你会如何做？

角色卡2快递小哥：小区受疫情影响实施封闭管理，你被困暂时回不了家，面对这个情况，你如何处理？

角色卡3志愿者：在抗疫过程中，你认为你可以到哪些岗位、领域服务？

角色卡4学生：你看见你的朋友圈里转发一些疫情期间未经证实的信息，你该怎么做？

（2）表演后，学生观看战"疫"逆行者视频《出征》。结合刚才活动，讨论在这些人物身上折射出的高贵品质和可贵精神。

（3）讨论并总结不同人物参与这场战"疫"背后的家国情怀。

教师活动：同学们通过观看视频，感受在疫情最危急的关头，医生、护士、军人、警察、居委干部、志愿者、快递小哥、餐厅老板等逆行者在这场战役里的英雄时刻。让学生们知晓"战役"中的逆行者、志愿者并不是无所畏惧的特殊人，他们也是平凡人，有自己的家庭和爱好，但正是这些平凡的人们，坚守着自己的岗位，百分百地完成工作的职责，心怀祖国，无私奉献，才造就了平凡中的伟大。

3.一路前行，担当明天

我们正迎来中国共产党建党百年，"十四五"开局之年，站在"两个一百年"的历史交会点上，青年们生逢盛世，肩负重任。在新形势下，我们在每个具体的节点，应该怎么做呢？根据老师给出的示范，续写"千磨万击还坚劲，奔涌后浪航新程——我的抗疫图鉴"，并做好展示的准备。

千磨万击还坚劲，奔涌后浪航新程
——我的抗疫图鉴

2020年	2021年1月至5月	2022年1月至6月	2026年（大学毕业了）

2021年6月至12月	2022年7月	2035年（国家基本实现社会主义现代化）

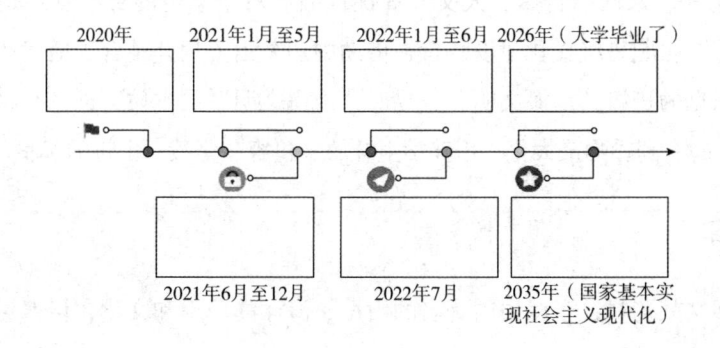

结束语（齐声朗读）

我站立的地方，就是我站立的祖国。

站起来的我们，站起来的中国；

强起来的我们，强起来的中国。

伟大的祖国，必将战胜一道道险阻，跨过一道道坎坷！

课后延伸

（1）以小组为单位完成一个抗击疫情的宣传作品，形式不限。

（2）请给奋战在抗疫第一线的医务工作者（或其他人员）写一封感谢信。

山海相拥，文明共生
——"山海班"班级文化主题建设活动方案

一、主题阐释

在人类文明演进过程中，山岳与海洋扮演了十分重要的角色。它们承载着人类的文明，人类历史从某种意义上说就是一部"山海经"的历史。据了解，我国地形多样，山岳城市众多，沿海城市近六十个，山海兼有的城市亦约有二十个。山海所具有的"包容、永恒、自然、人文"等优良品质对于学生的身心发展是十分有益的。"山海"主题班级文化建设，旨在借助中国名山大川并结合当地优势打造出学生所喜闻乐见的班级"山海文明"，寻回"山海文明"的本质，进一步将"山海文明"对学生的有利影响最大化，培养学生开放、包容、坚毅、上进的优良品质。

二、实现目标

1. 查阅文献资料，了解中国著名的山岳、海洋的历史和文化，培养对中国地理的兴趣。

2. 重视班级硬件环境，布置"山海文明"班级主题文化，提供沉浸式体验。

3. 培养学生学习山海所具有的"包容、永恒、自然、人文"品质，培养良好的班级氛围以及优秀的个人行为习惯。

4. 与当地政府、环山临海村庄或社区联手合作，开展多种形式的实践活动，推动班级"山海文明"落地。

三、特色班级名称

山海班。

四、班级文化元素描述

（一）班徽

班徽是一个班级文化最直接化的呈现，更是对外展示的最佳形式。

班徽颜色：以蓝色和绿色为主色调，绿色代表着苍山之绿，蓝色代表着瀚海之蓝，两种颜色集中表现了"山海相拥，文明共生"的班级文化主题。

班徽形状：班徽外形为圆，内又嵌一圆，圆形在中国有"圆满、自然、和谐"的寓意，与班级文化核心相契合。

班徽图文：图案左边三分之一为连绵山岳，余下三分之二下方为浩瀚大海，上方留白代指天空，并点缀白云图形，水天交接出一轮"红日"，代表着朝气蓬勃的孩子们。外圈圆形左侧刻字"山海相拥"，右侧刻字"文明共生"，下方署"山海班"。

（二）班歌

班歌的选择与班级文化建设的主题保持一致，《山海清风》契合班级文化核心主题，山海之中彰显人文价值。

山海清风

（词：清歌　曲：邵智敏　演唱：方瑶）

（伴唱）我与清风相伴，天更蓝海更宽

我站在括苍之巅，

拥抱日月长天，
八面来风，云涌流岚，
千年曙光照亮我的家园。

我站在东海之滨，
倾听涛声呼唤，
片片朝霞，点点渔帆，
万顷碧波洗净我的心田。

我与清风相伴，
天更蓝，海更宽，
浩气回荡，山海之间，
朗朗乾坤春色无边，春色无边！

（三）班训

包容、永恒、自然、人文

（四）励志语

山海向东倾，百川无尽势。
苍山瀚海，相拥而生；自然人文，包容永恒。
志合者，不以山海为远；道乖者，不以咫尺为近。

（五）口号

山海相拥，文明共生。

（六）班级公约

包容——高宽相和，和谐包容。
永恒——坚毅宽广，风骨伟岸。
自然——蓝绿相宜，滋养一方。
人文——文史风俗，雅俗共赏。

五、班级文化建设活动设计

（一）总体思路

以"山海"作为核心要素，挖掘背后所具有的意义，打造班级"山海文明"，以中国名山大川为主，并充分利用地方资源，让"山海"具象化。珠海市紧临南海，是珠三角海域面积最大、海岸线最长的城市。珠海的山虽谈不上险峻巍峨，倒也温润秀丽，与城市风景相合，有板障山、黄杨山、尖峰山、石景山等，推窗看碧海，开门见青山，这是珠海风光美景的写照。基于以上理念的"山海"主题班级文化建设，旨在以山海·地理、山海·人文、山海·品性三个方面为主要维度展开班级文化的建设。

（二）具体措施

积极营造"山海文化"元素环境，让"山海文化"元素渗透到班级每一个角落，在班级中将山海元素呈现在绘画、图片、名言等展示形式上，充分利用好宣传栏、黑板报、标语等多种类型，加强班级硬件环境的建设。同时，制定出一套符合班级实际情况、贴合班级主题文化的班级管理机制和形式多样的活动，让学生生活在被山川和瀚海包围着的环境里，让学生感受"山海文明"的巨大魅力。

1.加强班级硬件环境建设，打造山海文明景观

（1）班级门口。

班级文化展示区：班徽、班牌、班名。介绍班级文化建设的核心思想。

主题展览区："山海文明"主题展览，以巨幅山海风景画做底，黏附学生以"我与山海"为主题的美术作品，作品形式包括剪纸、版画、绘画等，向外展示班级文化的主题以及核心。

（2）教室内。

教室内部的设计围绕着山海·地理、山海·人文、山海·品性三个方面展开，具体可细分为六个板块，分别为"诗词·山海""美景·山海""历史·山海""风俗·山海""百科·山海""地方·山海"，所有板块的布置由师生一起完成，每个板块依据主题或设计巨幅海报进行张贴，或搜集山海美景照片以图文形式呈现，各个板块定期更新。

诗词·山海：中国古代至现代有许多描写山海的诗句，请老师和同学们一起搜集，可整首呈现，如北宋诗人张耒的《山海》，"愚公移山宁不智，精卫填海未必痴。深谷为陵岸为谷，海水亦有扬尘时。杞人忧天固可笑，而不忧者安从知。圣言世界有成坏，况此马体之毫厘。老人行世头已白，见尽世间惟叹息。俯眉袖手饱饭

行，那更从人问通塞。"亦可单句集中，如《别诗四首》中的"山海隔中州，相去悠且长"；《赠江南僧》中的"思山海上月，出定印香终"；《秋日山居好十首》（其一）中的"秋日山居好，吾居山海间"。

美景·山海：此板块以摄影或者绘画作品为主，主要搜集学生、老师周末以及节假日出游所拍到的以山和海为主角的照片或绘画作品，每一张作品上要有两行对于作品内容的简单解读，状物或抒情均可。

历史·山海：此板块追求精细化，每期只限定对一座山或海洋、海湾的介绍，对其历史进行细致的追溯。因中国山峰数量众多，建议以一些名山为主，如泰山、华山、珠穆朗玛峰等。

风俗·山海："一方水土养一方人"，如当地著名的水上婚嫁，山神、水神祭拜活动，这些风俗的搜集可通过网络，也可让学生调查老家的习俗，以图文形式分享呈现，进行板块布置。

百科·山海：查阅资料，定期对个别山海进行细致介绍，引导学生将枯燥的资料改编成"趣味百科"，生动有趣地呈现出来。或者总结归纳出中国之最的山海，如最高的山是哪座？最大的海洋是哪个？

地方·山海：地方特色是这个板块最明显的特点。呈现形式多样，灵活自由，可以百科式地介绍本地山海，可以摄影、绘画，可以追溯历史、表现民俗活动，但必须是以本地山海为主体。

2. 营造山海文明氛围，重视学生品质涵养的提升

（1）利用班会、晨会课的时间，师生讲述"山海故事"。如最为典型的"愚公移山""精卫填海"，或者一起讨论沿海城市发展中填海造陆、圈海养鱼、海洋景观开发现象的利与弊。培养学生树立绿色发展意识，重视人与自然的和谐共生。

（2）播放"山海文明"相关纪录片，培养学生重视环保，树立"护山护海"意识。

（3）利用早餐时间开办"山海之声"广播站，播放与山海相关的歌曲、诗歌，展示学生与班级主题文化契合的新作品。

（4）分阶段制定学期、月、周、日红色活动：每学期举办一次大型山海文明活动会演以及外出实践活动参访；每月举行一次"山海文明"评比与交流活动；每日评出"山海少年"。

（5）利用春季、秋季社会实践活动，与地方山海景点高度融合，寻找有效的景点和场地支持，以多样的形式开展，如我市（珠海）学生可前往黄杨山开展探险寻访活动，切身感受山川魅力。每月邀请一名家长，为孩子们讲述近期了解到的山海故事。

3. 规范管理，建立山海班级制度文化。

（1）选举山海干部团队，构建和谐包容的班级氛围。山海干部是"山海班"的班干部成员，山海干部的选举以肯付出、坚毅、负责、有包容心为主要标准，以"少数指定+多数随机"的选举模式为主，注重培养主力班干部的个人素养，而后让主力干部监督和培训值日干部，建构高效、负责、具有奉献精神的山海干部团队。

山海干部团队应高度重视并尽量满足学生的良好诉求，班主任老师要积极发掘班干部的闪光点，及时调整班级事务的分工，让每个班干部的潜能都得到充分的挖掘，培养班干部的责任感和奉献精神。

（2）师生共同制定"山海班"班规。班规是班级管理的量化标准和衡量标尺，好的班规的制定对于班级的管理具有事半功倍的作用。"山海班"制度的制定必须在"包容、永恒、自然、人文"核心的基础之上展开，包含学习、纪律、生活、品性等方面的内容。

（3）建立山海评比机制，构建层级山海元素管理模式。在山海干部的管理引领下，建立以山海评比机制为主要形式的山海元素管理模式，让山海元素成为衡量和评价学生行为习惯以及常规品质的重要标准。如评选出山海干部，班干部的评选以符合班级文化建设的要求为出发点，能以"包容、永恒、自然、人文"的准则约束自己。

（4）实行小组合作机制，小组围绕班级文化制定小组名称、小组口号，选举出小组长，并实行组内监督、合作机制，相互制约，共同进步。为与班级文化相和，小组名应尽量保持一致，以山海之名或者山海特性命名，如五岳组、南海组、包容组、坚毅组……同时，班务栏设立"山海荣誉榜"，每周对每个小组的评分进行公示，排名前三的小组上榜成为"最优山海小组"，组内评选出得分最高者为"山海之星"。

六、班级文化主题班会课设计

山海相拥，文明共生
——"山海班"主题班会设计

（一）活动背景

山与海是人类生存所依赖的重要自然环境，深刻认识到山岳、海洋对人类文化发展的重要意义，才能够更好地理解人类与自然的互动关系，进而实现人类与自然的和谐发展，学习山海所具有的优良品质。高年级的小学生正是世界观、人生观、价值观逐渐形成的阶段，而大多数孩子由于家庭以及学业的影响，难以对"山海文明"有深入的了解和认知，因此，对"山海文明"的探讨可以帮助他们拓展以及深化对外界的认知，刚柔兼备，培养学生的责任心与包容力。

（二）活动目的

1. 通过班会活动，让孩子了解"山海文明"班级建设的意义。

2. 增强孩子对远方山海的好奇，鼓励孩子多去探索。

3. 引导学生加强对人文精神的传承，重视保护生态，对自然界有所畏惧，对文化有所敬仰。

（三）活动准备

1. 搜集学生关于"山海"主题班级文化建设的问题。

2. 提前布置任务，让每位学生准备一张具有山海元素的照片以及含有"山""海"二字的诗词。

3. 准备一张大的宣纸，以及颜料和画笔。

4. 提前敲定班会主持人，并给出完整的主持稿，让其熟悉。

5. 制作班会PPT，准备图片、视频、音乐《山海风情》。

（四）活动过程

1. 山海可解

山海文化是人类重要的文化遗产。历史上人类围绕山水创造出的山海人文景观是人类社会的重要文化遗产。长期以来，山岳与海洋在文化交流方面扮演了重要的作用，是人类文明对话的主要内容。"山海班"班级文化建设以"包容、永恒、自然、人文"为核心，围绕着山海·地理、山海·人文、山海·品性三个方面展开，主要从"诗词·山海""美景·山海""历史·山海""风俗·山海""百科·山海""地方·山海"等方面探索山海文明，引导同学们加深对山海的喜爱和了解，从山海中汲取力量，成长为如山似水般的人。

2. 山海可现

选取部分学生代表上台介绍自己的照片，并分享照片背后的故事和内心的想法，分享交流完成将照片进行交换。

3. 山海可观

班主任展示自己搜集到的山海美景，并给学生观看中国山川与海洋相关的纪录片。

4. 山海可摹

通过以上环节中对山海照片以及视频的观看，山海在学生们眼中更加细致和具象，邀请孩子们用笔和颜料绘出你所看到的山海。

5. 山海可颂

班主任播放歌曲《山海清风》，并进行短暂的现场教学。

6. 山海可论

展示课前搜集到的学生对于"山海班"班级文化建设的问题，一一解答。聆听学生关于"山海班"班级文化建设的建议，与学生一起制定、决策班级相关事宜。

7. 班主任总结

班主任：山海永恒，不变本色，山与海对于生活在珠海的我们而言极为亲切，大家享受着它们带给我们的一切喜悦，然而我们却对它们的了解微乎其微，此次班会课，我们对山海有了进一步的了解，我们开展山海班级文化建设，就是希望我们大家都能成为如山似海的人，让我们的班级被"包容、永恒、自然、人文"包裹。同学们，让我们一起携手建设我们的"山海班"吧！一起加油，谢谢大家。

以骄阳指引人生
——"骄阳班"班级文化主题建设活动方案

一、班级主题阐述

骄阳,指强烈的阳光。骄,为猛烈;阳,为阳光、阳刚、欣欣向荣、向阳、积极向上之意。骄阳,发生在天气晴朗的日子,散发着光和热,象征着热情如火,充满理想,充满活力。

以骄阳作为班级主题,是寄望整个班级充满阳刚和活力,在骄阳的引领下,朝着热烈与活力奋斗,永远散发光明,温暖自己,照亮别人。

二、班级育人目标

总目标:整个班集体充满正能量,每个人的优点得以发展,团结协作,以骄阳文化引领班级发展。

1. 以"骄阳"向阳为文化基点,引导学生有理想,志存高远。

了解骄阳文化的核心理念,引导学生树立远大的理想。

2. 以"骄阳"的勃勃生机为引导,引导学生树立自信、阳光的心态,朝气蓬勃。

在日常学习和生活中融入骄阳文化。引导学生做事充满激情与创新,树立自主创造的观念,日常学习和生活中能勤奋多思,发扬自己的优点,激发自己的潜能,厚积薄发,求实创新,做一名自信、乐观、开朗、讲文明、有素养的中学生。

3. 以"骄阳"温暖大地为目标,引导学生互帮互助,在班级中散发光芒。

引导学生明白合作共赢的道理,关注身边的人和事,在日常生活和学习中,做到团结互助,关爱同学和班集体,在集体中愿意奉献自己的一份力量。及时了解社会,了解世界,拓宽视野,增长知识。增强热爱祖国、关心集体的情感,博爱奉献,团结协作。

4.以"骄阳"灼热的能量为动力,培养学生不屈不挠的品格。

激励学生充满正能量,把握今天,争分夺秒。遇到困难不放弃,勇于面对挫折,锻炼坚毅的意志,勇往直前,积极向上。

三、班级文化元素

(一)班级名称

骄阳班。

(二)班徽

颜色:以蓝色、黄色、白色为主色调。

图案元素:蓝天、太阳、白云、向阳挺立的向日葵。

图案文字:骄阳班;骄阳之火,铸我青春。

(三)主题班歌

壮志骄阳

今天不怕路远
来为我一生打算
这一刻你别心酸
和你两心分开不远
天空光线耀眼
来预告光阴璀璨
这一刻远赴他方
容我揭开新的界限
引来骄阳
伴我心高飞编织理想

像片风孤单飘身远洋
凭你眼光照路途上 OHOH
愿某天一起编织理想
愿某天彼此心中太阳

仍似这刻炽热明亮 OHOH

天空广阔万里
浮现我思海的你
再叮嘱岁月风飞
仍要我等他乡某天再会你
飞机将降落了
全没法掩饰的笑
我手中你赠的表
提我爱惜一分一秒
再叮嘱岁月风飞
仍要我等他乡某天再会你

（四）班级班训

我自信我出色，我努力我成功。

（五）班级口号

壮志骄阳，放飞理想；
向阳而生，超越自我；
阳光送暖，博爱奉献；
骄阳之火，铸我青春。

（六）班级公约

壮志骄阳——壮志凌云，脚踏实地；
自信阳光——厚积薄发，求实创新；
阳光送暖——博爱奉献，团结协作；
骄阳似火——把握今天，争分夺秒。

四、班级文化建设活动设计

（一）总体思路

以"骄阳"文化为主题，利用班级文化墙进行沉浸式文化建设，结合班级特点，利用班会课、课余时间开展以"骄阳"为主题的集体活动，让学生处在骄阳的文化氛围中，体验式活动的设计让学生达成德育目的，让"骄阳"与主题活动相融合。

（二）推进步骤

1. 布置骄阳主题环境

（1）直入主题，打造骄阳班级主题颜色与文化氛围。

整个教室围绕骄阳文化元素布置。把蓝色、黄色、白色作为教室布置的主题颜色。教室大门设计班名和主题元素图片，让学生一进班门就有如沐阳光的感觉。

（2）分组协作，营造文化氛围，打造班级文化墙。

在学生了解学习骄阳文化主题后，充分发挥学生主动性，设计并布置教室主题氛围，充分利用好教室的各面文化墙。

整个教室分一个中心四个主题墙，分别是：

一个中心：骄阳主题图片，内含班训、口号、班歌、合照。

主题墙一：壮志骄阳，找到人生的导师。

这个版面让学生展示个人理想、生活照和风采。引导学生制定不同阶段的分解目标及奋斗计划，里面应包括对未来的畅想和学习目标。必须注意一点，教师要在指导学生确定个人理想的时候，按照理想的方向找到人生的导师，也可以把自己的偶像确定为导师，指引找出导师值得自己学习的地方与方向。不同阶段及时反思，记录自己成长的足迹，引导学生不断超越自我。

主题墙二：自信阳光，班级阳光之星。

包括班务公告栏、阳光之星展示栏。

班务公告栏除了公告班务，还可以张贴每日新闻热点栏、时事评论、BBS专区（可自由发表留言）。通过班会课评选阳光之星后，组织学生学习先进事迹，让孩子们写出学习后的反思，在日常学习和生活中融入骄阳文化，做一名自信、乐观、开朗、讲文明、有素养的中学生。在这面主题墙上，重点突出班级的阳光之星，打造骄阳班的代表人物，突出重点学习的事迹，树立典型学习的榜样，树立班里的正气。让被评选为"阳光之星"的孩子充满自豪感。

主题墙三：阳光送暖，博爱奉献。

报道班集体活动中的花絮，生活中的互帮互助的事迹案例。班主任要留意收集好素材，例如文字资料和抓拍的照片。主题板报不定时更新，例如校运会、艺术节、科技节中精彩片段，课后生活上同学间的关怀照料，小组学习取长补短，体现同学间团结互助、博爱奉献的图片和细节报道,让整个班集体暖洋洋,互帮互助。

主题墙四:骄阳似火,合作竞争中发展。

设立学习互助合作小组,小组内互助,小组间竞争。小组人员的安排应做到学优生、中等生、待优生平均分布,学优生带动待优生。每月统计一次小组的成绩,培养学生坚毅、奋斗、阳光的品质。制作小组竞争合作风云榜,用表格方式把竞争的结果展示出来,每月表彰先进小组,帮扶落后小组。

教室主题文化墙的布置,要充分发动每一位同学参与。可以把全班同学分成五个小组,分别承担一个中心和四个主题墙设计、制作、维护、更新的任务。做到人人有事干、协作齐参与。在同学协作过程中融入骄阳文化。

2. 构建骄阳文化体验式班集体活动,让学生在积极参与活动的过程中达成育人目标

让学生通过在实际生活中体验、感悟、反思、再体验和体验内化,形成个人的道德意识和思想品质,在反复的体验中积淀成自己的思想道德行为。每月组织一次主题班集体活动,活动不是目的,活动后的总结和反思才是重点。组织学生及时总结和反思,渗入骄阳文化教育,让学生积极参与班集体活动,通过亲身经历去感受、关注、参与、领悟有关问题,通过体验和内省实现自我认知、自我发展和自我完善,达成育人目标。例如,在班级组建初期,可以组织户外拓展活动,通过拓展活动增进同学间的了解,让班级迅速升温;在课余,组织班集体体育比赛,让合作小组在运动中磨炼斗志;在假期里,带领学生走访名人事迹,了解其奋斗历程,勉励学生树立人生理想等。

五、班级主题班会示范

"心向骄阳,绽放亮光"主题班会

(一)活动背景

随着新型冠状病毒肺炎疫情的反复肆虐,部分区域因疫情被封控,学生由线下学习改为线上学习。停课不停学,及时召开线上主题班会有助于调节学生心态,让学生内心充满阳光,哪怕是遭遇艰难困苦,也不轻言放弃,养成坚毅、阳光、积极、乐观的心态。

（二）教育目标

1. 引导学生关注社会、提高关心身边的人的意识，从国家、社会、个人层面展现抗疫中的责任担当，培养学生尊重生命的意识。

2. 思考当下作为一名中学生，如何在有限的生命中努力提升自己生命的厚度，心向骄阳，绽放光亮。

（三）活动准备

1. 收集学生的抗疫作品，例如手抄报、漫画、表演的视频等；

2. 收集医生、护士、志愿者、"最美逆行者"、病人等与抗疫有关的图片、视频等素材。

（四）班会流程

1. 导入

观看社会各阶层为疫情做奉献的视频。

思考：看完了视频，你有哪些感受？

请同学们思考大至国家社会、小至个人是如何如骄阳一样传递热量，温暖他人的？

教师明确：从视频中可以看到我们国家在疫情防控面前的反应之迅速，全体医护人员的迅速集结，志愿者的奉献，都体现了中华民族的伟大力量，更加体现出我们保护每一个生命，全力救治每一位病人，体现了我们的逆行者骄阳似火，温暖他人，传播正能量。

2. 交流与分享

请同学们思考，为什么说这些逆行者是一个个太阳，在发光发热？

他们是院士也是战士，他们担当起医生的职责与使命，在危急关头，义无反顾地挺身而出；他们是父母也是孩子，但在国家需要他们的时候，他们写下请战书，毫无退缩。为什么？他们难道不惧怕病毒吗？他们不怕失去自己的家人吗？也许我们不知道他们的名字，在危急关头，将治病救人作为自己的使命，这一刻，我们看到了他们的职业坚守和应有的担当。他们不是什么天使，就是与你我一样的平凡人，此时此刻，因为展露了人性的善良和光辉变得不平凡！

小组讨论，互动分享：

①逆行者的心中理想如骄阳一样炽热、崇高；②逆行者如骄阳一样发光、发

热，发挥个人特长；③逆行者如骄阳一样温暖他人，关注社会；④逆行者如骄阳一样不畏病魔，奋战在疫情一线，战胜挫折！

3. 思考

在此次疫情中，我们看到了很多白衣天使为国人筑起一道道生命防护线，他们就是"把大部分中国人保护得很好"的少数中国人，为什么他们具备这样的能力？

引导：因为他们具备专业能力。顺势引导学生用知识给自己的人生打底，用扎实的基础知识让自己的生命更加厚重，用骄阳文化指引人生，未来才可在社会上发光、发热。

教师进一步引导学生思考，青少年如何把握今天，为自己赋上正能量，提升生命的质量，成为未来的太阳？

4. 学生代表分享提升生命质量的想法和做法，教师小结

5. 回到眼前

为了以后能为社会发光、发热，同学们也应该趁这段在家的特殊时光，好好思考自己的人生，怎样才能拓展我们每一个个体生命的厚度，努力实现生命的价值？为了以后能够为社会发光发热，思考当下应该做好哪些事？响应"停课不停学"的号召，如何做好宅家的学习和生活计划？

（五）班会总结

通过本课学习，我们了解了骄阳文化的四个核心概念：壮志骄阳——壮志凌云，脚踏实地；自信阳光——厚积薄发，求实创新；阳光送暖——博爱奉献，团结协作；骄阳似火——把握今天，争分夺秒。我们把这四方面的内容提炼成班级公约，一起为此而努力而奋斗，正确打造我们的骄阳班级文化，争做最璀璨的骄阳。

我也希望同学们正视疫情，积极做好防护措施的同时，也能审视自己网课学习的质量，不管在什么学习环境，都要珍惜自己学习的机会。疫情当下，虽然不得不停课宅在家，但并不意味着停学，请每位同学做好学习计划，坚持做好力所能及之事与本分之事，助力国家抗"疫"，愿每位同学"宅而不荒，内心充实"，用学习的汗水为生命涂抹绚丽的色彩！

鲲鹏展翅，扶摇云霄
——"鲲鹏班"班级文化主题建设活动方案

一、班级主题阐述

"鲲鹏"是中国古代神话中的神兽，《庄子·逍遥游》对"鲲鹏精神"做了形象的阐述："北冥有鱼，其名为鲲。鲲之大，不知其几千里也。化而为鸟，其名为鹏。鹏之背，不知其几千里也；怒而飞，其翼若垂天之云。"受庄子寓言的影响，后人一直将鲲鹏作为志向高远、气概豪迈的象征。毛泽东诗云："鲲鹏展翅，九万里，翻动扶摇羊角。"可见，鲲鹏一直都是志存高远、无畏险阻精神的化身，以"鲲鹏"为班名，寓意有二：一是希望学生们能养成勤学守纪，团结奋进的精神品质；二是希望学生能顽强拼搏，志存高远，把个人理想融入国家发展之中。

二、班级育人目标

1. 通过营造一种勤学守纪、锐意进取、志向高远的班级文化氛围，加强学生对"鲲鹏文化"的认同感，自发地学习"鲲鹏"精神。

2. 以"鲲鹏"为主要元素，辅之以蓝色空间文化环境建设，使学生能够感受并认识"鲲鹏文化"的精神内涵，自觉成为"鲲鹏文化"的代言人。

3. 以"鲲鹏争王"的评比制度为保障，培养学生的合作意识与竞争意识，使学生之间能够建立民主、和谐的良好关系，增强班级凝聚力。

4. 以"鲲鹏"系列的特色活动为载体，有助于发挥学生的潜能，增强学生的自信心，形成积极向上、无畏艰难的生活学习态度，开阔学生的视野，为实现梦想打下扎实的基础。

三、班级文化元素

（一）班级名称

鲲鹏班。

鲲鹏文化的核心理念是志存高远，顽强拼搏。这一理念贯穿于班级的环境文化、活动文化、制度文化和行为文化的建设中。蓝色空间文化给人以"海阔凭鱼跃，天高任鸟飞"的辽远之感；鲲鹏主题系列活动给学生提供展示风采的平台，拉进学生与鲲鹏的距离；动态的民主评选制度则激励学生奋发向上，顽强拼搏。鲲鹏文化的初衷在于让班级每个孩子都能不畏浮华遮望眼，志存高远向未来，心承"厚德博学"，志载"自强不息"，做勇敢拼搏、志存高远的中国少年！

（二）班徽

班徽的设计是以蓝色为底色，鲲鹏形象为主体。下方蓝色的波浪代表大海，鲲潜于海，寓示着同学们在知识的海洋畅游，扎扎实实地打好人生根基，自由探索；上方是一只鹏鸟的形象，鹏程万里跃晴空，寄寓同学们经过求知探索，学有所成，奔赴人生理想。蓝色背景的天空和大海衬托出鲲化为鹏的伟岸庞大，展现出扶摇直上的磅礴气势。外围的橙黄色是太阳的光芒与灼烧，寓意温暖的力量，也暗示着磨难，同时"橙"和"成"同音，寓意成功，代表学校和老师们就像温暖的太阳，引领孩子们突破重重困境，迈向人生新的旅程，实现远大抱负！

（三）主题班歌

鲲鹏志

青山下，大海边，鲲鹏正少年。
潜海鲲鹏正蓄势，桃李正争妍！
大海边，紫荆园，鲲鹏正少年。
潜海鲲鹏初练翅，凤凰终涅槃！
天之涯，海之角，鲲鹏同风起。
会当水击三千里，海天任遨游！
大海边，紫荆园，鲲鹏风云起。
扶摇直上九万里，长空任搏击！

（四）班级班训

勤学善思酬壮志，鲲鹏展翅凌云霄。

（五）班级口号

鲲鹏展翅，翱翔蓝天。

志存高远，奋发向上。

（六）班级公约

小鲲鹏要守纪，行为规范记心中；

小鲲鹏要勤学，博览群书养心境；

小鲲鹏要进取，争领先进不放松；

小鲲鹏要志远，脚踏实地梦飞腾。

四、班级建设活动设计

（一）总体思路

鲲潜于海洋，鹏翱于蓝天，蓝色是"鲲鹏班"的主色调，用"鲲鹏"贯穿班级布置，无论是门口、宣传栏、墙壁、角落都可以看到鲲鹏的身影。以蓝色空间文化为物质载体，同时结合学生的学情特点，开展以"鲲鹏"为主题的系列活动，建立健全班级的制度文化，让学生投身于班级文化建设之中，成为志存高远，奋发向上的"鲲鹏"。

（二）具体措施

1. 蓝色的空间文化：小鲲鹏们蓄势的天地

班级空间文化以蓝色为主色调，以鲲鹏为主要形象，无论是门口、宣传栏，还是墙壁、角落上都可以看到鲲鹏的形象，营造一种自由、沉静、博大的空间氛围，使得坐在教室里的"鲲鹏们"仿佛置身于宽阔的大海，翱翔于浩瀚的天空。墙报的布置紧密结合本班特色文化的主题"鲲鹏展翅，扶摇直上"，让教室的每一块墙报都为"鲲鹏文化"代言，每一个角落都能散发出学生们朝气蓬勃、积极向上的气息。

教室外：前门展示班名和班徽。外墙板报以"鲲鹏风采"命名，用于定期展示班级评选出的学习之星、道德之星、劳动之星等学生生活照片，引领学生的成长方向，树立正确的导向。

教室内：前后方分别张贴班级班训和口号；后墙布置一块"鲲鹏志"和"小鹏振翅"，"鲲鹏志"板块主要用于张贴学生自己绘制的个人档案袋，内容包含每个学生的学习计划、奋斗目标、未来理想，让同学们明确自己的理想，激发更大的学习热情。"小鹏振翅"板块主要用于展示学生们的绘画作品、书法作品及数学手抄报等，充分展示"鲲鹏们"的个性风采。板报主题和学生作品每月一更，激发学生们的创作热情。教室前面右侧设置评比栏"小鲲争王"，用于评比每个学生的学习和行为习惯方面的表现，包括学习、礼仪、守纪、卫生、仪容仪表、午休等各个方面，以增强学生的自信和竞争意识，在竞争中展示自我、完善自我、超越自我。

　　班级图书角是一个蓝色的大书架，学生犹如置身一片蓝色的知识海洋。书籍的摆放分为两部分："共读一本书"和"我推荐的书籍"。"共读一本书"主要放置必读书目，"我推荐的书籍"则致力立使学生体验书中不一样的世界，激起学生对于理想的向往。与此同时，在教室的侧面和图书角墙壁展示了如"朝菌不知晦朔，蟪蛄不知春秋""至人无己，神人无功，圣人无名"等名言警句，用以激励同学不断求知、进取。

　　2.多样的活动文化：小鲲鹏们炼翅的舞台

　　班级文化并不是布置上墙就能深入人心，就能发挥教育作用。要使这些布置真正发挥作用，还需要与独具特色的活动相结合，让学生在"视听盛宴"中充分感受班级文化，才能使得班级文化具有强大的感召力量和教育功效，真正在学生的心里扎根。为了让"鲲鹏文化"落地生根，发挥榜样的引领作用，班主任围绕"鲲鹏"组织开展了一系列活动：

　　（1）讲"鲲鹏"。利用班会时间，班主任先给学生讲有关鲲鹏的故事，并适时配上动画短片，让学生直观地了解鲲鹏身上所具有的积极探索、志向高远、敢于超越的精神，奠定鲲鹏在学生心目中的地位，形成榜样的力量。定期组织学生开展"鲲鹏故事会"，讲述"我"所了解的鲲鹏故事及感受，让学生们成为"鲲鹏文化"的演说家，有助于学生深入地体会鲲鹏的精神。

　　（2）颂"鲲鹏"。有了前期的"鲲鹏故事会"，学生们对鲲鹏的崇敬之情油然而生，萌发了向"鲲鹏"学习的信念。为此，班主任定期在班里组织以"共享诵读声，共筑鲲鹏梦"为主题的诵读系列活动，以蕴含"鲲鹏精神"的诗歌为载体，以朗诵、吟唱、舞蹈、演奏等为表现形式，让朗读者在铿锵有力、充满感情的诵读中展示自己的风采，增强自信心，让倾听者在身临其境的体验中激发积极求索的热情。

（3）绘"鲲鹏"。组织一次以"我心中的鲲鹏"为主题的绘画比赛，引导学生将自己对"鲲鹏"的理解与绘画相结合，并评选出优秀作品进行展示与交流。通过这样富有艺术气息的活动，深化学生对鲲鹏文化的认识，激发他们心中对梦想的向往。

3. 动态的班级制度：小鲲鹏们角逐的动力

班级实行精细化管理，将责任和分工精细化，落实每个学生的责任，使得每个学生都能明确自己的职责。班主任首先带领学生制定好《鲲鹏之约》，然后成立班级委员会，实行层级管理：老师监督班长工作、班长监督各委员工作、各委员监督各位同学工作。同时各类岗位要涉及全体学生学习、生活、卫生和安全各个方面，每个学生必须至少选择一项。通过分工，让全体学生意识到自己的重要性，也给予每个学生培养责任感的机会。

为了引导学生的努力方向，可由班干部结合《鲲鹏之约》制定量化评比标准和制度。在充分征求学生意见的基础上，根据班级情况，确定班级的评比项目："卫生小鲲王""守纪小鲲王""礼仪小鲲王""学习小鲲王""友善小鲲王"。评比项目主要根据每周更新"小鲲争王"评比栏的积分情况来确定人选，评比栏每一项的加减分由各委员根据每个同学的表现情况而定，学生每进步一次，就往上升高一格。在这一过程中，如果其他同学对评比结果有异议也可以向班长或老师及时反馈，从而培养学生的主人翁意识。班级每月举行"鲲鹏桂冠"的评选活动，候选人主要根据"小鲲争王"评比栏的积分情况和学生的推选情况而定。在班会上，班主任将针对学生整个月的表现情况进行总结，班长主持颁奖典礼，朗读颁奖词，并请班主任为表现优异或表现进步的学生进行颁奖，而对表现欠佳的学生，则要进行反思与检讨，由班委监督该同学的日后表现，帮助他更好地成长。民主管理制度和动态的评比制度能够培养学生的规则意识，也有助于让学生对照制度进行自我评价，以促进学生的良好发展。

五、班级主题班会示范

"鲲化为鹏，始于坚韧"主题班会

（一）设计背景

受社会环境和家庭教育中一些不良因素的影响，一部分学生在学习和生活中遇到困难容易产生畏难心理，进而导致学习动力减退，对生活失去热情。学生是家庭的希望，祖国未来的希望，培养学生坚韧的品质，是对中学生进行思想品德教育的重要途径。基于这样的背景，班主任需要通过一系列主题班会活动引导学生坚定心中的理想信念，及时做好心理调适和情绪疏导，塑造永不言败的精神品质。

（二）活动目标

1. 引导学生感受坚韧，并理解坚韧的重要性。
2. 帮助学生学会在学习和生活中磨炼坚韧的品质。
3. 帮助升华对坚韧的认识，认识到必须把个人成长融入国家发展中，增强爱国情感。

（三）实施过程

1. 了解"鲲化为鹏"——直观感受"坚韧"品质

（1）同学们，你们知道鲲鹏是怎样诞生的吗？你们知道鲲成长为鹏需要经历怎样的过程？让我们来观看视频——《鲲鹏诞生记》。

（2）你感受到什么？学生交流感受。

（3）教师小结：是啊，鲲一直生活在深海之中，身上的鳍却如连绵不断的山脉，庞大身体被无边无尽的黑暗和冰冷的山川所束缚，但它却不屈不挠地反抗着，最终凭借蓄积已久的能量从旋涡中冲出，振翅高飞，直上云霄。这就是坚韧的力量！

2. 说说身边的"鲲鹏"——榜样解读"坚韧"品质

（1）鲲化为鹏借助的是坚韧的力量，人的成功更离不开坚韧。

（2）播放贝多芬的视频。小组交流：是哪个画面打动了你？

教师小结：双耳失聪却能在音乐领域崭露头角，演奏出生命最强音，贝多芬以

自己的坚韧品质，战胜了不幸的命运，成为生活的强者。

（3）小组交流：说说你身边像"鲲鹏"一样的人。学生交流，讲述故事。

（4）教师小结并板书。无论是身残志坚的科学家，还是笔耕不辍的大作家；无论是屡败屡战的企业家，还是不惧伤痛的运动员，这些名人经历的苦难不同，却拥有和"鲲鹏"一样的品质——坚韧！他们是我们学习的榜样，学习他们坚定信念不动摇，坚强奋斗不屈服！

3."我"的鲲鹏成长记——活动探究"坚韧"品质

（1）坚韧的品质能带来无穷的力量，成功的大门只向坚韧的人敞开；我们学生也需要具有坚韧的品质，但是……（展示生活图片：早上赖床不想起、作业拖拉、玩游戏、体育锻炼难坚持、打扫卫生常逃避。）

（2）这些场景熟悉吗？里面有你的影子吗？在学习或生活中，你还遇到过什么样的困难与挫折？请同学们拟写一个困难清单。（学生交流自己的困难。）

（3）前段时间，老师收到一封学生的来信。我们来听一听她的录音，希望大家能得到一些启发。（播放音频《一封学生的来信》）

（4）听了这封信，我们回想一下刚才那些成功的名人们。如果我们再次遇到刚刚提到的困难和挫折，你会怎么解决呢？（学生讨论并交流）

教师小结：老师相信，只要大家能够坚定信心不动摇，坚持努力不放弃，我们就一定能够克服学习或生活中的种种困难！（板书：坚持）

（5）古人说，言行一致。下面我们来做个小游戏，看看大家能不能做到"坚持努力不放弃"。（课件出示游戏步骤，教师示范动作）

教师小结：虽然这只是一个小小的游戏，但是老师看到每个同学都在努力坚持。这就是坚韧的力量，只要我们学会坚韧，我们就会离"鲲鹏梦"越来越近。

总结：同学们，鲲由万丈深渊化为扶摇而上的鹏，靠的是日日相继，绵绵用力，这就是坚韧的力量。干事需要只争朝夕的劲头，更需要久久为功的韧劲。千磨万击还坚韧，唯有不竭的动力、不屈的毅力，才能尽览险峰之上的无限风光，让我们心怀理想抱负，仰望星空，脚踏实地，磨炼坚韧的品质，活成鲲鹏的姿态，开发心中宝藏，活出万丈光芒，成为自己生命故事的英雄！

沟通自然，自省其身
——"茶艺班"班级文化主题建设活动方案

一、班级主题阐述

中国有句俗语："开门七件事：柴、米、油、盐、酱、醋、茶。"饮茶习惯在中国已有上千年的历史。"茶艺"是一种文化。"茶艺"文化具有强大的民众基础，我国人民，特别是潮汕地区人民，在长期的品茶中，形成了具有浓厚民族特色的中国茶文化。茶艺包括选茗、择水、烹茶技术、茶具艺术、环境的选择创造等一系列内容。茶艺，渲染茶性清纯、幽雅、质朴的气质。潮州工夫茶作为中国茶艺的古典流派，集中了中国茶道文化的精粹。它是在唐宋时期就已存在的"散茶"品饮法的基础上发展起来的。本校位处潮汕，班级以"茶艺"文化为主题，营造一个了解、学习茶艺的环境，让学生以茶雅志，做到举止儒雅、外表文雅。并从"茶艺"中体会出人与人之间平等互敬的精神，以培养学生的友善互助、平等互敬、和谐共处精神。使学生学会沟通自然，自省其身，认真去探寻生活、学习的道路和方向。品茶，亦品人生。

二、班级文化实现目标

本校位处潮汕，学生基本都是土生土长的潮汕人。以同学们熟悉的潮州工夫茶"茶艺"作为班级文化建设，要实现的目标是：

1. 了解茶文化的核心理念，以强化学生的历史记忆，激励其对传统文化的认识、学习。

2. 了解"茶艺"对水、茶、器具、环境的要求，同时培养、修炼其精神道德，使其做到外表文雅、举止儒雅。

3. 在各种茶事活动中了解、沟通人与自然的关系，学生以茶雅志，求得自己思想的自信、自省，建立一个勤勉向上、积极进取的班级文化氛围。

4. 沟通彼此的情感，以茶会友。同学们能以更友善的胸襟来为人处事、待人接物，建设一个和谐共处，友好团结的班级文化氛围。

三、班级文化元素

（一）班级名称
茶艺班。

（二）核心理念
学习了解茶艺，掌握茶叶的分类、主要名茶的品质特点、制作工艺，以及茶叶的鉴别、贮藏、选购等内容还有水的基本知识和"茶艺"对环境的要求等，引起学生对传统文化的兴趣以及对中国历史、传统文化的认识、学习。

学习茶艺的基础知识，培养学生认真、仔细、细致的基本素质。以茶雅志，做到举止儒雅、外表文雅。从"茶艺"中体会出人与人之间平等互敬的精神，培养学生平等互敬、和谐共处精神。同时，在此过程中，不断反省自身的行为，做到"自省其身"。

学习茶艺的技术。包括茶艺术表演的程序、动作要领、讲解的内容，茶叶色、香、味、形的欣赏，茶具的欣赏与收藏等内容，以茶雅志，培养学生的规范动作。学习茶艺的礼仪。包括泡茶过程中的仪容仪表、互相交流与彼此沟通的要求与技巧等内容。"茶艺"能够真正体现出茶人之间平等互敬的关系，有助于培养学生的友善互助、平等互敬、和谐共处、团结友好的精神。

学习悟道。悟道是茶艺的最高境界，是通过泡茶与品茶去感悟生活，感悟人生，探寻生命的意义。通过"茶艺"，学会探寻生活、学习的道路和方向。

"茶艺班"旨在通过茶艺的基础学习，向学生们传达心静神清、廉美和敬、沟通自然、自省其身的精神内涵。

（三）主题班徽
颜色：以绿色为主色调，辅之白色和茶水色。以明亮，简洁为主。

图案：班徽为方形，图片以绿色的充满生机的茶叶为主，在茶叶的上面有一卷绿色的竹质书卷，书卷旁边放着晶莹的白瓷茶具。茶具里盛着飘着袅袅白色轻雾的琥珀色的茶水。

茶叶，茶具，茶水。契合"茶艺班"的班级名称，体现"茶艺班"的特色，展现人与自然的关系。茶水烟起，飘着袅袅轻雾，是指向探寻的道路，学生从中学会感悟并反省自身，引导其自身前进的方向！

（四）主题班歌

茶茗

（根据《请茶歌》和《中国茶》改编）

同学们，请泡一杯茶，啊，请喝一杯茶，
这里的茶水甜又香啊，甜又香！
用那滚烫的心情煮出好茶一杯杯，
用那精湛的茶艺泡出好茶一杯杯，
尝一尝，忘不了的中国味。
浓也中国茶，淡也中国茶，千百年的历史记忆，
满也中国茶，浅也中国茶，千百年的传统文化，
依然让人醉。
同学们，茶香飘，茶艺茗，
品出我们的感悟……

（五）班级班训

沟通自然，自省其身。

（六）班级口号

以茶会友，和谐友善；
以艺求真，自省其身。

（七）班级公约

学——学历史、学传统、学文化；
习——习知识、习技艺、习细节；
品——品香甜、品和谐、品胸襟；
悟——悟学习、悟人生、悟方向。

四、班级建设活动设计

（一）总体思路

以"茶艺"文化为主题，给学生营造一个有利于学习、了解茶艺的环境。让学生了解人与自然的关系，以茶雅志，做到举止儒雅、外表文雅。并从"茶艺"中体会出茶与人之间平等互敬的精神，以培养学生的友善互助、平等互敬、和谐共处、团结友

好精神；学会沟通自然，自省其身，认真去探寻生活、学习的道路和方向。

融合班级硬件建设以及文化活动建设，需要通过教室环境的布置，同时结合学生年龄特点，需要通过主题实践活动教育等活动来形成。实施过程中，可以软、硬件相辅相成。

班级建设活动的设计分为以下两点：

1. 创设班集体的物质文化氛围，贯彻"茶艺班"的特色，与自然和谐共处，与同学团结友好，以茶雅志。

2. 开展与主题相关的活动，使学生在实践中领悟人与自然的沟通，并同时自省是否做到举止儒雅、外表文雅，并与同学平等互敬、和谐共处。

（二）实施策略

1. 优化教室环境，构建班级氛围

（1）制作班级板报。板报内容与"茶艺"有关。组织学生以小组为单位，每月定期设计并制作"茶艺"板报。从"六艺"中的"茶艺"介绍，到"茶"的生长环境，从"品茶"的环境，到"茶艺"的技巧，到"品茶"的心性，再到"品人生"，指引学生对前进道路的思索、探寻。板报的目的是让学生了解与"茶艺"相关的内容，也了解茶的生长环境，学习"茶"克服恶劣环境的精神；从"品茶"的环境，再到"茶艺"的技巧，再到"品茶"的心性，让学生从中学到"品人生"的行为，板报的目的是让学生长期接触班级文化的理念，潜移默化地深化学生对班级文化理念的认识与实践。

（2）教室布置

班级门口：在教室的入门之处，张贴体现"茶艺班"文化特色的班徽、班牌、班名；介绍班级文化建设思想内涵。

教室内：在教室前后布列与"茶""茶艺"有关的古诗名言。在教室的两边墙壁上，张贴与"茶""茶艺"有关的图片和相关的内容，并定时更换。教室国旗下方张贴班级班训：沟通自然，自省其身。

教室后方张贴班级口号：以茶会友，和谐友善；以艺求真，自省其身。

在班级布置中，加入茶、茶花、茶具的元素。茶叶有着淡淡的茶青味，茶花有着一股淡淡的清香，两者都可提神醒脑。将茶、茶花放在室内，能够缓解学生的疲劳感，提高空气质量。

因"茶艺班"特有的特点，教室中除了可以挂与茶、茶艺相关的图片、作品外，还可以悬挂或摆放一些古典乐器或与六艺有关的作品，以增强教室的雅致文化气息，使之更有韵味。

2. 结合地方特色，设置主题活动

开展形式多样的活动，使学生通过实践来深化对茶艺的文化内涵的认识：

（1）参观茶园、学习制茶活动

学校由于地处潮汕，潮州的凤凰山、铁铺都有种茶的茶园及制茶的工厂，还有很多按照传统工艺制茶的小作坊。

由班委带头，以小组为单位组织学生参观茶园，了解茶树的生长环境、生长状况，了解茶与自然的关系，沟通人与自然的关系。组织学生到用传统工艺制茶的作坊学习，了解制茶工序、制茶工艺，以增强对传统工艺、传统文化的认识。以小组为单位，进行与茶有关的研究学习，并形成小组报告。

（2）到老年人社区学习茶艺技巧

学校所处地区是潮汕地区，对于茶、茶艺来说有着广泛的群众基础，特别是各个老年社区。可以组织学生利用周末的"社区服务"时间，到附近各个老年社区，与老年人学习、交流，陪老年人饮茶，通过视觉、味觉、嗅觉、触觉、听觉等，感受茶的形态、色泽、滋味、香气，静心领悟涤器、煮水、点茶、品饮诸过程的节奏韵律之美，并通过饮茶启发智慧，将个人的感情融入自然，在学习茶艺之余，对自我的内心作出提升，认真去探寻生活、学习的道路和方向。

（3）设置班级茶艺展演时间

在每周五的下午固定时间，由学生在班级门口长廊进行茶艺表演，展开茶文化交流活动。班级学生进行"茶艺"文化交流，可以静下心来沟通自然，自省其身；更能从视听方面营造班级茶艺文化之意境，学生以茶会友，创造一个和谐友善的班级文化氛围；也让部分内向、不敢展现自己的学生有表现自己的机会，以求自己思想的自信、自省，建立一个勤勉向上、积极进取的班级文化氛围；更能对外展现班级风貌，提升班级学生的外在气质，通过茶艺活动，督促学生认识到文明礼仪的重要性，并将其自觉转化为外在行动！

3. 多渠道评价表彰

每周一次，对学生日常行为表现做出及时的反馈与评价，并形成材料，让班委进行公示。根据每周五的文化交流进行评比，每周推选出一名"茶艺周星"，对举止文雅、行为文明、与同学和谐相处的同学进行奖励,并进行积分。由专人汇总相关材料,张贴于班级后方的公告栏,进行表彰。积分较多的同学将被评选为"茶艺班明星"以激励更多同学向榜样学习。

五、班级文化主题班会

(一)活动背景

高中阶段的学生正处于对自我、对人生、对前进道路迷茫的一个时期,也正处于价值塑造以及成形的关键时期。从班级整体来看,学生对自然、对文明礼仪的重要性的认识程度较低;从局部来看,个别学生受网络环境影响,处于非常浮躁的叛逆时期。

(二)活动目的

结合"茶艺班"班级文化,通过主题班会活动引起学生对传统文化的兴趣,从而对中国历史、传统文化有更深的认识。

了解、认识人与自然的关系,认识自我,以茶雅志,自省其身。通过交流与分享,深刻认识"茶艺"文化,督促学生认识到文明礼仪的重要性,并自觉将其转化为外在行动。

(三)活动准备

1. 分组活动,分组参观茶园,形成小组报告。
2. 搜集资料、图片、茶具、与茶有关的古诗词。

(四)活动过程

1. 主持人开场

主持人宣布班会开始,组织摆放各组资料、物品,负责各环节串词。

2. 活动

活动1:与茶有关的古诗词接龙。

主持人甲:《山泉煎茶有怀》(唐)白居易

坐酌泠泠水,看煎瑟瑟尘。

无由持一碗,寄与爱茶人。

主持人乙:《品令·茶词》(宋)黄庭坚

凤舞团团饼。恨分破、教孤令。金渠体净,只轮慢碾,玉尘光莹。汤响松风,早减了、二分酒病。

味浓香永。醉乡路、成佳境。恰如灯下,故人万里,归来对影。口不能言,心下快活自省。

主持人甲:同学们,我们现在进行与茶有关的古诗词接龙,请同学们踊跃参加。

同学甲:《满庭芳·茶》(宋)黄庭坚

北苑春风,方圭圆璧,万里名动京关。碎身粉骨,功合上凌烟。尊俎风流战胜,降春睡、开拓愁边。纤纤捧,研膏浅乳,金缕鹧鸪斑。

同学乙:相如,虽病渴,一觞一咏,宾有群贤。为扶起灯前,醉玉颓山。搜搅胸中万卷,还倾动、三峡词源。归来晚,文君未寐,相对小窗前。

同学丙:……

主持人甲:同学们对中国的传统文化了解得还挺多的,这些古诗词文笔优美,很值得我们学习!

活动2:各小组展现他们参观茶园的所观、所察、所思。在展示中,各小组各有不同,有的小组以照片的形式,有的小组以文章的形式,有的小组结合两种不同的形式,也有的小组带回参观时的采访录音,这些都让班里的同学更好地理解"茶"及"茶艺"的文化精髓,让全班同学对自身进行更好的反省。

活动3:以小组为单位,对他们去参加茶园后所进行的与茶有关的研究学习,所形成的"学习报告"进行交流。

活动4:分组进行"茶艺"探讨、表演、讨论、交流。

同学们对各组所形成的"学习报告"进行讨论,指出各组的不足之处并对其改进。同时,深刻探讨"茶艺"文化的精髓以及与中学生自身有关的内容,探讨可以从"茶艺"文化中学到什么,从而自觉转化为其自身的外在行动。

(五)活动总结

班主任对主题班会进行总结:同学们在这次班级文化主题活动中,了解到"茶艺"不仅是一种技艺,更是一种历史传统文化,我们要深入了解茶文化的核心理念,同时培养、修炼自己的精神道德,做到个人外表文雅、举止儒雅,以茶雅志,求得自身思想的自信、自省,大家一起建设一个勤勉向上、积极进取的班级文化氛围,也希望大家能以更友善的胸襟来为人处事、待人接物,并不断地反省自身的行为,与同学平等互敬,共同建设一个和谐共处,友好团结的班级氛围!

行者无疆，天下无双
——"行者班"班级文化主题建设活动方案

一、班级主题阐述

"行者班"，灵感来源于四大名著之一《西游记》中孙悟空的传说。传说孙悟空祖籍东胜神洲，由开天辟地以来的仙石孕育而生，拜菩提祖师为师学艺，得名孙悟空，后被如来佛祖压在五行山下五百余年悔过自新，后经观音点化，被唐僧救出，法号"行者"，保护唐僧西天取经，被封为斗战胜佛。孙悟空生性聪明，在民间文化中代表了机智、勇敢、活泼、忠诚、疾恶如仇。从德育目标来看，以学习"行者"文化为主线，有助于引领学生树立远大的理想，培养其优秀品质。从德育教育过程看，深挖"行"字的含义，有助于在磨砺中帮助学生树立在人生道路上"不断前行"的坚强意志，在激励中帮助学生树立"一定能行"的自我认同感，践行班级理念，形成一股乐观、奋进的班级氛围。

二、班级育人目标

（一）了解"行者班"班级文化的核心理念：疾恶如仇、机智、灵敏、勇敢、自信。

（二）能设立符合实际的个人目标，形成明辨是非、机智、灵巧、勇敢、自信的意志品质。

（三）在日常生活中能够以文明友善的态度与人交流，以自身行动构筑积极进取、和谐共进的良好班级环境与风貌，自觉成为"行者"文化的实践者、传播者。

三、班级文化元素

（一）班级名称

行者班。

（二）班徽

将"行"的字形演变图（见右图）与班级数字融合，或是将"孙悟空""金箍棒"等典型形象与班级数字融合，师生共同设计，构造出有内涵、有个性、有感召力的班徽。

（三）核心理念

学习孙悟空疾恶如仇的精神，营造一个明辨是非的班级风貌。在个人思想方面，要求学生能有正确的是非观念，从小处来说，能遵守《中学生行为守则》以及校规、班规，从大处来说，能在社会上做一个懂法、守法的人。在班级风貌方面，应有针对性地营造一个严谨而又积极的班级目标、班级舆论氛围。

学习孙悟空的机智、灵巧，营造一个善于学习的班级风貌。在个人意志品质方面，培养学生勇于前行的性格。在个人学习能力方面，引导学生正确认识个人的优势，胜不骄、败不馁，能主动向他人学习，学习他们的优点。同时，培养学生学会设立分步目标，始终保持求知欲。在班级风貌方面，利用榜样的力量，营造一个你追我赶的班级学习氛围。

学习孙悟空的勇敢、自信，营造一个积极、乐观的班级风貌。在为人处世方面，鼓励学生不怕挫折，多交益友，鼓励学生形成一种舍我其谁的大无畏精神，敢于表现，乐于奉献，积极展示自己、锻炼自己。在班级的班风塑造方面，引导集体中的每位同学正确对待团体生活，以友善的眼光、乐观的心态、豁达的胸怀去处理人与人之间的关系，学会积极应对遇到的困难。

（四）主题班歌

行　者

生命穿行山水间
祥云飘飘在身边
莲花绽放在心间

我身行于天地间
洞中自有洞洞天
天涯海角今生缘
一湾碧水一篷船
一篙撑醒天外仙
我们都是生命的行者
我们都是生命的过客
我们大爱施予他人
才是真正你我
我们都是生命的行者
我们都是生命的过客
我们穿越生命的河
才能找到快乐
行者
花开花落尘世间
人生苦短弹指间
轮轮回回因果间
不枉人世走一圈
洞中自有洞洞天
天涯海角今生缘
一湾碧水一篷船
一篙撑醒天外仙
我们都是生命的行者
我们都是生命的过客
我们大爱施予他人
才是真正你我
我们都是生命的行者
我们都是生命的过客
我们穿越生命的河
才能找到快乐
我们都是生命的行者

我们都是生命的过客
我们大爱施予他人
才是真正你我
我们都是生命的行者
我们都是生命的过客
我们穿越生命的河
才能找到快乐

（五）班级班训

行者无疆，天下无双。

（六）班级口号

你行！我行！大家一定行！

（七）班级公约

辨是非　心知行往何处
善学习　眼望前行之路
懂合作　携手与人同行

四、班级建设活动设计

（一）总体思路

在"行者班"的班级核心内涵中，"疾恶如仇"侧重于对学生个人品行的培养，"机智灵巧"侧重于对学生个人学习能力的培养，"勇敢自信"侧重于对学生精神品质的培养，三者相互交融，相互影响，可以通过理想信念教育、实践活动教育等途径来展开教育过程。具体而言，班级建设活动的设计分为以下两点：

1. 贯彻"行者"的核心内涵，创设班集体的物质文化氛围，营造良好精神风貌。

2. 开展与主题相关的班级活动，使学生在实践中领悟"行者"的内涵，提高个人修养。

（二）实施策略

1. 围绕"行者"的核心内涵构建班级文化氛围

组织学生以小组为单位，对孙行者，也就是孙悟空的精神进行解读。在班主任的指导下，鼓励每组同学选定一个与"孙行者"内涵有关的词语，通过分享故事，对词语进行解读。展示的方式可以是制作手抄报，也可以是演讲，通过展示小组对词语的理解，可以深化学生对"行者"文化的认识，进一步增强学生对班级文化的认同。

组织学生参与班训、班徽的设计。在形成一定共识的前提下，组织学生设计出能代表本班特色的班训，再通过竞选和投票，选出同学们最认同的班训。在教室内黑板两边布置班训对联，在潜移默化中深化学生对班级理念的认同。结合班训，以"行者"的字形变化和班级序号为主体，展开班徽的设计。把班徽制成宣传画挂在班级课室前门外，与班牌平齐，同时，把班徽应用到班旗上，激发学生对班级文化的自豪感，增强班级的凝聚力。将班歌、班级公约装裱好，装饰在课室两侧的墙壁上，让进入课室的人能直观感受到班级文化。

在班级布置中，还可以发挥学生的想象力，通过文字、图形嵌入的方式加入"行者"的元素。例如班级同学在操场上排成"行"字图形，俯拍后，将相片装进相框，悬挂在墙上，展示出"行者班""天下无双"的独特班级文化氛围。又如，组织学生将"行"字嵌入小组名之中，让"行"字飘扬在每场活动中，让学生时刻感受到班级文化氛围的感召和引领。

2. 围绕"行者"的核心内涵开展班级主题活动

针对"明辨是非"的核心内涵理念，班级开展"行正确路"系列主题活动。主题活动以建立班级行为公约的过程为抓手，围绕一日常规，从班级行为公约"是什么""为什么""怎么做"三个层面，逐步做好班级精细化管理的规划和设计。因为无规矩不成方圆，"行者班"班风的形成有赖于每一个同学对规则的理解和实践，应引导学生形成对规则的统一认识，并不断将这些规则进行细化。在系列主题活动中帮助学生树立正确的是非观，完成从"他律"到"自律"的转变。

针对"善于学习"的核心理念，班级开展"善思、善行"系列主题活动。主题活动以提高学生时间管理水平的过程为抓手，围绕学习常规，从什么叫时间管理，为什么要做时间管理，如何做时间管理等角度，邀请心理老师、优秀学生代表在主题活动中进行解读和示范。通过引导学生学会管理时间，进而提升学生核心素养，完成从"学会知识"到"学会学习"的转变。

班主任围绕一日常规，通过主题教育，需要让学生深刻认识习惯与作风的重要性，让学生形成对规则的统一认识，并不断将这些习惯进行细化，交由相应班干组织落实。例如利用每周班会，由班长组织回顾一周以来的班级情况，组织同学们对典型事例进行探讨，分析得失，明确每一位同学在班级内承担的责任，在不断反馈、反思和引导的过程中，最终在班内形成从"他律"到"自律"的转变。

针对"善于学习"的核心内涵，可以从思想引领和方法指引两个角度展开教育工作。通过树典型、学先进，多角度帮助学生树立正确的世界观、人生观、价值观。重视学习、勤于学习、善于学习的典范——陈云同志的学习案例；分享以严于律己和勤奋刻苦的科学态度，在中国甚至于在全世界的航天领域中，为人类的科学探索和实践进步做出了卓越的贡献，为世界献出了中国智慧的钱学森先生的故事等，讲好小故事，说清大道理。在实践中，指导学生学会正确使用学期学生档案，设定分阶段目标，鼓励学生正确认识自己的优势，设立合理目标，学会感受学习的快乐，保持学习的激情。

针对"勇敢自信"的核心理念内涵，班级开展"做勇行者"系列主题活动。班集体可以主题活动为依托，搭建家、校、社三方共建平台，充分发挥实践育人功能，形成一股合力，以合力共同促进学生的发展成长。在校内，班主任设立多个班级服务岗位，除了班长、组长等常规职务外，还可根据班级特点设置一些独特的职务，例如专门记录班级发展史的班级新闻组等，争取让每一位同学都能为班级服务，真正做到"我能行"。在校外，学校附近的社区服务是一项宝贵的资源，班主任可主动联系社区，以班为单位，组织家长和学生一起参加社区社会实践活动；或是通过学期评优评先，推动学生在志愿平台注册成为志愿者，利用志愿平台参加活动。同时，在教育过程中，发挥好家委会的作用，争取到家长的支持能让教育工作事半而功倍。

3. 围绕"行者"的核心内涵打造积极的评价体系

"行者班"的评价体系以"个人+团队"的形式呈现。班级应每周更新学生积分情况，对学生的日常行为表现做出及时的反馈与评价，激励更多学生自觉遵守班级公约，同时，更新小组的总分，评出"最佳协作小组""最佳进步小组"等，将个人的发展与小组的发展联系起来，营造出更强的团队意识，以同伴效应促进学生更快、更好地成长。

"行者班"的评价体系内容应跟随班级发展的不同阶段不断进行调整。在班级新组建的阶段，以学生是否遵守校纪、校规中的行为规范为主要评价内容，例如使考勤、纪律等内容占据比较高的分值，在班级后期发展阶段，以学生是否发挥主观能动性为主要评价内容，例如把学习活动、志愿服务活动的完成度的分值提高。评价体系内容的调整对班级起着风向标作用。

"行者班"评价体系的建立和应用可充分发挥学生的主体作用。由教师和班级学生共同推选出评价体系制定小组。在班主任的指导下，参考已有的评价体系，结合本班特点，由小组成员制定出初稿后，经过广泛听取同学们的意见，形成班级学期评价系统，作为每学期末的学生评优、评先的依据。让学生们参与评价体系的建立，有助于同学们建立起班级主人翁的意识，充分发挥评价体系的正向引导意义，指引着全班同学向共同的目标前进！

五、班级主题班会示范

"争做小小'勇行者'"主题班会

（一）活动背景

有研究表明，在进入初中后，学生进入生理发育的第二个高峰期。随着身体的成长，他们的认识和情感有了飞速的发展，自我意识觉醒，迎来三观形成的重要时期。学生主要活动范围是学校，学校内师长和同学们的评价对其有着重要的引导作用。因此，本堂主题课围绕"行者班"学习孙悟空"勇敢、自信"的性格特点，营造一个"积极乐观"的班级风貌的核心理念，在班级里设立班级"勇行者"排行榜，搭建一个班级过程性评价体系，充分利用过程性评价的诊断、激励和导向性作用，跳出"以学科分数论英雄"的误区，重点突出德、智、体、美、劳全面发展，引导学生健康成长，打造优秀班集体。

（二）活动目标

1. 通过分享，评选班级"勇行者"。
2. 在评选班级"勇行者"的过程中，引导学生树立正确的世界观、人生观、价值观。
3. 在交流过程中，培养学生团队协作能力。

（三）活动准备

1. 公布活动方案：评选班级"勇行者"，设立班级排行榜。

班级"勇行者"是表彰在学习活动和生活实践中不畏困难，勇敢前行，取得进步的同学。

2. 以班委会为核心，建立评奖筹备组。

其中，评委组负责邀请老师和学生代表做评委，设定评比规则，现场收集分数及评奖；道具组负责布置会场，准备奖品；现场工作组负责招募主持人，制作背景PPT，保证评选的顺利进行；宣传组负责整合资料，进行现场拍摄，并完成后期宣传。

3. 班主任进行适当的解读和引导。

在前期的班会课上，班主任解读班级评选"勇行者"、设立班级"勇行者排行榜"的初衷：希望同学们勇于挑战自我、勇于投入实践，做一名阳光、自信的人。同时，教师需要通过案例，给予学生一定的指导，包括如何挖掘自己身上的闪光点，如何制作PPT等，让学生能在展示过程中充分得到锻炼。例如，唐某某同学是一名内敛、害羞的小女孩，她在参加社区志愿服务活动中，克服自己的畏难情绪，鼓起勇气跟陌生人打交道，顺利地完成宣传和调查任务。引导她把在现场活动的照片以及调查问卷的结论制作成PPT，在主题班会课上展示，这既是对她成长过程的一次记录，也是对所有同学的一次激励。鼓励其他同学以此为例，积极参加此次活动。

4. 邀请家长代表拍摄视频，讲述自己成长的故事。

（四）活动过程

1. 第一环节：开场

（1）主持人宣布班会开始。

（2）在音乐背景下，合唱主题班歌《行者》。

（3）全体师生起立，由主持人带读，集体诵读班级公约。

（4）主持人介绍本节班会课主要内容、形式。

（5）主持人介绍本次大奖赛的评委，并邀请评委代表介绍本次比赛的评价标准。鼓励所有同学以积极的心态参加展示活动，争上班级"勇行者"排行榜。

2. 第二环节：展示

（1）在主持人的组织下，学生依次上台展示自己的成果。内容包括介绍经历和感悟。例如不会做家务的某某同学利用假期时间，学习做菜，在为家人做菜的过程中，不仅减轻父母的负担，还发现自己擅长创新菜式，得到大家的好评。

（2）在展示结束后，主持人邀请评委和其他同学自由提问，与台上的同学进行交流。在交流过程中，大家进一步了解学生在活动中的心理历程，感受学生成长的喜悦。

（3）评委代表对台上同学的表现进行点评。从内容上，对台上同学的活动经历进行点评，包括如何利用社会实践平台，寻找更多实践的机会，如何在实践过程中寻求他人的帮助，争取更多资源等，给学生更多的鼓励。从形式上，对台上展示成果的方式、方法进行点评，例如如何制作精美的PPT，如何以图文并茂的方式让展示更加出彩。

3. 第三环节：评奖

评委小组根据评分标准，对每个同学的表现进行打分，由筹备组学生进行统计，实时公布分数。

4. 第四环节：颁奖

（1）主持人公布结果，宣读获奖评语，并邀请评委代表为获奖同学颁发奖状和纪念品。

（2）获奖同学代表分享获奖心得。

（3）邀请学生代表分享活动心得。

5. 第五环节：总结

（1）播放家长代表拍摄的视频，让同学感悟家长在成长过程中的艰辛，感受父母对自己的关爱，也拉近了学生与父母之间的距离。

（2）主持人邀请班主任对活动进行总结。

（3）对所有参与展示的同学提出表扬：勇于挑战自我就是一种胜利！台上所有同学都能以孙行者勇敢、自信的精神激励自己，相信在未来的生活中，大家都能保持阳光、自信的态度，积极应对所有的挑战，勇敢前行。

（4）对所有参与活动设计的团队成员给予肯定：整个活动凝聚了同学们的智慧和心血，体现了同学们的主人翁意识，展示了班级强大的凝聚力，为所有幕后英雄点赞。

（5）对未来班级的建设寄予期望：希望以此次活动为契机，激励更多的同学做一名阳光、自信的人，大家一起努力，一起进步，把"行者班"打造成积极乐观的班集体。

传承红色精神，争做红色少年
——"红色少年班"班级文化建设活动方案

一、主题阐释

当下社会发展中，消费主义和享乐主义占据主流位置，部分学生难免受不良观念的影响，出现重视安逸，吝啬付出的心理，同时伴随着心理素质差、抗压能力低等缺点的产生，这对于学生的发展是极为不利的。此外，爱国之情的淡化亦是消费主义冲击下的不良产物，红色精神是中华民族优秀文化中重要的一部分，老一辈革命党人吃苦耐劳，不惧艰险，为人民、为党、为国赴汤蹈火的革命热情值得后辈赞扬。在当前形势下，红色精神教育活动是纠正学生不良行为习惯的方式之一，更是提高学生思想政治教育水平的有效途径。因此形成一个团结上进、爱党爱国的红色精神特色班级，既能营造积极向上、团结奋进的班级风貌，又能培养学生的集体荣誉感和勇于拼搏的革命精神。

二、育人目标

1. 建设一个勤勉向上、积极进取、热爱祖国的班级文化氛围，营造红色环境，传承红色精神，让每一位学生争做具有团结友爱、艰苦奋斗、热爱祖国精神的新时代红色好少年。

2. 以"红色精神"为主题，辅之以多种类型的配套建设，让"红色精神"体现在班级的每一个角落，让学生们在"红色精神"的熏陶下，成为一名新时代红色少年。

3. 以"革命故事"为引导，用生动有趣的形式引导学生了解革命故事，学习革命先烈们的优秀品质，培养学生吃苦耐劳的优秀品质，形成积极向上的学习劲头和团结、友爱的良好班风。

4. 通过形式多样的"红色活动"，使学生在实践中逐渐形成对红色精神的强烈认同。

三、特色班级名称

红色少年班。

四、班级文化描述

（一）班徽

颜色：以红色为主色调，辅之以黄色。颜色上与党旗、五星红旗的配色保持高度一致。

图案：班徽为圆形，正中间以红领巾做底，呈正三角形状，左右伸出一大一小两只手，呈隔空握手状，左侧大手上一黄色小人右手呈高举握拳状挺直站立，寓意以革命先辈们为代表的红色精神正在向新时代少年传承，契合"红色少年班"的班级名称。

（二）班歌

少年，少年，祖国的春天

我们欢乐的笑脸比那春天的花朵还要鲜艳
我们清脆的歌声比那百灵鸟还要婉转
谁见了我们都要称赞少年　少年祖国的春天　少年少年祖国的春天
我们胸前的红领巾像那灿烂的朝霞一样耀眼
我们心中的理想像那星星闪着光焰
谁能比我们幸福美好　少年少年祖国的春天　少年少年祖国的春天
我们欢乐的笑脸比那春天的花朵还要鲜艳
我们清脆的歌声比那百灵鸟还要婉转
谁见了我们都要称赞　少年少年祖国的春天　少年少年祖国的春天
我们胸前的领巾像那灿烂的朝霞一样耀眼
我们心中的理想像那星星闪着光焰
谁能比我们幸福美好　少年少年祖国的春天　少年少年祖国的春天
我们学习锻炼　明天肩负起祖国建设重担
我们时刻准备着去把未来亲手创建
谁能有我们这样自豪　少年少年祖国的春天　少年少年祖国的春天

（三）班训

雄关漫道，不忘来路之艰难；
饮水思源，继承先辈之宏愿。

（四）励志语

坚定理想信念，坚守崇高信仰。
一心一意为革命，爱国爱党爱人民。
牢记红色精神，继承优良传统。

（五）口号

传承红色精神，争做红色少年。

（六）班级公约

静心——肯吃苦耐劳；

诚心——为他人服务；

丹心——钟情于祖国。

五、班级建设活动设计

（一）总体思路

红色精神是中华民族优秀文化中重要的一部分，先辈吃苦耐劳、不惧艰险、甘于奉献的热情和勇气值得后辈赞扬。在当前形势下，红色精神教育活动是纠正学生不良行为习惯的方式之一，更是提高学生思想政治水平的有效途径。红色少年班的建设既能营造积极向上、团结奋进的班级风貌，又能培养学生的集体荣誉感和勇于拼搏的革命精神。班级建设以"红色精神"为主题，融合班级硬件建设以及文化活动建设，并且与学生天性相结合，打造具有童趣的红色班级文化，让传统"红色"与新时代"少年"完美融合。

（二）具体措施

营造文化环境，让红色精神渗透到班级每一个角落。在班级中将红色精神故事、图片、名言用宣传栏、黑板报、标语等形式宣传，结合红色管理机制和多样多彩的活动，让学生感受红色精神的魅力，接受红色精神的熏陶与洗礼。让师生的一言一行都折射出红色特色，让班级时时处处都充满红色元素。

1. 加强班级硬件环境建设，打造红色精神景观

（1）班级门口：班牌下方介绍班级文化整体构想，布置富有班级特色的班级"红色精神墙"，阐释班级文化的内涵，强调"传承红色精神，争做红色少年"的班级总要求。门口展板上展示"红色精神之我见"主题展览，学生以手抄报、思维导图、诗歌等表达自己对于红色精神的见解和看法。

（2）教室内：在教室墙壁醒目处悬挂毛泽东、周恩来、张思德、白求恩、黄继光、雷锋等老一辈无产阶级革命家和英雄的格言警句，并简要介绍他们的生平事

迹，构成"红色精神之名言"主题专栏，激励学生学习革命精神，争做"红色"少年。同时，设立"红色阅读区"，放置一些红色书籍供同学们阅读。设立"红色班务栏""红色少年榜"等。让学生们一走进班级，就能感受到浓浓的革命传统精神文化气息。

2. 营造红色环境文化，加强思想道德教育

（1）利用班会、晨会课的时间以及道德与法治课介绍英雄人物的优秀事迹、讲革命故事、放红色电影，借此激励学生学习革命精神。

（2）利用早餐时间开办"红色之声"广播站，日常播放红色歌曲，宣讲革命故事，大力宣传红色革命精神，营造红色精神文化浓郁氛围。

（3）分阶段制定学期、月、周、日红色活动：每学期举办一次大型红色精神活动汇演；每月举行一次红色班级文化评比与交流活动；每周唱一首红色歌曲、背一首红色诗歌或者了解一位革命人物或一件革命事件；每日评出今日最佳品质少年，如"雷锋少年""白求恩少年""董继光少年"等。大小活动多种形式相互交融，让红色精神在班级中火起来，在学生间形成竞相学习的热潮。

（4）重视"七一""八一""十一""一二·九"等重大纪念节日。邀请党员教师讲述节日背后的精彩红色故事，开展红色知识问答、红色诗词朗诵、红色故事演讲、红色精神征文、红歌演唱比赛等活动，通过各种蕴涵红色精神的活动进一步了解红色精神的内涵。

3. 形成红色干部机制，树立"为学生服务"的班干部意识

（1）肯吃苦、敢付出的红色班干部团队。为人民服务是红色精神文化的一个重要内涵。党员教师与大队干部要起好示范带头作用。为了让每个孩子转变班干部的观念，在班干部选举之前，强调班干部是为班级和同学服务的，必须要有奉献精神。另外，班干部的人选以"少数指定+多数随机"的模式为主，注重培养主力班干部的个人素养，而后监督培训值日干部，重视并尽量满足学生的良好诉求，让每个班干部的潜能都得到充分的挖掘，培养学生的责任感和奉献精神，形成红色班干部队伍。

（2）公开、透明的红色干部评价体系。班干部和学生之间不是领导与被领导的关系，而是监督与被监督的关系。学生每月对班干部的整体表现进行综合评价，班

干部对评价结果进行反思,班主任根据评价结果对班干部进行相应的培训和指导。

(3)亲密、团结的师生鱼水关系。"团结友爱"是红色精神的主要内容,学生之间、老师和学生之间建立良好的关系,有助于团结友爱班风的形成。比如成立形式多样的互帮小组,如学习类、纪律类、行为习惯类等专门的学习小组,使学生之间互相帮助,弥补不足。同时,班级开展多种形式的活动,如每月茶话会、每周游戏竞赛等,增强师生之间的关系。

六、班级建设主题班会课设计

传承红色精神,争做红色少年
——"红色少年班"主题班会设计

(一)活动背景

青少年是在中国特色社会主义事业不断推进的过程中成长起来的一代。要大力弘扬以爱国主义为核心的团结统一、爱好和平、勤劳勇敢、自强不息的伟大民族精神,增强民族自尊心、自信心和自豪感,同时大力弘扬中华民族优良传统、中国革命传统和改革开放的时代精神,自觉做伟大民族精神的传承者,肩负起时代赋予的历史重任。

党和人民寄厚望于青少年。他们应勇敢地肩负起时代赋予的历史重任,要勤于学习,善于创造,甘于奉献,积极投身到全面建设小康社会、实现中华民族伟大复兴的历史洪流中,把自己锻造成为中国特色社会主义事业的合格建设者和可靠接班人。而目前不少学生耽于享乐,过于重视小我,对红色精神的认识不到位,传承不重视,开展此类班会确有必要。

(二)活动目的

1. 让学生了解中国共产党领导中国人民在革命、建设、改革各个时期所形成的伟大革命精神,着力宣传中国共产党在中国革命和建设中的历史成就,让学生真正领悟到"没有共产党就没有新中国、就没有中华民族的繁荣富强"的真理;

2. 使学生学习老一辈人艰苦卓绝、自力更生、坚持不懈的精神品质,朝着红色好少年的目标迈进;

3. 引导学生弘扬民族精神,树立远大理想信念,学习革命先辈们的优良品质,增强爱国意识。

（三）活动准备

1. 学生准备三组诗歌朗诵：《延安精神》《有的人》《可爱的中国》。

2. 主持人准备主持稿并搜集问答环节、讨论环节材料。

3. 班长准备《少年，少年，祖国的春天》伴奏以及歌词改编。

4. 班主任准备PPT、总结。

（四）活动形式

诗朗诵、问答、讨论、合唱。

（五）活动过程

主持人宣布班会课开始：下面我宣布，"传承红色精神，争做红色少年"主题班会正式开始。

1. 追忆革命英雄

女：当鲜艳的五星红旗迎着朝阳从东方冉冉升起时。

男：当我们背上书包走出家门，开始幸福的一天时。

女：同学们，你们可否想过是谁带给我们这样幸福的生活？

齐：是我们最敬爱的中国！

男：亲爱的同学们，祖国是养育我们的母亲，我们都热爱自己的母亲，可你们知道吗？在过去的一百多年里，我们的祖国母亲经历了怎样的风雨打击，又是谁带领中国人民走出了这段黑暗的岁月吗？

女：中国共产党从建立到今天，碰到了无数的风风雨雨，无数个党的英雄先烈们用他们的鲜血换来了我们的幸福，无数的老一辈人为新中国的建设呕心沥血，无数的当代英雄不断发扬着优秀的革命品质，他们是？

生1：刘胡兰

生2：董存瑞

……

2. 诗朗诵

接下来，请欣赏诗歌朗诵《延安精神》《有的人》和《可爱的中国》。（学生表演）

3. 讨论

一代代、一辈辈、一位位战士、英雄们用自己的方式为中国的发展和建设奉献出自己的力量，他们身上具有自力更生、艰苦卓绝、勤俭节约、自强不息，敢于奉献的优秀品质，这些品质我们称之为"红色精神"，而我们新一代的少年，不应该让红色精神止步于此，新时代少年如何传承红色精神、用行动报效祖国已经成为一个十分关键的问题，接下来，我们就这个问题开展小组讨论，并进行分享与交流。

4. 齐唱

女：历史不会终结，社会在不断向高层次发展。而今，我们作为一名新时代的小学生，应该关心家庭、关心集体、关心学校、关心社会、关心祖国的一切发展。

男：对，今天我们是祖国的花朵，明天我们是祖国的栋梁！

女：下面让我们一起用歌声唱出我们的心声！

齐唱：《少年，少年，祖国的春天》（班长带领全班合唱）

男：下面请班主任对这次班会进行总结。

5. 班主任总结

同学们，我们"红色少年班"班级文化建设的主题是"传承红色精神，争做红色少年"，红色精神就是指中国共产党领导中国人民在革命、建设、改革各个时期所形成的伟大革命精神，它代表着团结奋斗、谦虚谨慎、自力更生等，这些精神应当深深地融入中华民族的血脉和灵魂。

梁启超先生说过，"少年强则国强，少年富则国富。"中国明天的命运就掌握在你们手里。当然真正的爱国不是一堂主题班会课就能体现的，真正爱国更应该体现在平时的一点一滴中，没有对父母、对老师、对同学、对班级、对学校的爱，是不能谈及爱国的。

和平年代爱国的方式，不是舍生赴死，不是高呼口号，而是应该内化于心，把红色精神作为自己的精神指引，从生活、学习中把自己培养成一个具有当代"红色精神"的新时代少年。

女：谢谢班主任的寄语。

男：今天的"传承红色精神，争做红色少年"主题班会到此结束。

第四章 传统美德立己身

见贤思齐，止于至善
——"思齐班"班级文化主题建设活动方案

一、班级主题阐述

"思齐"，语出自《论语·里仁》："子曰：'见贤思齐焉，见不贤而内自省也'。"朱熹集注："思齐者，冀己亦有是善。"所谓"思齐"，是指见到品德出众的人，就应该向他虚心学习，努力让自己向上看齐；而见到没有德行的人，就应该审视自身有没有犯过类似的错误，如果有的话，就要赶紧自我反省，并加以改正。社会中并不缺乏榜样，更好发挥榜样的作用有利于形成风清气正的社会生态。班级亦是如此，只有更好发挥班级榜样的作用，营造良好的班级文化氛围，学生才能耳濡目染，从善如流。而细观此善者，亦可是班级的每一个人。从德育方面来讲，以"思齐"文化为内核的知情意行，可以理解为见贤、内省、从善和修身，能更好地围绕"以人为本"的价值观念，发现每一名学生身上的闪光点。

二、班级育人目标

1. 了解"思齐"文化的核心理念（见贤、内省、从善、修身），对是非、美丑、善恶形成正确的认识和评价，在此基础上形成相应的道德观念和评价能力。

2. 运用一定的标准评价自身或他人的行为，形成积极的情绪态度，并随着道德认知的发展而不断完善。

3. 发展自我控制、自我约束的能力，能以见贤思齐、顽强刻苦的态度克服内外阻力及困难，学习他人的高尚情操及好学品质。

4. 形成对自我的客观认识，按照正确的行为规范，对他人和社会做出一定的反应并采取相应的行动，能够扬长避短，取长补短，将个人抱负与中国梦相联系，心系祖国，勇敢追梦。

三、班级文化元素

（一）班级名称
思齐班。

（二）核心理念
见贤，一是宣扬社会榜样，二是发现身边榜样，营造从善如流的良好班级氛围。在宣扬社会榜样方面，从历史到现实，从英雄到普通人，要让学生充分感受到何为"贤"，什么是值得学习的榜样。在宣扬社会正能量的同时，也能激起学生心中的社会责任感和民族自豪感。除了宣扬社会主流人物之外，还要让优秀看得见、摸得着、学得了。教师应提醒学生，要善于发现身边同学的优点，从小处着手，让优秀有迹可循。

内省，重在"由人及己"。"三人行必有我师焉"，如何在实践中实现"必有我师"呢？那就必须"择其善者而从之，其不善者而改之"。学生应审视自身，是否能以《中学生守则》来规范自身外在举止及内在品质，对待学习是否刻苦认真、精益求精。只有对自我形成清晰的认识，才能完善自我，有所为，有所不为。

从善，重在关注识贤、知贤后对自身道德品行、求学态度的反思及改善。学生之本务即学习，学习文化知识，更学习为人处世。"见人善，即思齐；纵去远，以渐跻。"从热爱祖国到热爱班级，从勤学好问到尊师爱友，只有将从善落到实处，从小事做起，才能真正让学生内化于心、外化于行，从而使班级自觉形成从善如流的良好氛围。

修身，重在关注胸襟为人、志向抱负。古人云："穷则独善其身，达则兼济天下。"个人与社会从来都不是分离的。社会为个人提供了发展与展示自我的平台，而个人也推动着社会的进步与发展。因此，做好个人的一小步，已是社会的一大步。平凡铸就伟大，英雄来自人民，只有将个人梦想与国家梦想紧密联系，才能更好地提升自我，成就自我，以修身为本，行走在止于至善的路上。

（三）主题班歌

榜样的力量

为自己做些改变
全心面对

感受着力量　开始成为榜样
拥抱你一起去创造美丽世界
让你我同行　一路在前行
我们温暖的守护
携手撑起
让迷失的你　重新找回勇气
拥抱你　不会去放弃
分享美丽
让那片乌云　消失在风里
让我们　一起拥有榜样的力量
美丽的心灵
是现在的你　自信魅力
让我们　为你插上梦想的翅膀
永远不放弃　陪伴在你身边
拥抱你

（四）班级班训

思齐内省，止于至善。

（五）班级口号

审问慎思，嘉言雅行；
思齐我班，壮志凌云。

（六）班级公约

见贤——见人之贤，思君子道；
内省——内省吾身，察己不足；
从善——从众之善，为师友福；
修身——修己之身，谋邦家光。

四、班级建设活动设计

（一）总体思路

在"思齐"的班级核心内涵中，见贤、内省侧重于使学生认识榜样，内化于心，审视自身，这可以通过班级物质文明的布置及宣扬得以实现；从善、修身更偏重于学习榜样,外化于行,改善自身,这一部分主要通过开展与"思齐"相关的班级主题实践活动得以实现。实施过程中,应注意相互补充,使物质文明和精神文明同时发挥作用,从而落实"思齐"理念,提高学生的个人品行修养。

(二)实施策略

1. 优化教室环境布置,营造见贤思齐的班级氛围

在教室入口的墙上展示班级"思齐"文化,包括班名、班训、班级口号及班级合照,增加学生的班级归属感及文化认同感。

在教室内部左边墙面展示社会榜样人物的事迹,包括人物照片、简要事迹及名言等。在教室右边墙面悬挂"思齐"文化的相关书画,组织具有相关才能的学生提供书法、绘画等作品,增加班级的书香气息。

教室前国旗下方张贴班训:"思齐内省,止于至善"。在教室前方的左边张贴班级规章,时刻提醒学生审视自身。右边墙角处设立图书角,放置名著典籍和科普类读物等,以培养学生爱读书的习惯,扩展学生的知识面。图书角应设有图书管理员,并配以图书借阅登记本,做好班级财物的管理工作。通过查阅图书借阅登记本,可评选出每学期的"阅读之星",作为阅读榜样。

书架上可摆放盆栽植物,一则美化教室环境,赏心悦目;二则学习高雅气质,时刻修身。在班级布置中,可多放置绿色植物,从而优化空气质量,缓解疲劳,有益于身心健康。班级植物应设置专人护理,一方面维护班级环境,另一方面也增长了生物知识。

由班委牵头,学生以小组为单位,每月定期绘制板报,板报主题与学校德育主题相结合,内容应充分融入"思齐"内涵。在板报下的白墙上拉一张网,张贴全班同学的个人照片,有利于展示自我风采,增强学生的融入感。

教室后方板报旁设公示栏,包括积分榜、班级榜样和班级荣誉等。通过小组积分榜让班级内部形成良性竞争,激发班级活力。综合积分榜和班会投票,每月选出一名"思齐之星",作为班级榜样,应展示其风采照片、简要事迹和座右铭等,以加强学生的认同感,并积极向身边的榜样学习。公告栏处同时张贴班级各项评比中的荣誉奖状,增强学生的集体荣誉感。公示栏应设置专员管理,并及时更新内容。

教室整体应整洁有序,内容多但不杂乱,给人以美观、舒适的感受,所有事物应设置专员管理,落实责任,这有利于培养学生的良好行为习惯。

2. 开展丰富的班级活动，重视"思齐"文化的落实

班级通过日常管理及主题实践活动，让学生知善向学，养成良好的行为习惯及好学品质。班级座位的制订应体现互补性，以最近的距离接触榜样的力量。座位整体每周一换，应整齐有序，体现民主性。每日放学前，全班进行个人课桌整理，次日早读前由小组长进行个人着装、家庭作业及课桌整理的检查，选出小组之星作为小组成员学习的榜样，使学生养成注重文明礼仪、踏实好学、自立自强的意识。

预备铃响应拿出当堂学习资料，做好上课的准备。正式铃响，学生应起立，对任课老师行礼，老师回礼后，正式开始上课，体现对老师的尊重及礼节。

午餐时间学生应有序坐在位置上食用午餐，注重用餐礼节。午餐后利用班级的多媒体播放榜样人物的故事，如《感动中国》节目等，引导学生树立正确的价值观念。

自习课时间，以小组为单位进行当日的课业讨论，组内提出问题并解决问题，充分发挥同辈共学的积极作用。

利用重大节假日对学生进行文明礼仪、理想信念及榜样文化教育，可以通过开展班级演讲比赛、诗词朗诵会、知识问答竞赛等，调动学生认识榜样人物、走近榜样人物的积极性，同时也提高了学生的综合素质能力。

根据"思齐"谐音，将每月7号定为"思齐班"总结会，给当月的寿星齐过生日，并结合每月德育主题（例如三月学雷锋、四月忆英烈、五月爱劳动等）对班级的当月事迹进行总结，对当月活动进行安排。将每年的4月7日这一天设立为"思齐班"生日，在这一天全班同学一起过生日。鼓励学生说出对自己的期盼，对他人及班集体的祝福，有利于增强班级的凝聚力和向心力，从而更好地促进班级发展。

在"思齐班"中，教师应重视班级榜样的作用，将"思齐"渗透到行为举止的各方面。例如在生活中，应尊敬师长、关爱同学，言行举止符合身份要求。而在学习上，应刻苦认真、勤学好问，同学应积极向榜样看齐，榜样同学也要主动关心需要帮助的同学，形成良好、和睦、向上的班级氛围。

3. 多渠道记录表彰，形成"思齐班"的成长点滴日记

在每周的班会课上，播报班级的新闻动态，对好人好事及时予以表扬。公告栏处应张贴有明确的班级公约及积分标准，每天更新积分情况，每周进行一次全班公示，对学生的日常行为表现做出及时的反馈与评价。每月由全班投票推选一名班级榜样，并由专人汇总相关材料，张贴于班级后方的公告栏，激励更多同学向榜样学习。

除了班会课外，利用钉钉等平台发布班级"每月大事记"，每月由一个小组统筹完成，由班委会初审，班主任终审。这既能够锻炼同学们的综合素质能力，拉进家校距离，同时也能记录班级成长点滴。

教师应注意，要善于发现每位学生身上的闪光点，避免评价标准单一化，对学生的评价应具有灵活性、多元性，促进学生的多层次、全方位发展，使每位同学都获得展示的机会。

五、班级主题班会示范

"见贤，思齐"主题班会

（一）设计背景

进入中学的孩子都很喜欢追星，模仿偶像的一言一行。但对于偶像之概念的认识却大为模糊。追星，要追正能量的星，从社会榜样到身边榜样，我们从不缺乏偶像。对学生进行正确的追星引导，有助于使学生树立起正确的世界观、人生观、价值观，激励学生向优秀的榜样学习，自觉抵制不良行为。

（二）教育目标

1. 通过对社会榜样的解读，能够知道何为贤者，何谓贤能。

2. 通过对身边之人的观察，能够认识贤能并不遥远，就在我们身边，发现自己与他人之贤。

3. 通过交流与分享，将贤能标准转化为具体做法，以规范自身道德品行及求学态度。

（三）活动准备

1. 由班委组织策划本次活动，推动活动顺利进行。

2. 主持人撰写好主持稿，熟知活动流程。

3. 以班级小组为单位，分工收集榜样事迹，并形成汇报资料，须包括照片、简要事迹、精神品质等，以幻灯片或视频的形式呈现汇报内容。

4. 成立班会节目组，组织成员收集班级之星的照片、视频资料，撰写班级之星颁奖词，准备好奖杯，并排练诗朗诵。诗歌作品应体现对"思齐"文化的思考，对中学生追星的正确引导。

5. 班会活动前，教室座位应重新摆放，整体后移并两侧弯曲，在教室前方留出

217

空地，便于主持及诗朗诵表演。

(四)活动过程

1.主持人开场。主持人宣布班会开始，组织各小组有序上台分享，并负责各环节串词。

2.活动一：社会榜样——我知。

(1)各小组依次上台，展示小组成果，围绕一名社会榜样（应注意从各行各业进行选择，体现"伟大出自平凡，平凡造就伟大"）进行详细介绍，并适时引导全班分享感受，领悟值得学习的精神品质。

(2)各小组介绍小组成员搜集素材的方法及分工，谈谈搜集过程中的心得。

3.活动二：身边榜样——我见。

(1)由主持人依次播放班会节目组制作的"班级之星"视频，并邀请全班对获奖同学进行客观、公正的评价，可以讲述发生在自己与获奖人之间的故事。

(2)主持人宣读获奖词，班委为获奖人颁奖，班级之星依次上台领奖并发表获奖感言。

4.活动三：思齐至善——我思。

(1)由学生代表进行诗歌朗诵，通过青春灵动的语言和丰富深刻的内涵启发同学们对榜样的思考。

(2)小组再次讨论，我们应该追什么样的星，什么才是真正的榜样。小组派代表发言，由班委对每条标准进行汇总记录。

(3)全班对汇总后的榜样标准进行表决，最终以电子稿打印的形式张贴于公示栏，便于同学们交流学习。

5.活动总结

班主任对活动进行总结，明确两个要点：一是道德品质及学习态度是中学生良好风貌的体现，个人必须严格约束自身，向榜样看齐，落实实际行动；二是榜样不仅仅存在于社会中，也存在于我们身边，甚至我们自己就可以成为榜样，要善于发现自己身上的闪光点，并发扬优点。

关于榜样的力量，可分为多个主题，如仪容仪表、文明礼仪、勤学好问、尊师爱友等，组织多次班会课进行细化讨论。

以孝为本，修身立德
——"孝德班"班级文化主题建设活动方案

一、班级主题阐述

百善孝为先，百行德为首。"孝"是中华传统美德的核心内容，孔子的"君子务本，本立而道生。孝弟也者，其为仁之本与"，孟子的"仁之实事亲是也""君子立身，孝字为本"等，都把孝视为仁义的根本、人伦之公理。《孝经》中讲："夫孝，德之本也，教之所由生也。"这强调，孝德是培养其他一切德行的基础。不仅如此，孝德文化更是培育和践行社会主义核心价值观的有效路径。因此，以孝为基本，修身立德，构建"孝德"班级文化，有助于培养学生的诚敬之心、感恩之心、责任之心、爱国之心，使学生身体力行孝敬父母、尊敬师长、博爱他人和感恩社会。

二、班级育人目标

（一）知孝德
了解传统文化中"孝"的经典故事，学习经典文化中"孝德"精神，培养热爱传统文化，自觉传承中华传统美德的少年。

（二）行孝德
引导学生常说孝德话、多做孝德事、多读孝德书、多写孝德文、多行孝德心，养成孝敬美德，为学生扣好人生第一粒扣子，培养学生良好的品质和品德。

（三）拓孝德
小孝敬亲，大孝爱国，将传统孝德与时代相结合，赋予"孝德"时代内涵，使传承孝德文化与践行社会主义核心价值观相融合，使班级同学形成在家孝敬父母、在校尊敬师长、在社会上关爱他人，立志报效祖国的良好风尚。

三、班级文化元素描述

（一）特色班级名称

孝德班。

（二）班训

以礼行孝，以仁启智；崇德向善，好学向上。

（三）班风

常怀孝德之心，多行孝德之举。

（四）班级口号

百善之首，以孝为先；厚德载物，自强不息。

（五）班徽

毛笔字书写的"孝德"立体印刻在以水墨色为底色的圆形底板上，底板映衬金文"孝"、小篆"孝"、隶书"孝"、楷书"孝"、行书"孝"等不同字体的"孝"字，彰显中华文化底蕴和孝德文化源远流长的历史特征。

（六）班歌

中华孝道

百善孝为先，孝敬是根本
天地恩情永难忘，心中扎下根
血脉流不断，山河岁岁新
中华孝道是美德，传给后来人
祖先留下传家，宝名字叫孝顺
多少年多少代，温暖过冬与春
它沿着岁月走，烙下中国印
风风雨雨五千年，从古传到今
祖先留下一句话，讲的是孝顺
多少情，多少爱，交给了儿和孙
它顺着血脉流，滚烫赤子心

枝繁叶茂五千年，骨肉情最真

百善孝为先，孝敬是根本

天地恩情永难忘，心中扎下根

血脉流不断，山河岁岁新

中华孝道是美德，传给后来人

（七）班级公约

懂尊敬，会感恩，让长辈舒心；

知礼仪，常帮忙，让长辈省心；

勤学习，苦钻研，让长辈称心；

求自强，行正道，让长辈放心。

四、班级文化建设实施策略

（一）建立宣传阵地，打造孝德文化墙廊

苏霍姆林斯基说过："无论是种植花草树木，还是悬挂图片标语，或是利用墙报，我们都将从审美的高度深入规则，以便挖掘其潜移默化的育人功能，并最终连学校的墙壁也在说话。""孝德班"班级文化建设，需要营造文化氛围，凝练班级文化理念，激励学生行孝立德。在教室门口悬挂班级班徽、班名和班级合照。教室外墙打造一面以"孝德明理"为主题的孝德墙廊。课室内前黑板上方墙面，粘贴班级班训："以礼行孝，以仁启智；崇德向善，好学向上。"黑板一侧是班务栏，另一侧是"行孝立德"展示区，定期展示学生孝德活动剪影、作品。后黑板上方墙面粘贴班级口号："百善之首，以孝为先；厚德载物，自强不息。"教室后面黑板报分为两个区，一个是"学校德育主题区"，该区域内容根据学校的德育月主题绘制；一个是"孝德文化主题区"，全班同学分小组轮换，分享孝德名言、孝德故事、书法文章等。教室两边宣传栏上是学生写的不同字体的"孝""德"毛笔字装裱画，使得教室的每一面墙兼具育人功能。

在课室内设立"孝德书角"，摆放中国传统经典读物（如《弟子规》《论语》《孝经》《道德经》《师说》《学记》等）和有益的书籍，通过多读孝德书，领悟中华优秀传统文化的精髓。室内植物以康乃馨和萱草为主，两者都是古人常用于象

征母爱的植物。全体同学时时、处处都浸润在孝德文化的氛围中，潜移默化地受到熏陶、感染。

（二）学习孝德经典，弘扬中华传统美德

开展"四个一"孝德经典传颂活动，以中华优秀、厚重的传统文化陶冶学生情操，浸润学生心灵，完善学生人格，培养学生品德。

一日一朗读： 利用早读的时间，每天设置一次孝德诵读时间。不忘圣贤教诲，方显文化自信。通过诵读中华经典，培养学生成为博雅多才的人，儒雅优品的人。诵读什么呢？首先推荐的是《弟子规》，《弟子规》言简意赅又朗朗上口，组织学生大声吟诵《弟子规》"入则孝"部分。例如"父母呼，应勿缓，父母命，行勿懒。父母教，须敬听，父母责，须顺承。冬则温，夏则清，晨则醒，昏则定。出必告，反必面，居有常，业无变。"通过诵读经典，领会中华优秀传统文化中孝亲的精神。其次是，教师带领同学们整理《论语》《孟子》《孝经》《劝报亲恩篇》《颜氏家训》等经典中关于孝德的名言，汇编成属于自己班级的朗诵读本。可用于"一日一朗读"，还可以用于班会课环节。例如，在孝德主题班会上，组织学生深情地朗诵《游子吟》："慈母手中线，游子身上衣。临行密密缝，意恐迟迟归。"让学生体会母亲对远游的孩子深深的牵挂之情，让学生在浓浓流淌着的亲情感召下，寻找到生命的归属感。

一周一故事： 每周请一位同学讲孝德故事和孝德事迹。

一月一书法： 每月举行一次书写孝德名言比赛，采取钢笔字、毛笔字等多种形式进行，所有作品都将收录到班级手册，对优秀作品在班级"孝德文化主题区"进行展示和表彰。

一季一展演： 选取孝德文史故事进行现代化改编，通过情景剧的形式进行展演，并邀请父母观看。

（三）开展孝亲活动，长行感恩诚敬举动

将母亲节、父亲节、教师节、重阳节等节日定为孝亲节，并开展相关的活动。如在母亲节、父亲节期间，开展"我爱父母"主题书法绘画创作活动，由学生自主创作古诗配画，并谈谈创作感言。其中就有学生选择《游子吟》展开创作，他不仅展示了书法作品，在旁边配图，画出了孩子出门前母亲为孩子缝补衣裳的场景，表达出这个世界上最美好的母爱，还在旁边配上了康乃馨，他说："康乃馨是母爱的象征，是我们班的班花，我将花与这首诗整合在一起，不仅表达母亲对我们的关爱，更有我们对母亲的深情。"除此以外，孝亲节系列主题活动还可以采取一封家书、亲子拥抱、我为家人做道菜、亲情作文、家庭对话、角色互换等实践，落实孝行。教师节组织学生开展"谢谢你的爱，点赞你的美，感恩教师节"主题活动，学生通过定制的留言条感恩老师平日的辛劳，通过最简单的方式、最质朴的语言、最真诚的拥抱，让学生与老师之间得到更加深入的交流，浓浓尊师意，深深爱生情。通过教师节活动，培养学生尊师、爱师、感恩师爱的情感和美德，进一步深化孝德的内涵。"家是最小国，国是千万家"，通过融入疫情防控志愿活动、党史学习教育进行延展，将传统孝德与时代相结合，引导学生爱国、立志。形成"孝父母—感师恩—报家国"的三级班级特色德育活动。

（四）加强家校合作，重视家教、家风建设

古人说："我能孝，自无逆子；子能孝，自无逆孙。"如果我们自己能够行孝道，这个家族一定不会出叛逆的儿子，如果我们的儿子能行孝，这个家族一定不出叛逆的孙子。因此，孝德文化离不开一个核心组织，那就是家，家庭是组成社会的细胞，家风是中华民族价值观的重要组成部分，其影响是深刻、全面的。习近平主席曾有关于注重家庭家教、家风建设的重要论述，强调家风的重要性。人必有家，家必有训，训必成教，教必成规，规必成风。因此要重视家庭教育，将孝德文化延伸进家庭教育，让学生在家庭、校园、社会都长行感恩诚敬的举动。一是举办家长课堂，带领家长一起学习家庭教育书籍，如《了凡四训》《朱子治家格言》《诫子书》《颜氏家训》《曾国藩家训》等等；学习家庭教育法规，如2022年1月起正式实施的《中华人民共和国家庭教育促进法》，明确家庭责任。二是重视家训、家风建设，鼓励孝德班的家庭传承中华家道，创建孝德家庭。三是设立家长先锋岗，上所施、下所效，鼓励家长成为孩子的榜样，在日常生活中关爱长辈、尊老、敬老，在生活上帮助老人，在精神上关爱老人，积极参与到班级的孝德实践中。四是评选"孝德家庭"，在班级中开展孝德家庭评选，树立典型，对孝德家庭的优秀做法和先进事迹进行弘扬和传播。

（五）拓宽孝德实践，博爱利他，感恩社会

开展形式多样的孝德实践活动，拓宽孝德实践的范围，通过志愿服务活动，引导学生博爱利他，感恩社会。如在重阳节、中秋节之际，到敬老院、孤寡老人居所为老人们送上一份温暖。给老人打扫卫生、陪老人说话、为老人表演节目，参与创建文明城市志愿活动、村委居委举办的敬老爱幼志愿服务活动、疫苗接种指引志愿

活动等。进一步营造行孝立德的班级风尚，激发学生孝德的内在自觉，并由孝亲、尊老推及利他、爱国。

（六）创新鼓励机制，用好孝德行动手册

自主开发《孝德行动手册》，通过具体的流程设计，将学生的日常行为、孝敬行动、帮助他人、服务社会等方面纳入其中，采用月主题与日常行动相结合的方式，引导学生将行动过程以及行动感悟记录在手册上，采取积分制，通过一月一检的形式来跟进学生的孝德行动，将孝德教育真正落到实处。每学期根据此行动手册的积分，评选出二十四名"孝德之星"。

五、班级主题班会示范

"行孝道，存感恩"主题班会

（一）活动背景

受成长大环境的影响，现在的中学生大多是独生子女，随着国家经济实力增强，人们的生活水平得到提高，许多家长对孩子较为溺爱，家庭教育中侧重物质满足，缺乏心性教育，孩子心安理得接受家长的爱，缺乏感恩之心。特别是孩子到了青春期，两代人之间的沟通融合减少，孩子们对父母缺少关爱，容易存在多叛逆之举、少理解之心的情况。本节班会课通过真情体验，感悟亲情，激发学生爱的情感，丰富情感积淀，把亲情回报付诸实践。从而引导学生养成孝顺父母、关爱他人的优良品质。也只有爱父母，才会爱学校、爱家乡、爱社会、爱祖国、爱我们生活的这个世界，形成健全的人格。

（二）活动目的

1. 体验到母亲怀胎十月的辛苦，对父母的养育常怀感恩之心。

2. 检视日常行为，在日常生活中要注意自己的行为是否孝顺父母，培养学生从现在做起，从我做起，从一点一滴做起，从每时每刻做起，努力提高自己的礼仪、修养，做一个孝顺父母的中学生。

3. 让学生从心底体验感恩，学会感激，以感恩的心态对待周围的人和事。

（三）前期准备

1. 准备活动道具：篮球、马克笔、白纸，设计孝德加油卡。

2. 培训学生主持人，与家长沟通本次班会。

3. 分组课前任务：

（1）摄像组——与家长配合，拍摄《母亲的一天》。

（2）现象收集组——收集当前与父母存在的沟通不良的案例，整理归类成现象卡片。

（3）经典中的"孝"寻找组——收集传统经典中"孝"的名言和故事，并做好展示准备。

（4）手语表演学习组——教会全班同学并排练好《听我说谢谢你》。

4. 班会开始前，重新调整座位，中间留出空位，用于活动展示和表演。

（四）班会流程

1. 课堂导入

问题导入：说起生日，同学们会以什么方式庆祝呢？

教师引导：我们的生日同时也是母亲的受难日，你了解你出生时的故事吗？妈妈在孕期有什么变化，疼了多久才把你带到这个世界上来？你出生的时候有多重呢？

活动目的：从学生日常感兴趣的话题入手，激发学生的参与兴趣。通过教师引导，让学生在谈及自己生日时首先想到自己的父母。

2. 父母体验站

活动流程：同学们在腹部绑上篮球，观看纪录片《生门》片段。

同学们在体验分享卡上写上自己参与本次活动的体验感受，请同学分享。

教师引导：什么叫生门，答案是生命孕育之门。母亲生孩子，就是要跨过一道门，生和死的门。母亲怀胎十月，经历身体变化的艰辛，把我们带到这个多彩的世界。我们每个人身后都有一个伟大的母亲。

活动目的：通过模拟体验母亲怀胎十月赋予我们生命的不易和艰辛，让学生对父母的养育常怀感恩之心。

3. 感恩观察站

活动流程：播放课前小组拍摄的短视频《母亲的一天》。

（1）思考，是谁给予了我们现在的生活？他们为了让我们生活得更好，付出了哪些？

（2）"爱的天平"填写游戏。

活动要求：以星期日为例，把父母为你做的事和你为父母做的事列举出来，分别放在天平的两端，看看你的天平是否倾斜？

教师引导：如何平衡我们爱的天平？

活动目的：承上启下，通过真实的案例明白父母给予我们生命，抚养我们成长，今天我们的一切都离不开父母的付出。通过"爱的天平"活动，发现自己对父母的孝行还有很多提升的空间，进而引导学生在日常生活中落实孝行。

4. 行孝加油站

活动流程：

（1）寻找"孝"的足迹。

学习"孝"字的演变过程（微视频）。在古文中，孝字的意思是后代搀扶留着长胡须的老人。根据《说文解字》的注释，"善事父母"即为孝。《诗经·蓼莪》中谈道："父兮生我，母兮鞠我，拊我蓄我，长我育我，顾我复我，出入腹我。欲报之德，昊天罔极。"

学生展示课前成果——传统经典中的"孝"。"孝"不仅在文字演变的故事中留下了足迹，同时也在先哲圣贤的古籍中留下了痕迹。请同学们展示课前收集整理的传统文化中关于孝的经典名言和故事。

结合传统经典给你的启示，小组成员在"孝德加油卡"上列出新时代下，在日常生活中，我们如何落实孝行。由班长汇总形成班级"孝德加油卡"。

（2）纠正盲盒中的现象。

小组派代表抽取课前准备好的盲盒，盲盒内装有现实生活中对父母缺乏诚敬的场景。以小组为单位，针对盲盒中的场景，结合"孝德加油卡"提出正确做法。

活动目的：《论语》中谈到"孝弟也者，其为仁之本与！"只有践行孝道，你才能算作有德之人。通过本环节，让学生明白孝是中华传统美德，孝道是一切德行的根本。我们是祖国的未来，应继承中华民族的优良传统。

引导学生检视日常行为，努力提高自己的礼仪修养，做一个孝顺父母的中学生。

5. 感恩表达站

全体同学手语表演《听我说谢谢你》，班主任录制后，连同"孝德加油卡"和班会课剪影一起发送到家长群。

课后，每位同学从"孝德加油卡"中领取一项孝德行动，班会课后积极践行，并以小组为单位分享践行剪影，纳入《孝德行动手册》积分。

班主任寄语：十年树木，百年树人。树人先树德，百德孝为本。老师希望同学们争做德才兼备的人，孝行天下，尽己所能，为父母做力所能及的事情，尽己所能养成良好的习惯，做文明的学生，努力让自己更加优秀，让父母引以为荣。父母养育你们，老师栽培你们，祖国培育你们，大家应该怀揣一颗感恩的心，学会报恩、感恩，让我们常怀一颗感恩之心、常注一腔感激之情，用自己良好的行为习惯来感恩家庭、感恩学校、感恩社会，做一个常怀感恩之心的幸福之人。

总之，希望同学们孝敬父母，尊敬师长，学会感恩。

立身行道，蹈仁履义
——"仁义班"班级文化主题建设活动方案

一、班级主题阐述

"仁义"早在《礼记·曲礼上》便有记载："道德仁义，非礼不成。"而战国时的孟子对此更是推崇。此后汉儒董仲舒继承其说，将"仁义"作为传统道德的最高准则。宋代以后，由于理学家的阐发、推崇，"仁义"成为传统道德的别名，而且常与"道德"并称为"仁义道德"，与"礼、智、信"合称为"五常"。

二、班级育人目标

（一）在"仁义"班级文化的充分浸润中，学生逐步理解"仁义"的精神内核，能够在日常生活中树立"我为人人，人人为我"的精神品质。

（二）在家校共育的目标下，学生能够用正确的态度对待学习并形成乐于帮助他人的良好品质，增强对班级的归属感和认同感。

三、班级文化元素

（一）班级名称

仁义班。

（二）班徽

图形整体由曲线勾勒而成，色调为红色。图形的内部由"仁义"二字构成，体现别具一格的中国风。

（三）主题班歌

手牵手

这世界乍看之下有点灰 你微笑的脸有些疲惫
抬起头天空就要亮起来 不要放弃你的希望和期待
沙漠中的一滴泪化成绿洲的湖水 真心若能被看见梦会实现
手牵手我的朋友 爱永远在你左右
不要再恐惧绝不要放弃这一切将会渡过
因为你和我才有明天的彩虹 手牵手我的朋友
爱永远在你左右 这一刻不要躲在害怕后面
这个需要多一点信念 那尘埃不会真的将你打败
你将会意外生命的光彩 风雨过去那一天悲伤就要停下来
感觉你身边的爱它存在 手牵手我的朋友爱永远在你左右
不要再恐惧绝不要放弃这一切将会渡过
因为你和我才有明天的彩虹 我的手握着温暖的火种
散发一点光和热就看到笑容 手牵手我的朋友
爱永远在你左右 不要再恐惧绝不要放弃
这一切将会渡过 因为你和我才有明天的彩虹
手牵手我的朋友 爱永远在你左右

（四）班级班训

立身行道，蹈仁履义。

（五）班级口号

仁义礼智信，仁义是关键，
立身当正道，仁义挂心间。

（六）班级公约

我为人人，人人为我。
立身行道，蹈仁履义。

四、班级建设活动设计

（一）总体思路

仁义作为儒家思想的核心，影响可谓深远，我们要取其精华，去其糟粕，学习其中的优秀思想。"仁义"多指在日常的生活中注重帮助的重要性，人之初，性本善，性相近，习相远。我们要把优良的品行继承下去，不管是在学习生活中，还是在日常生活中，要树立一种良性的竞争观，营造良好的竞争环境，促进和谐融洽的社会氛围的形成。

（二）实施策略

1.阵地建设

教室内张贴有关"仁义"的名言警句，以及先贤们的画像，潜移默化地将"仁义"渗透到我们校园生活中。班级学生以小组为单位，每组负责一个月的黑板报的设计，根据班级的具体情况并结合"仁义班"的精神内涵进行创作；班级的宣传栏要张贴班训和班级口号；班级的荣誉展示栏要张贴每周行为表现最优秀学生的照片；班级的才艺展示栏要粘贴有关"仁义"内容的字画；教室内的绿植角可摆放松、竹、柏等绿植；班级建立"仁义"图书角，要放置有利于身心健康，发人深省的书籍。

2. 习惯建设

学生养成良好的生活习惯。班级应该和谐融洽，学生见到老师主动行礼、问好，严格遵守学校的作息时间；不在班级、校园内追逐、打闹、大声喧哗；学生在楼梯、楼道都能自觉有序靠右侧通行；提高学生的生活自理能力，让学生做一些力所能及的劳动；学生做好眼保健操和课间操，养成强身健体的好习惯；学生遇到问题能够学会寻求帮助，同时养成帮助他人的习惯。

学生养成良好的行为习惯。爱护校园环境，值日生能及时认真搞好卫生清洁，学生能自觉爱护班级环境，不吃零食，不乱扔、乱刻、乱画，爱护校园里的一草一木。学生应将爱护环境的观念落实到日常生活当中，并以小手拉动大手，推动社区、社会的良好环境建设。

学生养成良好的学习习惯。能够做到课前预习新课内容，学生自觉遵守课堂纪律，不做与课堂无关的事，注意听讲，主动思考，勇于提问。学生养成端正的书写姿势，字迹工整、规范。学生形成课后主动独立完成作业的习惯，养成不懂就问的良好品质。

3. 活动建设

班级可以围绕"仁义"内涵举办形式多样的文化活动，使学生通过实践来深化对"仁义"文化内涵的认识：一是利用早自习的时间阅读《朝话》，让学生在一篇篇"仁义"故事中感知正确的价值观和人生观，利用中午的小主人时间对学习情况进行总结、反思、分享。二是举办"仁义章"的评选活动，通过演讲、情景剧、作文比赛等方式，设置相应的场景进行展示，最后综合评分，争得班级的"仁义章"，全员参与，让"仁义"之心根植于学生内心。

五、班级主题班会示范

"仁义相约，团结互助"主题班会

（一）设计背景

一个好汉三个帮，要在"仁义班"中营造良好的环境氛围，要让学生学会人与人相处的方式,要让学生明白,"你给别人微笑,别人同样也会给予你微笑,微笑的力量是无穷大的",这对学生的人格品质的形成也是大有裨益的。

(二)教育目标

1. 让学生在活动中认识到团结互助的重要性。

2. 让学生在活动中感悟人与人之间的交往方式。

3. 让学生感受团结互助带来的快乐,体会真正的"仁义"。

(三)活动准备

1. 以前后四人为一小组,选举小组长。

2. 对小组成员进行分工,一名学生进行发言,一名学生负责补充,最后两名同学负责抢答。

3. 由班长带头,选举本次班会课需要的主持人、撰写主持稿的人、布置现场的人、管理纪律的人,充分调动班干部对班级里的事务进行安排,并向班主任汇报。

(四)活动过程

1. 主持开场

2. 活动过程

(1)在集体中应该怎样生活?小朋友间应该怎样相处?

(2)看图总结,体会自私自利和团结互助班级氛围的不同。

(3)看课本剧《三兄弟折筷子》。

(4)听故事《五兄弟抢地盘》。

(5)每个小组依次说出自己的感受。

(6)让每一个小组推荐一名学生进行总结。

(7)玩传纸游戏。

(8)教师总结。

3. 活动总结

班主任对活动进行总结。本次班会课在老师的引导下,学生的积极性、参与性都很高,能够与教师互动、与同学交流。通过情境创设的方式,学生进行沉浸式的学习,对于团结也有了较深的理解,真正体会到"仁义相守、团结互助"的真谛。

修身律己，宁静致远
——"律己班"班级文化主题建设活动方案

一、班级主题阐述

自律，是指在没有人监督的情况下，能够自觉遵循和恪守道德与法律底线，使自我主观意愿符合社会客观实际要求，并最终养成自我信仰和自觉尊崇的良好行为习惯。真正的自律是一种素质、一种自爱、一种觉悟，它会让人淡定从容、内心强大，永远充满积极向上的力量。自律一词最早出自《左传·哀公十六年》，说的是孔子去世，鲁哀公致悼词："尼父，无自律。"意指"对于孔老先生的离世，我悲痛得无法控制自己！"古语亦有云，"修身律己"，孔子认为，君子首先要严于律己，才能治国理政。"苟正其身矣，于从政乎何有？不能正其身，如正人何？"《中庸》中讲："莫见乎隐，莫显乎微，故君子慎其独也。"宋代大学者朱熹讲："不检束，则心日恣肆。"近代文学家沈从文讲："征服自己的一切弱点，正是一个人伟大的起始。"这些都旨在强调对于自律的坚守，是在无人时、细微处，如履薄冰、如临深渊，始终不放纵、不越轨、不逾矩。只有自己战胜自己，自己约束自己，才能成就一个人的伟大与高尚。

将"自律"作为德育的目的，从个体的角度看，引导学生不断强化自我约束、克制与完善，增强对外界的包容性与对内严格的自律性，努力提高自身的思想道德水平；从集体的角度看，班级文化建设的终极目标是培养人、发展人，而任何外部因素要真正达到应有的效用就离不开人这一起决定作用的内在因素，因此帮助学生正确地认识自我，正确地评判他人，逐步地提高自律的标准，从而在班级中形成积极向上的自律氛围，是班级文化建设从"外化"走向"内化"的关键所在。

二、班级育人目标

（一）了解"律己班"班级文化的核心理念（道德自律、学习自律、交往自律），借助校园环境，"自己管理，管理自己"，在没有外在监督的前提之下，自己主动约束自己、严格要求自己，使得"自律"内化于心、外化于行。

（二）通过自律达成自业、自得的世界观，自尊、自信的人生观，自立、自强的价值观，引导学生独立思考，充满自信，并把个人前途和国家命运相结合，为实现中华民族的伟大复兴而奋斗。

（三）通过反求诸己、反躬自问的"修身"之学，帮助学生真正把学习变成"为己之学"而非"为人之学"，将学习的目的回归为提高自身，从根本上获得成长、成才的源动力。

（四）通过自律、自省，在为人处世和待人接物中坚定自己的信念、坚守自己的原则、守住心中的底线，能够认真待人并且能以自身的行为影响他人。

三、班级文化元素

（一）班级名称

律己班。

（二）班徽

班徽整体设计可看作字母"Z"，象征一个奋斗的人，又是"自律"一词的首字母。表面的红色圆圈代表一个朝阳，底下的三道绿色横线表示阶梯，背景的黄色则表示晨光。意寓自律班的同学们坚持不懈靠自己，迎着朝阳，顺着人生的阶梯走向幸福人生。

（三）核心理念

道德自律：自律是中学生主体自我成长和自我发展不可或缺的重要素质，也是中学生依据社会主义核心价值观，自觉服从"富强、民主、文明、和谐"的社会主义建设目标要求，自觉投身"自由、平等、公正、法治"的美好社会建设实践，自觉遵守"爱国、敬业、诚信、友善"的道德规范要求的重要表现。一方面，自我要求进步、自觉规范行为、自我督促不越矩，做到诚其本意、以心为贵，表里如一、不欺他人，慎隐慎微、谨于自省，孜孜不倦、从始至终；另一方面，还要准确认识社会的发展要求，审慎选择和履行道德准则和规范，以调整自身行为和个人与社会的关系，把自我发展融入社会发展的宏观道德要求之中。

学习自律：中学生以学习科学文化知识为己任。学习自律是指学生在学习过程中有科学的时间管理和严格的时间意识，能够对自己严格要求，时时自我督促，在学校关怀和老师引导下，树立正确的学习理想、确定适合的学习目标、实施科学的学习内容、制定切实的学习评价方式。使其在学习的过程中能够更好克服困难，并在以后的学习中实现更加自主的可持续发展。

交往自律：马克思说过："人是社会关系的产物。"我们都生活在复杂、多变的社会之中，中学生也不例外。美国著名的心理学家卡耐基认为，未来社会的成功源于30%的才能加70%的人际协调能力。良好的人际关系，不仅能给人生带来快乐，而且能促进学习效率和工作效率的提高，助人走向成功。交往自律是指中学生在进行交往的过程中能够管理好自己的情绪，坚定自己的信念、坚守自己的原则、守住心中的底线，能够友善待人和诚信做事。在生活中，体谅他人、宽容友好，不过分苛责，做到"言必行，行必果"；在学习和工作中，做到与他人友好相处，以德待人、诚信做事。由此，通过交往自律进一步获得良好的人际关系，促进身心健康。

（四）主题班歌

我相信

想飞上天 和太阳肩并肩
世界等着我去改变 想做的梦
从不怕别人看见 在这里我都能实现
大声欢笑让你我肩并肩 何处不能欢乐无限
抛开烦恼 勇敢的大步向前
我就站在舞台中间
我相信我就是我 我相信明天
我相信青春没有地平线
在日落的海边 在热闹的大街
都是我心中最美的乐园
我相信自由自在 我相信希望
我相信伸手就能碰到天

有你在我身边 让生活更新鲜

每一刻都精彩万分 I do believe

想飞上天 和太阳肩并肩

世界等着我去改变

抛开烦恼 勇敢的大步向前

我就站在舞台中间

（五）班级班训

勤学笃志，自律自强。

（六）班级口号

创最好的班级，做最好的自己。

（七）班级公约

律己班公约

人生征途多险夷，做人底线莫偏移。

求学道路多曲折，律己谦恭泰山移。

处世须以诚为本，宽人严己总相宜。

人能自省乃贤哲，人无亏欠心自怡。

四、班级建设活动设计

（一）总体思路

结合"律己"的班级核心内涵，帮助学生达成道德自律、学习自律、交往自律，一方面需要引导学生从深层次上学习中华优秀传统文化，领悟自尊、自重、忠信孝悌、礼义廉耻、奉公守纪等自律文化精髓，不断增强对自律的理解和认识；另一方面需要从制度建设、环境熏陶、榜样引领和活动践行等多维度的努力，帮助学生将自律品质内化于心，外化于行，在内外兼修中真正提升个人涵养。

（二）实施策略

1. 学习优秀传统文化，增强自律文化底蕴

中华民族五千多年的文明历史，为我们提供了学习自律品质的丰富素材。围绕"自律"的文化主题，结合班主任的班会课活动，辅之以《百家讲坛》等影视资

料（例如"阎崇年解读康熙大帝"中讲到康熙一生勤政自律的故事），不断增强对自律的理解和认识。通过学习"自尊、自重"的传统文化精神，引导学生正确认识自律，全面发展自己。子曰："君子不重则不威，学则不固。主忠信，无友不如己者，过，则勿惮改。"（论语·学而）古人的谆谆告诫，对我们今天学生的"自尊、自爱"的自律品质提升，具有极大的启迪意义。通过学习"忠信孝悌、礼义廉耻"的传统文化精髓，感悟报忠国家、信守诺言、孝顺父母、兄弟有爱、遵纪守法、见义勇为、廉洁奉公、知耻后勇的精神品质，能够拓宽自律文化的外延，自律不仅仅只是局限于个人层面，它对国家、社会、亲情、友谊等方面都提出了要求。通过学习"奉公守纪"的传统文化思想，能够更好树立自律的行为意识。"奉公守纪"是指秉公行事、遵守法令。古人云："博学于文，约之以礼，也可以弗畔矣。"学习"奉公守纪"的传统文化思想，可以帮助学生增强法纪意识，将法作为约束自己的重要途径，强化自律行为意识。

2. 完善制度建设，唤醒"自律"种子

制度建设是形成"自律"班级文化的必要条件。通过运用心理定势的原理，切实做好"先入为主"的工作，组织学生认真学习《中学生守则》《中学生日常行为规范》和学校的其他各项规章制度，在此基础上，结合班级实际，引导学生广泛讨论，提出本班的奋斗目标，制定出班级在纪律、学习、工作、思想、生活、劳动、体育、卫生等方面的规章，形成学生所公认的班规，使学生知道在集体生活中需要以怎样的规范要求和约束自己，使自己的思想和行为自觉与班集体的准则和纪律保持一致。而在班会的制定和执行中，要注重对学生"自己管理自己"的引导，要求学生"不做饭桌上第一个'抽烟'的人，更不做随意给他人'递烟'的人"，只要人人管好自己，自然就能创建最好的班级。与此同时，华林飞教授在《班级制度管理与柔性管理》中提到柔性管理力度，"制度设计好之后，人就是最为关键的因素。在执行制度的时候一定要有情操作，使我们的教育是一个充满温情和理性的历程，让我们每个班主任老师变得温柔而坚定。"在刚性的制度下，如果缺乏温度，会让班级在规范中变得失去人情味，学生自觉自律的种子难以找到丰沃的感情厚土发芽、成长。适时采用柔性化管理的艺术，让学生在每一次试错中成长起来，让班级文化在每一次蜕变中独具个性，"自律"的理念和文化才会更好地深入学生内心。

3. 依托环境布置，熏陶"自律"氛围

环境对人的影响潜移默化，而环境既包括有形的物质环境布置，也包括无形的舆论风气的引导。为了使"自律"的班级文化得到巩固和发展，要通过各种措施，形成健康向上的班级集体舆论。在积极舆论风气的感召下，全班同学才能齐心协力服从大局，做好自律、自束，服从集体公约，既有集体荣誉感、自豪感和责任感，又有为实现共同目标而协调一致、努力奋斗的实际行动。其次，在班级建立"荣誉墙"。要十分重视荣誉对学生的激励作用，把集体和个人的每张奖状都整齐美观地贴在教室后墙上，形成班级"荣誉墙"，借荣誉激励学生做最好的自己，创最好的班级。再次，还可以通过设立班级图书角，放置修身律己类书籍和传统文化相关古籍（如《自律的人生更自由》《自律力》《自控力》等），便于学生深入学习"自律"的精神品质。又如，在教室前后设立格言横幅，如"德贵自律""静以修身，学以律德""静、竞、净"等；在班级布置中，加入花中君子的兰花，代表高洁、典雅和自律，以此给学生潜移默化的熏陶。

4. 借助榜样示范，整合"自律"文化

中学生的自律可以借鉴前人、同辈、师长自律的经历，从中吸取有益的经验和教训，在不断学习借鉴和实践中得到形成和发展。通过榜样的示范和领航作用，辅之以一定的管理手段，把全体学生的思想和行为都整合到"自律"的班级文化中。首先，发挥名人的榜样作用，例如以富兰克林为榜样。富兰克林用他的成就和传奇告诉人们：人生的意义在于不断地超越自我。正是富兰克林对于节制、节俭、勤勉、公正、贞节等十三种美德的坚守和自律，才成就了他精彩而璀璨的一生。其次，以身边的优秀学生为榜样。优秀学生是学生最熟悉的典范。通过经常开展自选学习榜样的活动，并围绕自选的榜样展开"为何学他？学他什么？怎样学他？"的演讲和讨论。由此让每个学生找到心中真正的偶像，见贤思齐。再次，以老师为榜样。教师的道德品质、思想修养、文明举止、治学风格、生活方式等都会对学生产生很大的影响。因此，凡是要求学生做到的，老师必须要求自己首先做到。例如要求学生认真学习，老师自己先要保持乐学、善学的态度和热情；要求学生不迟到，老师自己要先有严格的守时观念，如果老师上课迟到，同样要用行动表达抱歉；要求学生做好时间管理，老师自己在生活和工作中也要有科学的时间规划和超强的执行力。

5.丰富活动载体，践行"自律"品质

自律实质上是自我认识、自我约束、自我践履、自我管理的过程。开展系列的主题活动、体育活动、文娱活动等，并为每个活动制定明确的方案，为每个部分、环节确定相应的负责人，班级每个学生在活动中都要自行承担相应的分工任务。因此，活动的开展过程，就是每个学生在活动中享受成功喜悦，体验受挫经历的过程。在这一系列的行为中学生的言行得到了训练，在不自觉中会反思、体悟自身的言行是否得当，在与同伴的比较中反思自我的集体意识、责任意识、纪律意识等等，这就是在不自觉中进行自我教育的过程。孔子说："君子耻其言而过其行"，圣人认为"行"比"言"更可靠。学生在实践活动中得到思维拓展、行为训练，同时提高自我评价能力和自我改正能力。中学生在对事物进行评价时，往往存在自我评价和对他人评价的差异，且主观评价高于客观评价，自我评价高于他人评价，对自我的认识存在偏差。因此活动后的自省、自评也是提高学生自律能力的重要途径。

五、班级主题班会示范

"学会自律，拥抱自由"主题班会

（一）设计背景

经过初中三年的努力进入高中校园，作为高一的新生，有的学生认为离高考还有很多时间，便有所懈怠。同时随着年龄的增长，学生的心理也在悄悄地发生着变化。有的学生自以为长大了，开始"反抗"家长、反感老师的教诲，而自身又缺乏较强的自制力，于是各种不良习气可能会有所抬头。能否养成自律的良好习惯，既关系到学生能否顺利过渡好初高中的学习，又极大影响了班级的文化氛围。为了帮助每一个学生更好入学，经过充分准备，班级决定召开"学会自律，拥抱自由"的主题班会。

（二）教育目标

1.通过对热点新闻的讨论，深度分析自由和自律的关系，进一步明确学会自律才能拥有真正的自由。

2.通过对自控力的检验，客观认识自我，继而有针对性地提升自律能力。

3.制订个性化的目标和计划，通过交流与分享，将"自律"品质践行到每一天

的行动中。

（三）活动准备

1. 以小组为单位，每组六人，全班分为若干个交流小组，方便班会课的开展。

2. 给每位学生准备一张卡纸，用于第五环节的自律清单撰写。

（四）活动过程

1. 班会导入

话题互动，小组讨论分享观点。

（1）假如你去当兵，发现实在太苦了不想当了，你会如何选择？

（2）你觉得如果拒服兵役会有怎样的后果？

2. 聚焦时政，探究"自律与自由"

（1）佛山市南海区人民政府对两名拒服义务兵役士兵陈××、黄××进行行政处罚。①取消陈××家属的军属待遇，收缴全部优待金；②按佛山市南海区2019年度一名义务兵两年优待金额的标准（20518元/年）对陈××处以罚款，即罚款41036元；③陈某终生不得被录用为国家公务员或者参照公务员法管理的工作人员；④从本决定送达之日起两年内陈××不得被聘用为事业单位工作人员和国有企业职工；⑤从本决定送达之日起两年内公安机关不得为陈××办理出国（境）手续；⑥从本决定送达之日起两年内教育部门不得为陈××办理升学手续。

（2）飞机刚落地，一名大学生就被拘留。据调查，航空公司为防止有人误触应急出口处的装置，特意将靠近应急出口处的15排、16排的座位空出来。该客机在飞行时，原本坐在27排的当事人发现15排、16排座位没人，上完厕所后，自行坐到16排的座位上，将座椅的扶手收起，横躺在座位上睡觉。乘务人员多次提醒他回到自己的座位上，他都不肯。当事人趁着飞机下降、机组人员回到座位上时，竟然把15排和16排座位旁的两个应急舱门把手保护盖都取下来把玩，一个藏在行李舱里，一个放在座位下面。没想到，飞机落地滑行时，他竟然去拉应急舱门的把手。这时，机组人员才通过驾驶室的警报发现他的行为，制止后报了警。

小组互动讨论，思考什么才是真正的自由。

教师引导：自由是一个非常美好的字眼，每个人都追求它。有的学生将"不要再管我了，让我自己选择我的人生吧"作为自己的自由宣言。对于自由最常见的一种误解是什么呢？"自由嘛，就是由着自己呗！"那什么叫作由着自己呢？就是想干什么就干什么吗？这种对为所欲为的渴望，我们称之为"纵欲式的自由观"。为什么很多人会这样理解自由？为什么人们渴望自由？每一个纵欲背后往往都隐藏着禁欲。每一个把自由理解为自我放飞、自我释放的人，往往是一个深受压抑的人，这种压抑可能来自他人的压迫，也可能是自我压抑。我们很多人认为为所欲为就是自由，实际上只是借"自由"的名义对理智与责任的逃避和对抗。人们不懂得什么是真正的自由，所以才想象出了这样一个虚假的自由。

真正的自由者不需要用"纵欲"这种用力过度、激烈夸张的方式来自我强调和自我表达。真正的自由者千姿百态，却都有一个共性，那就是无论他做什么或者不做什么，无论结果如何，他总能找到自己内心的平静与安宁。

那么，我们要怎样做到这种自由呢？

第一，清醒地自知；第二，勇敢地选择；第三，坦然无悔地担当。

3. 快问快答，认识你自己

同桌间互问以下问题：

生活中碰到这些现象你会怎么办？请回答"是"或"否"。

（1）如果有一门作业本应今天完成，但留到明天也没有人批评你，你一般都不会留到明天。

（2）学习时你碰到难题，你一般不会询问别人而是坚持自己思考直至最后自己解决。

（3）放假回家正当你要写作业时却碰上了你最喜欢看的电视节目，你会选择放弃电视节目。

（4）来到十字路口，这时红灯亮了，但周围没有一个人，也没有一辆车，你会选择等待直至绿灯亮起。

（5）自习课时，老师不在，班干部也不管，大家都在叽叽喳喳说闲话，但是你却能保持安静，不受任何干扰。

（6）你会经常计划如何使用你一天的课余时间。

（7）你能坚持专注做一件事情一个小时而不受任何人的干扰。

（8）就寝时，大家聊得正欢，这时你考虑到第二天要上课会主动停下来或提醒同学不要再讲话。

（9）除了老师给你布置的作业外，你会经常主动找一些作业来做。

（10）打开电脑，你一般不会在网上闲逛，而是先查询自己需要的资料。

以上问题答"是"得1分，答"否"不得分，看看你自己能得几分。

4. 聆听名言，反省自我

学生发言：结合自己对以上问题的回答和具体得分，学习以下名言，你是否有所感触，选择其中一条，谈谈你的感受。

"一个人要想明白事理，首先就要做到诚实而有节制。"

"不奋发，则心日颓靡；不检束，则心日恣肆。"

"如若你想征服全世界，你就得征服自己。"

"愚者用肉体监视心灵，智者用心灵监视肉体。"

"人的价值，在遭受诱惑的一瞬间被决定。"

"只有那些晓得控制他们的缺点，不让这些缺点控制自己的人才是强者。"

"知道自己需要什么，这是一个人的本能，懂得自己不需要什么，这是一个人的智慧。"

"上帝给了每个人每天三个八小时，第一个八小时，大家都在工作，第二个八小时，大家都在睡觉，人与人的区别是在第三个八小时产生的。"

5. 明确目标，践之以行

学生在下发的卡纸写下自己的自律清单，贴在桌面上，并在日常行为中检验完成情况。

6. 活动小结

一个人能否自律，是他能否取得成功的关键。学会自律，我们需要做到五个"学会"。学会自习时间保持安静、学会支配自己的时间、学会安排自己的学习活动、学会控制自己玩乐的欲望、学会控制自己缺乏专注的不良习惯。总之一句话，学会做自己的主人。希望同学们都能学会自律，拥抱自由！

谦恭有礼，诚心正意
——"谦恭班"班级文化主题建设活动方案

一、班级主题阐述

谦恭的含义是谦虚恭敬，《旧唐书·卷六十二·杨恭仁传》中写道："恭仁性虚澹，必礼度自居，谦恭下士，未尝忤物，时人方之石庆。"谦恭是一个人内在修养的最高表现，最能体现出一个人的道德品质。谦恭虚己，指一个人不会因为自己的学问深而高傲自大，不会因为自己的地位高而轻贱他人，相反学问越深越谦虚，地位越高越谦恭。

从德育方面来看，以"谦恭"文化为育人目的，一是理解谦恭有礼的含义，体会古人谦恭的优良品质，二是从谦恭有礼和诚心正意两个维度，围绕"礼"和"诚"两个方面来理解其思想内核，三是让学生通过留心观察的方式，找寻身边具有"谦恭"品质的人，从他们身上汲取营养，立志做一名谦恭有礼的中国人。

二、班级育人目标

（一）理解"谦恭有礼"的含义，通过学习古人"谦恭有礼"的例子，领会"谦恭"这种优良的道德品质。

（二）从"礼"和"诚"两个角度理解"谦恭"的思想内核。

（三）通过找寻身边的典型人物，从中学习他们为人处世的方法，立志做一名谦恭有礼的中国人。

三、班级文化元素

（一）班级名称

谦恭班。

（二）核心理念

谦恭，主要从"礼"和"诚"两个方面着手，主要体现在对"个人礼仪"和"社交礼仪"两个方面的培养。

个人礼仪，指的是社会个体的生活行为规范与待人处世的准则，是个人仪表、仪容、言谈、举止、待人、接物等方面的个体规定。在学校里的个人礼仪指的是学生会用礼貌用语，养成良好的坐、立、行的习惯，保持正确的写字和读书习惯，保持服装的整洁，养成讲卫生、爱清洁的好习惯。

社交礼仪，指的是人们在人际交往过程中所具备的基本素质、交际能力等。指的是对长辈有礼貌，尊重老师，尊重老师的劳动成果。同学之间要相互帮助，相互关心，友好相处；遵守社会秩序，公共场合不要大声喧哗打闹，不要打扰他人；遵守交通规则，不闯红灯，走人行马路等等。

（三）主题班歌

梦想在望

来自东 来自西 每个人都一样几年梦
百炼钢一起公平较量
你我他 把真心带到和平现场
尽全力 等于为全部选手争光
梦想在望 世界在看
看人性最美善的光辉随火炬相传
心灵发亮 终生不忘
这一刻这地球拥抱着升华的力量
够坦荡 够胆量 彩虹自在心上
跑得快 跳得高 跨越民族围墙
水里去 火里去 全为互勉自强
每滴汗 把竞技场也变得浪漫
梦想在望 世界在看
看人性最美善的光辉随火炬相传
心灵发亮 终生不忘
这一刻这地球拥抱着升华的力量

（四）班级班训

谦虚有礼，诚心正意。

（五）班级口号

谦虚好学，不骄不躁。

谦虚恭谨，诚心实意。

（六）班级公约

谦恭有礼，通情达理。

出行有礼，文明礼貌。

诚意正心，宽己待人。

诚敬谦和，为人正直。

四、班级建设活动设计

（一）总体思路

在《后汉书·卷十四·宗室四王三侯列传第四》中提到"中兴初，禁网尚阔，而睦性谦恭好士，千里交结，自名儒宿德，莫不造门，由是声价益广。"可见，中国古代文人志士十分推崇具有"谦恭"品质的人，认为谦恭之人具有良好的品行。

通过讲解古代圣贤"恭敬"的例子，理解深刻内涵，从"礼"和"诚"两个角度深度挖掘其精神内核。再通过学生身边的例子，让学生们切实体会到"谦恭"这种良好的精神品质。最后通过班会课来实现精神的内化，影响学生平时的言行举止。

（二）实施策略

1. 创建幽雅的学习环境

组织学生和家长进行班级的卫生清扫，教室内要摆放绿植并且给每一盆绿植起个名字，让学生体会干净清爽的教室给人带来的舒适感；班级选取四名优秀的宣传委员，其余学生以小组为单位，每组负责一个月的黑板报的设计，围绕"谦恭"的班级文化进行创作；班级的宣传栏要张贴班训和班级口号；班级的荣誉展示栏要每周张贴好人榜，让学生感受到荣誉感；班级的才艺展示栏要粘贴与谦恭内容相关的字画；设置雅致的班级图书角，放置一些古人圣贤的书籍，教室内多张贴与"谦恭"有关的名言警句，让学生时刻沐浴在幽雅的环境中。

2. 培养学生文明有礼的好习惯

班级应该和谐融洽。学生见到老师能主动行礼、问好，严格遵守学校的作息时间；不在班级、校园内追逐、打闹、大声喧哗；学生在楼梯、楼道都能自觉有序靠右侧通行；提高学生的生活自理能力，鼓励学生做一些力所能及的劳动。

班级应该积极向上。学生做好眼保健操和课间操，学生遇到问题能及时进行自我心理调节，学会倾诉，善于交往。学生能做到讲卫生、保护环境。学生举止文明，值日生都能及时认真地搞好卫生清洁，学生能自觉维护班级，不吃零食，不乱扔、乱刻、乱画，爱护校园里的一草一木。

能够做到课前预习新课内容，学生自觉遵守课堂纪律，不做与课堂无关的事，注意听讲，主动思考，勇于提问。学生养成端正的书写姿势，字迹工整、规范。学生养成课后主动独立完成作业的习惯。

3. 充分利用早读、小主人时间

利用早自习的时间阅读《朝话》内容，从一个个小故事中体会其伟大人格，利用中午的小主人时间对班级好人好事进行表扬。

4. 对学生进行及时的评价

应充分利用班级里的荣誉墙，对班级内的好人好事进行表扬。充分运用班级的奖励机制，对行为表现优秀的学生进行奖励。也要时刻与家长保持联系，充分发挥家校的作用，将这种良好的班级氛围建立起来。

五、班级主题班会示范

"做文明有礼的中国人"主题班会

（一）设计背景

中国是世界四大文明古国之一，有着悠久的历史，历经几千年光辉灿烂的岁月，留下了很多宝贵的遗产。古人先哲也给后人留下了丰富的精神财富，我们应该学习其良好的精神品质。对于刚刚入学的小学生而言，礼仪的养成和思想品质的培养尤为重要，对于学生今后的世界观、人生观、价值观起着重要的作用，由此，

"谦恭"品质的培养就显得更为重要。

（二）教育目标

1. 让学生懂得优秀的思想品质对于今后发展的重要作用。

2. 对学生进行"谦恭"品质的培养。

3. 通过名人榜样让学生领会"谦恭"的品质，并在实际行动中落实谦恭有礼、诚心正意。

（三）活动准备

1. 以前后四人为一小组，选举小组长。

2. 对每个小组的每一位成员进行分工。

3. 由班长带头，选举本次班会课需要的主持人、撰写主持稿的人、布置现场的人、管理纪律的人，充分调动班干部对班级里的事务进行安排，并向班主任汇报。

（四）活动过程

1. 开场：主持人宣布班会开始。

2. 以图导入。

（1）投放孔子的头像，讲解他游历各国的经历，感受其良好的思想品质。

（2）看图学习：为什么孔子受到后世的尊敬？

（3）学生抢答问题。教师总结：孔子在《论语》中经常提到"君子之道"，《论语》中讲到"有君子之道四焉：其行己也恭，其事上也敬，其养民也惠，其使民也义"，总结出了君子的良好品质。

3. 播放视频。通过视频引导学生注重公共文明，讲究言行举止文明有礼，倡导学生做一名有礼貌的学生。

4. 学生问答。通过自己切身的经历，说说自己在旅游过程中看到的游客行为，让学生指出哪些是好的，哪些是坏的，我们应该去其糟粕，取其精华。

5. 活动总结。班主任对活动进行总结，本次班会学生的学习积极性都很高，其中涉及了很多小故事和小视频，还有学生亲身经历的一些事情，学生有话说，可以提出自己的看法，讲讲自己学到了什么。但是要注意提问方式，在学生回答问题时，要适时点拨。

志存高远，博学笃行
——"志远班"班级文化主题建设活动方案

一、主题出处及阐释

"志存高远"出自《勉侄书》："夫志当存高远，慕先贤，绝情欲，弃凝滞，使庶几之志，揭然有所存，恻然有所感。忍屈伸，去细碎，广咨问，除嫌吝；虽有淹留，何损美趣？何患于不济？若志不强毅，意不慷慨，徒碌碌滞于俗，默默束于情，永窜伏于凡庸，不免于下流矣。"作者是大家熟悉的诸葛亮，这是他为勉励侄子而作的一篇文章。全文仅有87字，字字珠玑，深含诸葛亮对侄子诸葛恪的种种期盼，而后便演变为古今熟知熟用的"志存高远"一词。

"博学笃行"取自《礼记·中庸》："博学之，审问之，慎思之，明辨之，笃行之。有弗学，学之弗能，弗措也。……有弗行，行之弗笃，弗措也。人一能之，己百之；人十能之，己千之。果能此道矣，虽愚必明，虽柔必强。"

习近平总书记在纪念五四运动100周年大会上的重要讲话中，对新时代中国青年提出了树立远大理想的要求，强调"青年志存高远，就能激发奋进潜力，青春岁月就不会像无舵之舟漂泊不定"。

习近平总书记曾寄语广大青年："实现中华民族伟大复兴的中国梦，需要一代又一代有志青年接续奋斗。广大青年要以国家富强、人民幸福为己任，胸怀理想、志存高远，积极投身中国特色社会主义伟大实践，并为之终生奋斗。"青年时光非常可贵。广大青年要如饥似渴、孜孜不倦地学习，既多读有字之书，也多读无字之书，注重学习人生经验和社会知识，注重在实践中加强磨炼、增长本领。要敢于做先锋，而不做过客、当看客，让创新成为青春远航的动力，让创业成为青春搏击的能量，让青春年华在为国家、为人民的奉献中焕发出绚丽光彩。

"志存高远"基本的解释是追求远大的理想、事业上的抱负。古人有云："立志而圣则圣矣，立志而贤则贤矣。"树立远大目标，树立远大理想，站得高自然就能望得远，就能激发无穷的奋进的潜力。而立志，中华民族的青年从来都不会是简单、狭隘地从个人利益出发，同学们要传承民族基因和继承优良传统，自觉地"把自己的小我融入祖国的大我、人民的大我之中，与时代同步伐、与人民同命运，才能更好实现人生价值、升华人生境界。"志存高远，自当树立远大理想，坚定理想信念，自觉融入大局，投入强国伟业。

"博学笃行"是"志存高远"后的行动路径，立下大志是最根本的方向和基础，而目标的实现和达成则还需要实实在在地付诸行动，方可终成现实。聚焦青年学生，特别是正在茁壮成长的中小学生，实现"志向"的两个重要途径。一是要"博学"，开卷有益、广泛学习、开阔视野，努力做到博学多才、学有所成、学有所得。二是要"笃行"，"笃"代表着明确目标、坚持不懈，要在学习的基础上努力践行，做到"知行合一"，把知识转化为行动，才能把知识转化为能力，发挥知识产生的巨大力量。

二、核心理念

在校园生活中，我们聚焦在学生的为人、为学、为事上，具体提出"志存高远，博学笃行"的班级文化主题。

志存高远：爱党、爱国，树立远大理想，肩负神圣使命，热爱祖国，立志成才。自觉把自己的小我融入祖国的大我、人民的大我之中。

博学笃行：知行合一，把立大志付诸实际行动。在品行上和学业上始终追求进步，勤于学习，努力扩展所学的广度和深度，并自觉付诸实际的行动，勤学、勤思、勤践行。

三、建设目标

（一）在"志远班"班级文化的充分浸润中，学生们逐渐形成胸怀大局、志存高远，热爱学习、知行合一的良好品质。

（二）在家校共同组织、参与的丰富的班级特色活动中，形成特色、稳定、有效、协同的良好班级文化氛围，促进班级师生的健康发展，班级的归属感、认同感逐渐增强。

四、班级文化主题

志存高远，博学笃行。

五、班级文化元素

（一）班级口号

志远少年，少年志远；
身行学海，远志领航；
精研善思，博学不穷；
行远自迩，笃行不怠。

（二）班徽班歌

1. 班徽描述

用简笔画勾勒出远处旭日东升，指引近处学子扬帆远航，帆船画为书本状。旭日代表着远大的目标和志向，扬帆代表着用孜孜不倦的实际行动，努力到达彼岸，书本状的帆船代表学子用"知识"这一宝贵的特殊的工具来探索。

在右上角用隶书写上"志远""博学""笃行"六字，代表着要时刻谨记胸怀大志、博学笃行是我们抵达远方目标的重要前提。

2. 班歌

隐形的翅膀（片段）

每一次　都在徘徊孤单中坚强
每一次　就算很受伤也不闪泪光
我知道　我一直有双隐形的翅膀
带我飞 飞过绝望
不去想　他们拥有美丽的太阳
我看见　每天的夕阳也会有变化
我知道　我一直有双隐形的翅膀

带我飞 给我希望

我终于看到所有梦想都开花

追逐的年轻 歌声多嘹亮

我终于翱翔 用心凝望不害怕

哪里会有风就飞多远吧

不去想 他们拥有美丽的太阳

我看见 每天的夕阳也会有变化

我知道 我一直有双隐形的翅膀

带我飞 给我希望

我终于看到所有梦想都开花

追逐的年轻 歌声多嘹亮

我终于翱翔 用心凝望不害怕

哪里会有风就飞多远吧

隐形的翅膀让梦恒久比天长

留一个愿望让自己想象

（三）班风、班训

班风：

立远志、博学之、笃行之。

班训：

舟行学海，远志领航；

精研善思，博学不穷；

行远自迩，笃行不怠。

六、班级文化主题活动设计

（一）总体思路

以"志远"为主题，遵循两大原则：一是注重班级"硬文化"建设和"软文化"建设。二是注重尊重学生在班级文化建设过程中的主体地位，让学生自我建构、自发学习、自然吸收、自觉践行、自主延伸。

（二）活动安排

活动一：家校协同布置"志远班"班级文化氛围。

在班级文化布置中强化家校协同，强化理想信念教育，通过师生、家长精心策划、布置主题明确的班级文化氛围，达成学生在学校和家庭同时耳濡目染"志远"文化的合力效应。每学期末组织家长代表共同研讨和确立下学期"志远"文化的子主题，子主题结合班级需要和时政教育，确定动态的具体的主题，比如"志远——红船上的青年""志远——少年周恩来"等等。子主题原则上每学期变更一次，由家校共同研究，共同布置本学期的班级文化氛围，实现动态育人、协同育人的效果。以少年周恩来的志远教育为例，在班级墙上粘贴由家长、学生誊写的周恩来有代表性的名言、诗句；在少年周恩来主题班会课上指导学生书写并分享"我们写给恩来爷爷的信"。在班级布置精致的藏书阁，放置《周恩来传》《周恩来与故乡》《追寻与景仰》等书籍，以及家长和师生读少年周恩来故事和书籍的读后感。

活动二：家校协同参加"志远班"班级实践活动。

立远志，博学之，笃行之。志愿服务和社会实践活动是培养中小学生社会责任感的重要途径，走出校园参与服务，亲身实践，在服务和实践中加深学习的理解、提升生活的感悟，从而更加笃定立大志、立远志。通过家校协同动员家长力量，深入挖掘社区文化和创新企业资源，特别是民族英雄、时代先锋的红色文化资源和高精尖创新型企业资源。注重行前教育，通过微型班会课等方式在活动出行前开展学习、阅读活动，以明确目标作为活动导向。注重确认成性资源收集，制定"班级实践家庭活动任务单"，设置家长和学生共同完成的亲子实践任务，将动态的学习和实践成果及时记录下来。注重行后反思提升教育，通过班会或者个性化展示活动，回归到少年应当"立远志，博学之，笃行之"的主题教育中来。可邀请家长代表参加分享、参与展示等，达成协同育人的目的。

七、班级文化主题班会设计

"志远"之为中华之崛起而读书
——走进少年周恩来

（一）设计背景

志远少年，志存高远。树立远大理想，坚定理想信念，自觉融入大局，投入强国伟业，应当是每个新时代中国青年的价值追求。而在三观形成的关键时期，学生的社会实践经验不足，榜样的力量和指引作用就显得尤为重要了。少年周恩来"为中华崛起而读书"的事迹对当代青少年学生有着强大的感召作用，本学期班级"硬文化"上以"志远——少年周恩来"为主题进行布置，在浓厚的显性文化氛围支持下，适时召开一节主题班会课是十分必要的。

（二）前期准备

1. 遴选主持人，撰写主持词；
2. 挑选主题教育视频，相关歌曲；
3. 发放主题分享卡（分享：你的志向）；
4. 准备相关活动物资；
5. 提前品读同学们的分享卡内容，充分了解并挑选代表性内容；
6. 邀请科任教师、家长代表参加。

（三）主要内容

1. 设问引导——你的志向是什么

儿童时期就像是人生理想的播种阶段，邀请同学们进行现场分享。

2. 影片教育——《少年周恩来》

由教师精选《少年周恩来》的视频片段，通过影片迅速进入主题。

（根据实际情况，老师提前发出倡议，建议以家庭为单位，在时间允许的情况下观看该爱国教育影片，填写观影卡。）

3. 讨论分享——你读书究竟为了什么

同伴分享：邀请同学代表分享"你读书究竟为了什么"，结合亲身经历分享影片观后感。

家长分享：邀请家长代表分享少年时代的想法和经历。

教师分享：周恩来总理所处的那个时代，是事关中华命运走向的关键阶段，在少年时期，他便立下"为中华之崛起而读书"的远大志向，把自己的前途命运和国家民族的发展自觉联系起来，期待"愿相会于中华腾飞之时"。

（图文并茂，简要介绍少年周恩来的成长历史背景和我们强国一代的成长背景。形成鲜明对比，引发学生思考。）

4. 隔空对话——我想对恩来爷爷说

一代人有一代人的使命和担当。我们和少年周恩来有什么相同和不同？超越时空，你想对少年周恩来说些什么？

指导学生们写下卡片，进行现场随机分享，结束后粘贴在班级文化墙上。

5.博学笃行——你向恩来爷爷学什么

为了实现远大的志向，我们从此刻起，应该怎么做？

老师通过图文并茂的分享，列举少年周恩来广泛涉猎、畅游书海的小故事，引导同学们讨论精研善思笃行的意义。

指导学生们写下卡片，聚焦于"我""我们"应该怎么做，进行现场随机分享，结束后粘贴在班级文化墙上。

日新吾德，日勤吾业
——"日新班"班级文化主题建设活动方案

一、主题出处及阐释

"日新"，取自"苟日新，日日新，又日新"。这句话出自《礼记·大学》的第三章，完整的上下文内容为："汤之《盘铭》曰：'苟日新，日日新，又日新。'《康诰》曰：'作新民。'《诗》曰：'周虽旧邦，其命维新。'是故君子无所不用其极。"大致的意思是：商汤王刻在洗澡盆上的箴言说："如果能每天除旧更新，就要天天除旧更新，不断地更新再更新。"《康诰》说："激励人弃旧图新。"《诗经》说："周朝虽然是旧的国家，但却禀受了新的天命。"所以，品德高尚的人无处不追求完善。

"苟日新，日日新，又日新"是商汤刻在澡盆上的铭文。当洗澡后除去身上的污垢，我们都会有焕然一新的感觉。商汤由身体的去垢焕新，而引申出精神上的洗礼革新，提醒自己要像洗澡那样，经常扫去污垢，这样才能保持精神上的洁净和新生。其象征着新陈代谢、吐故纳新、日新其德、自我迭代。延伸出来主要有两个含义：一是敦促人们在精神上除垢纳新，进行道德自省；二是激励中华民族不断创新的重要文化基因。

不仅古人，近代的康有为和梁启超等名人也提到"日新"："惟进取也，故日新。"出自梁启超的《少年中国说》。意思是由于进取，所以日日更新。意为：只有不断地进取，才有不断的创新和成长。"德贵日新"出自康有为的《论语注》（卷九），意思是道德修养最重要的是每天都有新的进步和提升。

2013年5月4日，习近平总书记在同各界优秀青年代表座谈时的讲话中提到：广大青年一定要勇于创新创造。创新是民族进步的灵魂，是一个国家兴旺发达的不竭源泉，也是中华民族最深沉的民族禀赋，正所谓"苟日新，日日新，又日新"。生活从不眷顾因循守旧、满足现状者，从不等待不思进取、坐享其成者，而是将更多机遇留给善于和勇于创新的人们。青年是社会上最富活力、最具创造性的群体，理应走在创新创造前列。

二、核心理念

"日新"是中华民族传统文化智慧，我们要传承、要汲取、要运用。作为中学生，我们更要将镌刻在这些原典中的民族基因深深铭记，时时提醒。

"日新"班级文化重在引导班级师生在精神上和行为上始终保持昂扬向上、奋发进取、勇于创新的良好状态。

在校园生活中，我们把它聚焦在学生的品行和学业上，具体提出"日新吾德，日勤吾业"的班级文化主题。

日新吾德：在品德上追求进步，自我迭代。自主自觉地追求、向往高尚的品德，每天进步一点点，每天习惯于道德反省，吐旧纳新，臻于至善。

日勤吾业：在学业上追求进步，自我迭代。自发自觉地追求、向往学业上的进步，并付诸实际的行动，勤学、勤思。每天在学习上进步一点点，自我反思、监控学习的状态和学习的方法，富有创新意识和精神，提升学习效率，不断地创新和成长。

三、班级文化主题

日新吾德，日勤吾业。

四、班级文化元素

（一）班级口号

苟日新，

日日新，

又日新。

日新吾德，止于至善；

日勤吾业，止于至成；

日新少年，携手同行。

（二）班徽班歌

1. 班徽

用简笔画勾勒出"商汤的澡盆"和"初升的太阳"。用"商汤的澡盆"图案代表"苟日新，日日新，又日新"这句中华文化的原文典故。用"初升的太阳"图案代表精神上，尤其是行动上永远在进步。

在右上角用隶书写上"吾德""吾业"两行四字，代表着时刻谨记"日新"的对象是自己的而非别人的品德和学业。

2. 班歌

奔跑（改编）

速度七十迈　心情是自由自在

希望终点是止于至善

全力奔跑　梦在彼岸

我们想日新吾德　看奇迹就在行动

等待夕阳染红了　天肩并着肩　许下心愿

随风奔跑自由是方向　追逐雷和闪电的力量

把浩瀚的海洋装进我胸膛　即使再小的帆也能远航

随风飞翔有梦作翅膀　抬头挺胸勇敢闯一闯

哪怕遇见再大的风险再大的浪　也会有坚定的目光

速度七十迈　心情是自由自在

希望终点是止于至成

全力奔跑　梦在彼岸

我们想日勤吾业　看奇迹就在行动

等待夕阳染红了　天肩并着肩　许下心愿

随风奔跑自由是方向　追逐雷和闪电的力量

把浩瀚的海洋装进我胸膛　即使再小的帆也能远航

随风飞翔有梦作翅膀　发挥智慧勇敢闯一闯

哪怕遇见再大的风险再大的浪　也会有坚定的目光

3. 班风班训

班风：

修身立德、善思勤学、笃行乐创。

班训：

昂扬向上、奋发进取；

日新吾德，止于至善；

日勤吾业，止于至成。

五、班级文化主题活动设计

（一）总体思路

以"日新"为主题，遵循两大原则：一是注重班级"硬文化"建设和"软文化"建设。二是注重尊重学生在班级文化建设过程中的主体地位，让学生自我建构、自发学习、自然吸收、自觉践行、自主延伸。

（二）精选活动设计简介

活动一："日新班"班级公约"天天建"。

班级公约不能成为高高在上或尘封箱底的一纸空文，只有"天天建"——畅通公约制定和完善的渠道，构建开放的动态的班级公约，它才能变得鲜活、有益、有效。

班级公约并非一成不变，也不需要严格按照时限更新。可以根据班级实际情况，有需要更新时，随时更新；不需要更新时，可以保持不变。公约是班级全体成员构建的，这里的成员不仅包括同学，也包括这个班的班主任和全体科任教师。

通过班会课这个载体，班级公约监督委员会这个"机构"来实现"日新班"班级公约的集体构建。在班级成立之初，确定班级公约修改启动程序和议事规则，选举出班级公约监督委员会，形成"日新班"班级公约制定的常态化。

围绕日新吾德，日勤吾业——"日新班"班级公约的制定和完善这一主题，从两个层面：一是"日新"少年有哪些特质和外在表现？二是"日新"少年有哪些不可为、不可做的习惯和行为？建立正面的和负面的且明确的行动指引。随着班级特殊事件的发生，任课老师和同学们共同发现的问题等，及时调整和完善。

活动二："日新"微型班会"天天见"。

既然个人在品行和学业上追求日日新，养成每天道德反省和学业反省的习惯，那么我们整个班级也要做到日日新。每天下午课后的十五分钟或者晚自修的前十五分钟，作为"日新班"的小微班会课时间，每天召开，每天"日新"。

微型班会课不同于每周全校固定的班会课，在这里仅围绕"日新"主题，老师不提要求，不讲内容，只是作为一个旁观者或者组织者（组织者可以由班委或同学轮流担任）。微型班会课有固定的程序和时长，分别是：

一是热身环节：2分钟。集体唱班歌，喊口号，后续甚至可演化成"班舞"。

二是分享环节：10分钟。围绕"日新吾德，日勤吾业"，同学们谈谈今天的具体感悟和小故事，交流学习上发现的小方法、小感悟，交流品德修行上发生的小故事、小感悟。科任老师的分享可以委托组织者传递。

三是总结环节：3分钟。组织者自行或者选定某些同学代表，进行"日新"微型班会课的总结。通过投票的方式将分享环节的代表性智慧存入"日新吾德"银行和"日勤吾业"银行，成为班集体人人可用，人人可享，人人可学的智慧。

六、班级文化主题班会设计

"日新吾德"之吾家家风我传承
——母亲节/父亲节主题班会课

（一）设计背景

古人有云：修身、齐家、治国、平天下。"齐家"离不开良好的家风。家和万事兴，家齐国安宁。习近平总书记指出："不论时代发生多大变化，不论生活格局发生多大变化，我们都要重视家庭建设，注重家庭、注重家教、注重家风……"自觉传承良好家风是日新少年应该具有的品质。通过母亲节、父亲节等节日进行家风传承教育，具有重要的意义。

（二）课前准备

1. 遴选主持人，撰写主持词。

2. 提前一至两周布置任务：同学们分别收集家风小故事，可以是伟人、名人的，也可以是自己、身边人的。撰写成文，提交给班主任。

3. 由班主任组织班干部、科任教师阅读学生提交的文章，挑选出三至五个有代表性的故事，布置班会课分享任务。

4. 邀请科任教师、家长代表、故事主人（班会课故事分享）参加。

（三）主要内容

1. **品读家训**（列举，可根据学生和班级情况挑选）

（1）自修之道，莫难于养心；养心之难，又在慎独。——《曾国藩诫子书》

（2）木之就规矩，在梓匠轮舆。人之能为人，由腹有诗书。诗书勤乃有，不勤腹空虚。——《符读书城南》（节选）

（3）一粥一饭，当思来处不易；半丝半缕，恒念物力维艰。——《朱子家训·全文》（节选）

（4）幼儿曹，听教诲；勤读书，要孝悌；学谦恭，循礼仪；节饮食，戒游戏；毋说谎，毋贪利；毋任情，毋斗气；毋责人，但自治。能下人，是有志；能容人，是大器。——《王阳明家训》（节选）

（5）展示学生故事中有代表性的家训。

（老师设计意图：从品读家训开始，快速进入本节课的主题；用语言的魅力感染同学们思考、感悟家风。）

2. **聆听故事**

邀请同学代表讲述"家风故事"，感悟良好家风对个人成长、成才的重要作用。

（老师设计意图：同伴之间分享的故事更能打动对方，走到心灵深处，产生情感共鸣。）

3. **分享收获**（根据分享情况提炼问题，进行引导）

（1）家风对个人产生什么影响？

（2）你认为应该如何传承家风？

（3）在传承家风方面，你目前存在哪些不足？

（老师设计意图：从感性到理性，从表及里、由浅到深，本环节聚焦于通过问题引导，一起思考和探讨"家风"。使"日新班"的每个人通过反思，自觉传承好家风，修养好品质。）

（四）师生小结

家风的"家"，是家庭的"家"，也是国家的"家"。家是最小国，国是千万家，家国两相依。家风是一个家庭的精神内核，弘扬家庭美德，是学生道德体系中的重要组成部分。传承良好家风，是学生成长成才的重要依托。我们应做有"心"人，挖掘自己的家庭和身边优良的家风；做践"行"人，付诸行动，以实际行动传承家风，提升道德素养，厚实灵魂底蕴。

引导学生梳理上一环节的收获，通过投票的方式将分享环节的代表性智慧存入"日新吾德"银行，成为班集体人人可用、人人可享、人人可学的智慧。

（老师设计意图：升华和凝练，最重要的是通过集体讨论形成集体智慧，成为同学们的共识，成为班级的宝贵精神财富，指引同学们笃定前行。）

善学求知，敏行不怠
——"敏行班"文化主题建设活动方案

一、班级主题阐述

"敏行"取自"君子欲讷于言而敏于行"（《论语·里仁》）。另《汉书·东方朔传》："此士所以日夜孳孳，敏行而不敢怠也。""讷"是少说话，"敏"是多做事，意思是说君子要说话谨慎，办事敏捷，少说空话，多做实事。班级的学生们充满着朝气，充满着正能量与阳光活力，但部分学生存在责任心不强，做事懈怠的现象。以"敏行"为班名，寓意有二：一是希望学生们能做到好学求真知，善于倾听，三思而行，做事勤奋、敏捷；二是希望学生能用实践来锻炼自己，用行动来提升自己，成为一个敢于担当，敢于肩负重大使命的人。

二、班级育人目标

（一）通过营造一种勤学善思，善于倾听，勤于实践的班级文化氛围，加强学生对班级文化的认同感，使其自发地追求"纳言敏行"的境界。

（二）以"讷言敏行"为指导思想，辅之以班徽底色，使学生能够感受并认识"讷言敏行"的精神内涵，自觉追求敢于实践的精神。

（三）以"敏行文化"的特色活动为载体，激发学生多方面的潜能，增强学生的自信心，形成善学求知，脚踏实地的生活学习态度，开阔学生的视野，为实现梦想打下扎实的基础。

（四）以公平、公正的制度为保障，培养学生自主管理的能力，使得学生通过脚踏实地的行动，不断提升自我，养成敏行不怠，勇于担当的品格。

三、班级文化元素

（一）班级名称

敏行班。

（二）班徽

班徽的设计是以蓝色为底色，以重叠的山、盘旋的蛟龙和行走的脚步为主要图案，整体布局为层层的海浪，重叠的高山，山上盘旋着蛟龙，一个个脚印正攀爬着重山。重叠的山呈"M"，化形象征书山，行走的脚步呈"X"，化形象征脚踏实地，"M"和"X"构成"敏行"的拼音首字母，寓意为勤学善思，翻越书山；千里之行，始于足下。蛟龙绕着山不断飞舞盘旋，意味着在学习中要时刻不忘初心，坚守自身信念。在重峦叠嶂的大山和朝着天空翱翔的飞龙中，看到的是"敏行班"脚踏实地，不惧困难，敢于追求，心怀梦想的学习态度以及对未来的无限追求。

（三）班歌

心向未来，敏行不怠

当我走上追梦的征程
我不怕艰难牺牲

虽然是风雨天路历程
但我不放弃勇敢前行
再高的山我也要攀登
荆棘丛林中有梦为马
跌跌撞撞,迈向远方
勤学善思,驰骋万疆
敏行班是我引路明灯
引我奔向星辰大海
艰难困苦不能把我拦阻
我们在青春激荡,心向未来
我们在青春敏行,一路勇闯
任风吹月落,雨打晨星
不变的是心中的梦想
不变的是敏行的姿态
心向未来,敏行不怠
让山河增色,为日月增光

(四)班级班训

善学求知,敏行不怠。

在学业上刻苦努力,用心磨炼,少说空话,多做实事,说话要严谨,不信口开河,行为要积极,机敏干练,多做实事。

(五)班级口号

行稳以致远,积水以成渊。

人行远路不图一时之长短,积少成多方为君子真本色。希望敏行班的同学稳扎稳打,一步一个脚印,积水成渊化为蛟龙,他日翱翔于九天云海之间,腾跃于青霄寰宇之内。

(六)班级公约

敏行之约

早到先读放声诵,
入门即静快学习,

勤学多思善提问，
学习拓展有计划，
文明休息勿打扰。

四、班级建设活动设计

（一）环境布局：传播"敏行"文化

班级环境布置以"敏行"这一思想为指导，以班徽底色为主色调，设计班级门牌、展示栏、文化墙、图书角等，让班级的每个角落都在默默宣传"善学求知，敏行不息"这一思想，营造古雅的育人环境，使得学生置身其间，仿佛在与古代圣贤对话，沉淀心灵，陶冶情操。

教室门口悬挂着"敏行班"班牌，窗口上摆放着学生们的手工作品，外墙上展示着学生们的风采。教室后面的墙壁上"善学求知，敏行不息"的班训赫然入目，暗示敏行班的同学要好学求真知，做事勤奋敏捷。教室的两侧墙壁上挂着《论语》中关于"慎言敏行"的经典语录，让孩子们通过这些"会说话"的墙壁了解班级文化的精神内涵。教室后面布置一块"笃学敏行"的墙报，墙报分为三个板块："敏行致远"——展示学生的书画作品；"最美的你"——表彰身边的好人好事；"敏行足迹"——记录学生们的所见所闻和所读所感。让图文并茂的黑板报成为孩子们展示才艺的舞台，使得班级处处散发着"敏行"的精神气息。

教室前面的墙壁上粘贴着一份以孔子为背景的"讷言敏行，最美之星"评比表，以"敏行之约"作为评价标准，记录孩子们在学习和行为方面的表现，通过这样活泼生动的图表把孩子们点点滴滴的表现展示出来，有助于学生们的茁壮成长，彰显了少说多做，脚踏实地的班级风貌。此外，"敏行班"还设立了"知行图书角"，借阅制度由学生自主制定，集思广益，班主任审核并作修订再实行。图书角的书目是多样的，除了必读书籍和学生捐赠的书籍，还可以放置一些古代典籍，如《论语》《弟子规》等，通过与古人"对话"感受古人的智慧，感悟谨慎说话，敏捷做事的深远意义，让"敏行"文化通过屡屡书香浸润到学生心田。

（二）开展活动：感悟"敏行"思想

古人云：少成若天性，习惯成自然。小学是基础教育的起始阶段，更是进行良好行为习惯培养的关键时期，养成良好的行为习惯也是践行"敏行"文化的重要环节。为此，我班在"细、实、活"上下功夫，训练学生的行为规范，每天督促学生做到主动问候老师、做事情不拖拉、写字姿势端正、课堂专心听讲、勤于思考、讲卫生、爱劳动……引导学生逐步养成良好的生活习惯和学习习惯。良好的日常行为规范是推行"敏行"文化的基石，而丰富多元的活动是"敏行"文化传播的重要载体。为了让学生深刻体会"敏行"思想，让"敏行"思想真正在学生的心里扎根，班级以"敏行不息"为主线，开展以"敏行"为特色的多元丰富的德育活动。

1. 诵读《论语》，感知"敏行"。"讷言敏行"思想出自《论语》，书中许多语录均与勤于实践有关，因此，我班重视让学生从经典诵读中感知和体会"敏行"的思想内涵，我班利用晨读或者离校等待时间开展《论语》诵读活动，通过各种形式的读，在读中理解、感悟、体验、积淀，引导学生理解《论语》。制订每学期的诵读计划，保障诵读扎实、有效地开展，确定诵读内容，本着由易到难，由少到多，循序渐进的原则，指导学生进行《论语》的诵读。采取灵活多样的形式，组织本班的诵读。如看经典、听经典、唱经典、读经典、画经典等形式，巩固提高诵读效果。在学生进行经典诵读的同时，老师同孩子们一起阅读，共同学习。"书读百遍，其义自见"，通过多种形式的诵读，"讷言敏行"的思想内涵已在潜移默化中植入学生心中。

2. 心系祖国，知行合一。作为新时代的少年，孩子们要做到风声、雨声、读书声，声声入耳；家事、国事、天下事，事事关心。为此，班级结合社会热点举行一系列活动。例如，紧扣建党100周年主线，利用"开学第一课"组织学生学党史，清明节组织学生祭扫革命烈士墓。此外还有"祖国在我心中"的团队观摩活动、"讲李公朴的故事"比赛、"向国旗敬礼"网络寄语活动等。通过形式多样的爱国主义教育活动，为学生搭建了"善学求知，讷言敏行"的体验舞台，让学生在亲身体验和动手实践中加深对"敏行"文化的认同。

（三）完善制度：培养"敏行"品格

完善的制度是班级有序运行的保障。从班级公约、班规到各小组的组规，各班委、小组长和课代表职责及标准，从制定制度到班级管理到执行制度，充分发挥学生的自主管理能力。"敏行班"实行小组间的三权分立制度，"三权"即纪律组、卫生组、作业组。每组由六人组成,男女搭配,两人负责每周一、周三纪律加扣分,两人负责每周二、周四纪律加扣分,两人负责每周五纪律加扣分。

三权分立制度能够在班级管理中发挥效用,离不开两大原则:制度的公约性和制度的激励性。制度的公约性不能简单地用"不能……""不要……"这些规章制度来约束学生,这样会让孩子们感觉戴了"紧箍咒",导致管理很被动。为了提高孩子的参与度,先让孩子对做得好与不好的方面进行讨论和总结,再共同商量"班级公约"。比如在卫生打扫方面,劳动委员在行知课上就经常汇报同学们打扫卫生效率不高的问题,在公约讨论中,有的孩子建议将各组劳动卫生打扫进行评比并将结果与个人积分挂钩等等。这样的"班级公约"既使全班孩子参与到班级管理中,又解决了班级管理中的实际问题。制度的激励性即班级分为团体和个人评比,每周计分员从各个组长和班委那里拿登分本来登记分数,每个人的各项分数都会统计在操行评定表上。根据个人总分高低评选出三名"班级三好学生",根据小组总分高低评选出一个高分小组和一个低分小组。每个获奖的学生都有奖状,"班级三好学生"有机会评选"学校三好学生"等等。在各种激励机制下,用学生们的具体行为和数据说话,让学生们知道"优秀"不是别人说出来的,是靠自己每天脚踏实地的努力换来的,在公平竞争中体会"敏行"的价值和意义,有助于培养学生勇于实践,敢于担当的品格。

五、班级主题班会示范

"践行责任担当,彰显敏行本色"主题班会

(一)设计背景

责任感反映着一个人的精神境界和思想品德,每个学生都应该肩负起对自己、对他人、对社会、对国家的责任。然而,受社会环境和家庭教育中一些不良因素的影响,一部分学生在学习和生活中遇到问题就找借口推卸责任,进而导致纪律意识淡薄,做事缺乏行动力、责任感,令人担忧。基于这样的背景,班主任需要通过一系列主题班会活动培养学生的爱国情感,帮助学生树立起强烈的责任意识,同时引导学生学会理解行动与责任的密切关系,懂得用行动践行责任,敢于担当,做一个有为的少年。

（二）活动目标

（1）引导学生明确责任与行动的关系，树立主人翁意识。

（2）帮助学生学会在学习和生活中磨炼做事敏捷，敢于担当的品质。

（3）帮助学生升华对责任与担当的认识，认识到必须把个人成长融入国家发展中，增强爱国情感。

（三）实施过程

1. 热点导入：敏行始于责任

（1）共同观看"全国抗击新冠肺炎疫情表彰大会"四位英雄授勋视频。

（2）学生小组内交流，分享四位英雄的故事。

（3）教师小结：正是有了他们的付出，我们的疫情才能得到控制。党和人民把最高礼遇献给了共和国的功臣。（出示四幅图片并介绍）这是国宾护卫队为英雄开道，这是礼兵托枪向英雄行注目礼，这是四名礼兵手捧勋章正步走进人民大会堂，这是我们国家最高领导人习近平主席为英雄授勋。这都是我们国家致敬英雄的最高礼遇。作为新时代的少先队员，虽然不能像那些英雄一样奔赴前线，但是我们可以笃学敏行，笃志致远，不浑浑噩噩过日子，不安然躺在舒适区，在追求理想的路上持续奔跑，如此才能承时代重任，继民族伟业。

2. 分享事例：以行动坚守责任

分享一位普通医生的故事：教师出示图片，音频分享真实的抗疫一线医生的感人故事。

故事一："加油，加油！"2岁小女孩的妈妈是西安市人民医院的一名医生，奔赴抗疫一线已十余天。前几天，小女孩的爸爸也去做志愿者了。爸爸临走前对孩子说："爸爸妈妈要去打病毒怪兽了，自己在家要听姥姥的话。"

小女孩很懂事，知道自己的爸爸妈妈要去做很厉害的事，于是她给抗疫一线的爸爸妈妈加油。"爸爸妈妈加油！我会在家乖乖听话，等你们回来！"

故事二：2020年12月25日凌晨，西安一名不到1岁的确诊孩子需要从隔离酒店转运到定点医院救治。原本为了避免交叉感染，转运人员与确诊病例都是分开坐的。可这个确诊的孩子太小了，必须有人抱着才行。这意味着，转运人员要与病毒直接接触!

得知这一消息,西安急救中心转运队医生李少菁主动站了出来,当起了确诊患儿的"临时妈妈"。为了安抚哭闹的孩子,她把防护手套吹成了气球,耐心地哄着孩子,直到医院人员将孩子接走。此前,为了参与抗疫,还在哺乳期的李少菁狠心提前给孩子断奶。那时她说:"特殊时期,作为医务工作者,不能只有家庭,还有我的职责。"其实,医护人员也是凡人,他们也想陪在家人身边。不过是为了大爱,舍下了自己的小爱罢了!

(1)引发学生思考、交流:医护工作者不怕苦,不说累,这一切都是为了谁?

(2)创设情境:你想对这些最可爱的人说些什么?做些什么?

(3)播放武汉抗疫版视频《为了谁》,渲染课堂气氛,请会唱的学生一起唱。

3. 欣赏交流:责任重在行动

(1)请同学上台表演小品《今天该我做值日》和《出租车》。在轻松诙谐的氛围中,学生们感受到逃避责任的危害与勇于担当的重要性。

(2)分享感受:畅谈作为一名中小学生所应该承担的责任,从学校、家庭、社会等不同层面诠释责任的意义。

(3)交流实践:那么,想一想,我们自己在家做了哪些有意义的事?我们还应该做什么?

(四)教师总结

同学们,让我们做好自己的本分,自主管理好自己的生活,自律、自强。用自己小小肩膀挑起大责任,对自己、对他人、对社会负责。时代列车、急速飞驰,发展是不可逆的趋势,前行是不可挡的潮流,希望我们可以始于责任,用心行动,笃志致远,勇立时代大潮前沿,乘长风,破万里浪!

德致千里，雅行天下
——"雅班"班级文化主题建设活动方案

一、班级主题阐述

"雅"本意是乌鸦，后假借指正确的、规范的，引申为高雅、文雅等义。《论语·述而》有"子所雅言：《诗》、《书》、执礼，皆雅言也。"《史记·司马相如列传》："从车骑，雍容闲雅甚都。"《诗经》有大雅、小雅。文化有雅文化和俗文化之分，古人倡导"八雅"（琴、棋、书、画、诗、酒、花、茶）。可见，不论是"雅"之注释、广延的内涵或是其表现形式，都极为丰富。从德育方面来看，以"雅"文化为育人目的，可以将其分为两个层面，一是关注学生外在言行的雅，二是提升学生内在修养与精神品格之雅。

二、班级育人目标

（一）了解雅文化的核心理念（雅容、雅行、尔雅、高雅），能自觉以"雅"的标准来规范个人言行，做到个人外表文雅、举止儒雅。

（二）能够以谦雅的态度在日常生活中进行言语交际，以自身行动构筑雅致的良好班级环境与风貌，自觉成为"雅"文化的实践者、传播者。

（三）能以勤学好问、精益求精的求学态度来对待学习，不断提升自己的学习能力，不断走向博雅。

（四）对自我有初步的认知，并拥有与自身情况较为贴合的宏雅的志向、抱负，能以更广阔的大雅胸襟来为人处世、待人接物。

三、班级文化元素

（一）班级名称

雅班。

（二）核心理念

雅容，重在关注儒雅之仪容、仪表，雅致之班级风貌。在外在形象方面，学生应做到相貌整洁、衣着干净、不染发、不烫发、不戴饰品、不涂指甲、不文身、形体端正。在班级风貌方面，班级的学习园地和班级布置应有雅致气息，班级目标、班级舆论、学习氛围应是积极向上的。

雅行，重在关注谦雅之交际语言、文雅之行动举止。在语言交流方面，学生应第一，做到说普通话；第二，不恶语相向，不说脏话、下俗话；第三，用标准化的现代汉语词汇，不用令人费解的语言符号，或者是布满玄机的旧词新解；第四，书写规范整洁，用标准化的现代汉语句子进行交流。在行为方面，学生行为至少要符合《中学生守则》规定的十条内容，做文明人，行文明事。

尔雅，重在关注博雅之学问功底、精雅之治学态度。在学问方面，学生应将全面发展、不留短板、活学活用、厚积薄发作为学习的目标，不断加深自己的学问功底，始终保持求知欲。王国维在其不朽之作《人间词话》中曾用形象的比喻提出了治学的三种境界或说是三个过程："昨夜西风凋碧树。独上高楼，望尽天涯路。"此为第一境界；"衣带渐宽终不悔，为伊消得人憔悴。"此为第二境界；"众里寻他千百度，蓦然回首，那人却在灯火阑珊处。"此为第三境界。这就需要学生养成孜孜以求、精益求精的治学态度。

高雅，重在关注宏雅之志向抱负、大雅之胸襟为人。古人云："志不立，天下无可成之事。"志向是中学生成才的动力源泉，学生应学会根据自己的实际情况，把自己放在一个正确的位置上，立一个通过努力可实现的志向。胸怀，是指一个人的心胸、道德、气质以及对生命的感悟等，是理想、追求、抱负、胸襟、视野和境界。有一等胸襟者，才能成就一等大业；有大境界者，才能建立丰功伟业。这就要求雅班的学生做到为人真诚坦荡、有胸襟、有气度，做事光明磊落，做人善良、淳朴。

（三）主题班歌

追梦人

（作词：吉田亚纪子　作曲：吉田亚纪子）

登上了最高的地方 抓住了最亮的星辰
选择了最艰辛的路 获得了最坚强的心
我渡过海 风吹袭着 仙后座看起来很近了
一直追着梦 所以才能够到达了这里
但是为什么呢 炽热的眼泪停不下来啊
当我低下头时 看见你的脸
伸出的洁白的双手 就仿佛羽翼一般
经历了各种各样的事情呢
不要那么着急啊 和很多的人遇见了呢
那样的旅行并不讨厌啊
奥林匹斯的山丘上 听见了女神的歌
继续追逐着梦想 去更远的地方
但是为什么呢 总是希望和大家在一起
比起最先闪耀的行星更喜欢夏天的那些星座
有你陪伴我们就能飞跃夜空 去往银河

（四）班级班训

嘉言懿行，德才高雅。

（五）班级口号

博学笃行，精益求精；
看我雅班，文质彬彬。

（六）班级公约

我以儒雅之姿塑我仪容仪表，我以雅致之行构筑班级风貌；
我以谦雅之态进行沟通交往，我以文雅之举汇聚点滴日常；
我以博雅为旨提升学问功底，我以精雅为道治学严谨有方；
我以宏雅之志树立奋斗理想，我以大雅之怀包容广阔天下；

四、班级建设活动设计

（一）总体思路

在"雅"的班级核心内涵中，雅容、雅行侧重于学生外在行为的规范，这需要通过教室环境的布置与行为准则的落实来实现；尔雅、高雅更偏向于理想信念，关注学生道德修养与精神品质，这需要通过主题实践活动教育、理想信念教育等活动来形成。实施过程中，可以内外兼修，使理念互为一体，相辅相成，共同提升学生的个人修养，具体而言，班级建设活动的设计分为以下两点：

1. 贯彻"雅"的核心内涵，创设班集体的物质文化氛围，营造良好精神风貌。
2. 开展与主题相关的探究活动，使学生在实践中领悟雅之内涵，提高个人修养。

（二）实施策略

1. 优化教室环境布置，构建雅致美观的班级文化氛围

组织学生以小组为单位，每月定期设计并制作班级板报，板报内容需与"雅"的内涵相关，可以潜移默化地深化学生对班级理念的认识；设立班级图书角，放置身心修养类书籍和名著、古籍，便于学生在青春期认识自我、明辨是非，形成正确的价值观；在教室前后设立格言横幅，教室国旗下方张贴班级班训：嘉言懿行，德才高雅。教室后方张贴班级口号：博学笃行，精益求精；看我雅班，文质彬彬。以加强学生的自我价值认同感，设置班级时事宣传栏，由专人负责张贴并更换报纸，提升学生的见识广度。

在班级布置中，还应加入兰花的元素。兰花因其高雅、贤德的特点，广受世人好评，代表着女子蕙质兰心，男子温文尔雅，且象征着深厚的手足情和爱国情怀，象征着高雅的品质，将兰花放在室内，可以缓解人的疲劳感，提高空气质量，对人有利。因此，教室可以摆放多样且丰富的绿色植物，设置专人护理。

因雅班特有的风貌特点，教室中可以悬挂或摆放一些古典乐器或艺术类作品，以增强教室的雅致气息。如在教室的左右白墙处悬挂琵琶、扬琴、二胡，或是书法作品等，便能使教室不但具有幽兰芬芳之气息，更有空灵深邃之韵味。

2. 养成个人生活习惯，通过活动展现优雅得体大方的班级形象

雅致班级风貌的构建，离不开每一位学生的行动。班级通过主题德育教育，需要让学生深刻认识习惯与作风的重要性，并将这些习惯进行细化，交由相应班干组织落实。例如由班委组织，全体同学表决，使班级座位摆放整齐有序、轮换规则稳定；每日两次固定时间：早读开始前、晚修开始前清理桌面、整理学习资料，使学生养成整理、梳理的意识。

在雅班中，教师应重视将礼仪渗透到学生在校学习、生活的各方面，例如在上课前，全体同学应做出符合规范的上课礼，下课时自觉做谢师礼；在与同伴吃饭时，应符合用餐礼的标准；与师长、同伴打招呼时，应做出符合身份特点的问候礼。通过礼仪进一步深化学生对礼的认同感，形成自觉。

开展形式多样的活动，可以使学生通过实践来深化对雅的内涵的认识：一是设置班级艺术展演时间，在每周的固定时间，由学生在班级门口长廊进行乐器演奏、书法写作或歌舞表演，既能从视听方面营造班级雅之意境，又能对外展现班级风貌；二是举办交流用语规范大赛，让学生通过笔试的方式进行书面语得体的考核，也可以通过丰富多样的现场竞赛活动，对学生的口语交流进行考验，让学生通过比赛进一步认识到规范用语的重要性与其特点，进一步完善个人日常行为。

不论是日常固定时间点如早读、晚修开始时，还是在重要场合如升旗、表彰大会时，教师或专人需做到逐个提醒学生注意仪容仪表，长此以往，形成习惯；规范学生的举止与谈吐，通过学生互相监督，纠正学生的不文明行为，引导学生做到举止文雅、言语得体，提升其外在气质；通过德育活动，开展文明礼仪的教育，引导学生认识到其重要性，自觉转化为外在行动。

3. 重视反馈、跟进表彰，形成稳定有序多元的评价体系

发挥班级公告栏宣传、反馈的作用，及时公布班级动态，公示"雅班"评价标准，也可以张贴一些班级活动的信息、照片等，此外，公告栏内应每周更新学生表现积分情况，对学生的日常行为表现做出及时的反馈与评价，并通过表彰先进的做法，激励更多学生向班级公约看齐、向优秀典型学习。

对学生的评价应避免单一化、刻板化，而是应在以人的发展为本的前提下，做到评价方法、评价内容的多元化，具有一定的灵活性。即在执行现有标准的前提下，支持学生通过各类的好人好事、特别贡献等其他能体现个人价值的行为来取得积分，努力实现以评价促进学生人格发展。

五、班级主题班会示范

"为人之道，始于雅容"主题班会

（一）设计背景

刚上中学的孩子因来自不同学校、不同家庭，生活习惯各异，日常作风各有不同，但很多同学并不知道何为美、何为雅。从班级整体而言，对文明的重要性的认识程度较低，对"雅"的班级理念还很陌生，基于这样的背景，教师需要通过一系列主题班会活动来不断完善学生的人格，作为第一课时，不妨从显而易见的"雅容"开始。

（二）教育目标

1. 通过较为客观地分析学校当前仪容仪表现状，对各类仪容仪表进行评价。

2. 通过对现象进行归类与研讨分析，能够说出整洁、得体、大方的雅容标准。

3. 通过交流与分享，将雅容标准转化为具体做法，通过表决形成班规并实施。

（三）活动准备

1. 以小组为单位，每组六人，全班共分为若干个考察小组，在班会前一周的时间内，各小组可以使用相机拍下身边同学的仪容仪表（经当事人同意后），或上网搜集有关初中生的照片，并将资源进行整合，形成汇报内容。

2. 成立班会节目组，组织成员排练小品与诗朗诵。小品内容能反映学生对日常仪容仪表的真实看法，并能够体现出当前我们仪容仪表的存在问题；诗朗诵内容能体现中学生对雅容的追求，以及对美好行为的呼吁。

3. 组建两支辩论队伍，每队八人，针对辩题合作查找相关资料并形成辩论稿。按标准辩论赛规则，每队实际上场四人，分为一辩、二辩、三辩、四辩。

4. 由班委共同策划并推动此次活动，选拔班会主持人，在撰写活动主持稿的同时，也应对班会的各项事务做好安排、组织推动。

5. 班会活动前，教室座位应重新摆放，形成半包围状，教室中间应留出一片空地用于主持、汇报、辩论、朗诵等。

（四）活动过程

1. 主持人开场

主持人宣布班会开始，组织各小组有序上台分享，后负责各环节串词。

2. 活动一：这样如何

（1）各小组依次上台，对一周内所积累的仪容仪表素材以自己的方式进行展示，还可以介绍小组成员搜集素材的方法，谈谈搜集过程中的心得，说说对这些所获素材的看法等等。

（2）主持人适时引导全班对每个小组所展示的仪容仪表依次进行评价，鼓励同学们能够自由地说出对所展示照片的看法，评价要求客观公允，切合实际。

（3）请节目组上台表演小品《小明的一天》，小品真实反映在校生活，突出学生对仪容仪表的不重视所带来的后果，并体现主角人物内心的迷茫。

（4）开展辩论赛，正方辩题为"中学生仪表应重视得体"，反方的辩题是"中学生的仪表应追求个性"，双方前三位辩手依次发言，后自由辩论，最后总结陈词。其余同学对本次辩论带来的思考进行记录，并对双方的观点进行点评。

3. 活动二：何谓之雅

（1）小组现场讨论，除了对辩论赛双方的观点进行评价之外，还能将先前展示的不同仪容仪表进行归类，能够进一步区分并说出不同面貌给人带来的不同感受。

（2）主持人对之前小品留下的思考题进行解说，并结合同学们的发言，总结得出经验：仪容仪表会很大程度上影响他人对我们的评价，得体的仪表赏心悦目，自有好感和幸运常伴左右；不当的仪表让人望而生厌，不符合自身身份特点的仪表不利于我们的成长。

（3）由学生代表进行诗歌朗诵，通过整饬灵动的排比、深刻丰富的内涵、青春活力的语言体现出优雅的仪容仪表、良好的行为规范给我们中学生带来的有益之处，有一定的启发性。

4. 活动三：雅容之道

（1）主持人现场展示最符合"雅"的标准的仪容仪表，可以请符合标准的同学上台展示，也可以展示相关照片，所展示的素材至少应做到：衣着干净、衣领翻好、扣子扣齐、不染发、不烫发、不留怪发、不戴饰品、不涂指甲、不文身、形体端正等。主持人应一边展示，一边进行讲解。

（2）小组再次讨论，目的是得出在我们班应做到怎样合规的仪表，小组派代表发言，由指定班委对每条标准进行汇总记录。

（3）全班对汇总过后的中学生仪容仪表标准进行举手表决，符合班级特点且表决通过的，当即形成班规，并于班会结束后编辑为电子版，打印并张贴在班级公告栏内，从即日起开始实行。

5. 活动总结

班主任对活动进行总结，明确两个要点：1.仪容仪表是我们形象的展示，也是我们雅班精神风貌的体现，要格外重视；2.良好的仪容仪表需要我们关注标准，也需要我们日日落实，时时维护，时常检查。此外，班主任可以为下一个主题（雅言/雅行）进行预热：生活中除了仪容仪表之外，还有哪些外在体现是我们需要注意的呢？大家可以思考，搜集相关资源，并在下一节班会课上进行分享展示。

礼行德育，礼伴我行
——"礼班"班级文化主题建设活动方案

一、班级主题阐释

礼行德育，是以礼仪和道德之间相辅相成的关系作为基本依据，以文明礼仪的养成为切入点和主线，把"礼"作为元素渗透到班级文化中，让学生在潜移默化中从各个方面发生变化，做到学礼、懂礼、知礼、行礼，升华个人素养、品格，进而内化为自身的行为，同时与学校培养德、智、体、美、劳全面发展的学生和心理健康教育等有密切的联系，有助于促进学生的道德水平和礼仪文化的提升，帮助他们实现自己的人生理想，让学生人人都有人生出彩的机会。

二、班级育人目标

（一）在礼行德育实践中，把中华传统文化中的"礼仪文化"与新时代学生的现实需要和班级实际情况相结合，开展校园人际关系和班风、学风等建设，使班级精神文化透出浓厚的"礼"气。

（二）在礼行德育实践中，把物质文化融入班级文化之中，彰显班级的文化特色，发挥环境育人功能，将"礼仪文化"渗透到班级环境中，做到环境文化建设有"礼"观。

（三）在礼行德育实践中，建立制度规范，开展班级广泛参与的活动，所形成的"班徽、班训、班级礼仪公约"是全班同学的行动指南，让每一位学生在学礼、懂礼、知礼、行礼中有规可循，有据可依，做到制度文化有"礼"规。

（四）在礼行德育实践中，要把"礼"元素渗透到专业实践、校园生活及心理健康教育等活动中，使学生做到在行为上"礼"范十足，给周围的人树立"礼"行的榜样。

三、班级文化元素

（一）班级名称

礼班。

（二）班徽

颜色：以红色为主色调，可以直接用"礼"字作为元素，进行设计。

（三）班训

树礼仪新标，语文明之言。

行礼仪之风，踏文明之路。

（四）班级公约

1. 按时上下学，课堂认真听、认真写；
2. 按学校要求着装，违规行为不要做；
3. 见到垃圾弯个腰，不让纸屑到处跑；
4. 不带食物进教室，上课礼仪要遵守；
5. 早上见面问声好，分别挥手说再见；
6. 微笑待人有礼貌，诚实守信懂感恩；
7. 仪容仪表整洁，维持良好个人形象；
8. 课本资料放整齐，及时清理倒垃圾；

9. 宿舍纪律要遵守，准时就寝身体好；

10. 校园活动齐参与，锻炼自身素质高。

四、班级文化建设活动设计

（一）总体思路

礼行德育，其根本目的在于"立德树人"，在班级文化建设中，突出"礼"的元素，实现精神文化有"礼"气、环境文化有"礼"观、制度文化有"礼"规、行为文化有"礼"范，将礼行德育融入班级文化的各个方面，通过实践，让学生在潜移默化中发生变化，达成学礼、懂礼、知礼、行礼的目标。具体班级文化建设活动的设计可以分为4点：

1. 从精神文化上，要体现"礼"气，在班徽、班训、班级的活动中都要有"礼"元素，都能够透出浓厚的"礼"气。

2. 从环境文化上，班级的整体环境、布局、宣传海报等都应该以"礼"为核心，让学生置身浓厚的"礼"文化氛围之中，心灵受到熏陶。

3. 从制度文化上，用班级制定的规章制度来约束学生不良行为，礼行德育的过程中制度文化建设是必不可少的元素。

4. 从行为文化上，班级把"礼"之元素要渗透到学生的专业理论学习中、校园生活中，使班级行为"礼"范十足。

（二）具体措施

要营造班级文化环境，让"礼"文化渗透到班级每一个角落，在班级中，对教室的文化建设进行规划，充分认识到教室是学生学习、交际的主要场所，把以"礼"为核心，凝聚全班同学智慧和力量创设出来的"班徽、班训"以及"班级礼仪公约"均规范上墙，同时设置团支部园地、荣誉榜、班级文化园地和通知公告栏的布局，使教室既有相对固定的宣传教育内容，又有班级自由发挥的夹杂"礼"元素的美化、绿化的创设，这样的环境是对学生无声的引导。

1. 加强环境文化有"礼"观，打造精神文化有"礼"气

在教室内的黑板上方悬挂班级设计好的班徽、班训。侧面墙壁醒目处悬挂社会主义核心价值观、班级礼仪公约和中学生守则，后面的墙上设班级文化园地、团支

部园地、荣誉榜和通知公告栏等。班级文化园地围绕"十礼百行"的内容每周更新一次，团支部园地根据学校团委设定的主题每月更新一次。

2. 制定制度文化有"礼"规，实施行为有"礼"范

（1）俗话说"没有规矩，不成方圆"，制度是用来约束人们不良行为的，是班级文化建设不可缺少的部分，在制定班级制度的时候，把"礼"行融进班级管理之中，全班学生在班主任的带领下，开展广泛参与的班级活动，比如升国旗、校园礼仪文化节等。

（2）在班级文化实践中，"礼"之元素要渗透到方方面面，尤其是班级学生的行为规范中，比如在校园中师生之间及同学之间的礼貌问候；老师在教室内的言传身教；班级上下规范得体的仪容仪表、和蔼可亲的言行举止，还有庄严肃穆的升旗礼仪，按要求进行垃圾分类、节约粮食、爱护环境等，都是从行动上体现礼仪文化示范性。

3. 举办"礼"为先的班级文化活动，争当班级礼仪之星

班级可以举办很多"礼"元素的活动，开展形式多样的活动，可以使学生通过实践来深化对礼文化的内涵的认识：一是设置班级礼仪示范学习时间，在每周的固定时间，由班干部或者形体课代表带领大家学习礼仪知识，提升班级学生的"礼"气，让他们在任何场合下都能展现出为人处世、待人接物的先锋示范作用；二是举办礼仪之星的评选活动，通过礼仪知识的笔试和礼仪动作的展示，设置相应的场景进行展示，最后综合评分，评选班级的礼仪之星，这样不但能对每个学生学习的礼仪知识进行巩固，还可以检验学生对基本礼仪动作的掌握，让礼仪外化于行，内化于心。

4. 及时进行反馈、表彰，形成有效的班级评价体系

发挥班级通知公告栏宣传、反馈的作用，及时公布班级动态，公示"礼班"评价标准，也可以张贴一些班级活动的信息、照片等，此外，公告栏内应每周更新学生表现积分情况，对学生的日常行为表现做出及时的反馈与评价，并通过表彰先进的做法，激励更多学生向班级礼仪公约看齐、向优秀典型学习。

五、班级主题班会示范

"文明用语树形象,言谈举止显风度"主题班会

(一)活动背景

"礼仪"这个词,对于中学生而言并不陌生,但能做到讲文明、懂礼貌,掌握礼仪知识、懂得礼仪细节的学生确是少部分的,作为中学生,理应懂得怎样的言行举止才是受人尊重或认可的。在与他人交往中,如果能够做到言之有礼,谈吐文雅,就会给人留下良好的印象;相反,如果满嘴脏话,甚至恶语伤人,就会令人反感、讨厌,所以主题班会课的第一课可以从言谈举止开始。

(二)活动目标

1. 知识目标:认识文明礼貌用语的重要性;
2. 能力目标:在日常生活中做到文明用语;
3. 素质目标:成为文明礼仪的宣传者和践行者。

(三)活动准备

1. 教师准备

(1)召开班委会议,结合本班具体情况,制定活动流程;

(2)确定节目,挑选演员和剧本,指导学生拍摄短视频;

(3)制作言谈礼仪自测表,并进行信度分析。

2. 学生准备

(1)班会场地的布置,黑板上班会主题书写与背景图片绘画(负责人:班长+宣传委员)。

(2)展示节目的排练,拍摄(负责人:文体委员)。

(3)班会多媒体课件的制作(负责人:团支书)。

(4)主持人选拔及主持稿准备(负责人:班长)。

(四)活动过程

1. 热身

第一个环节:分享故事。

主持人利用PPT分享两则小故事。

故事1：有一天，一个女青年下了公共汽车，她的长裙拖在车厢的踏板上，被一个跟在后面的中学生踩了一下，女青年回过头来看了看，中学生连忙抬起脚说："对不起，把您的裙子踩脏了。"女青年微笑着说："没关系。"于是一场可能发生的纠纷避免了。

故事2：朱师傅为周总理理发二十多年。有一次刮脸时，周总理咳嗽了一声，脸上被划了一道小口子，朱师傅深感不安。周总理安慰他说："这不能怪您，怪我咳嗽没有向您打招呼，还幸亏您刀子躲得快哩！"朱师傅听了总理的话深受感动。

第二个环节：自由发言。

主持人：同学们，看了这两个小故事，你有什么感想呢？（学生自由发言）

第三个环节：主持人总结。

2. 新授

（1）观看视频

主持人：同学们，我们中华民族自古以来就是讲究礼仪的。文明礼仪是一个人乃至一个民族、一个国家文化修养和道德修养的外在表现，是做人的基本要求，代表着我们的形象。今天，我们活动的内容就跟文明礼仪有关。下面请大家观看情景剧表演。

情景剧一：课间，教室里，甲同学不小心将乙同学的作业本碰掉在地，乙同学很不高兴，说："没长眼啊！"

情景剧二：课间，好多学生在走廊里休息、聊天，有些拥挤。一男生想穿过，于是，他大喊："快给老子让开条道！"

（2）讨论发言

主持人：同学们，相信你们对刚刚看的这些画面一定非常熟悉，因为它们就发生在我们身边，甚至就发生在我们自己身上。有道德的人应该待人彬彬有礼，不能态度粗暴，也不能出言不逊。大家说说，这两种情形下，我们应该怎样说才算得文明有礼呢？（同学们讨论、发言）

（3）提出问题。

主持人提出问题：你们认为在言谈中要讲怎样的礼行？针对问题主持人总结言谈礼行九条：话题应健康；态度应诚恳；声音应适中；距离应适当；手势应适度；表情应温和；聆听应专注；求同应存异；赏识应心诚。

（4）学习礼仪口诀

礼仪三字经口诀

文明语，常开口；谢谢你，请慢走。
文明礼，好身手；弯弯腰，握握手。
文明人，受欢迎；遍天下，好朋友。
出门前，照照境；仪容整，衣着净。
女性站，亭亭立；身优雅，如碧玉。
男性站，身挺直；问候语，暖心中。
见老师，问声好；要尊师，礼不少。
人相处，语文明；相互问，敬如宾。
父亲忙，母亲累；常回家，捶捶背。
父母病，问候到；端端水，送送药。
父母恩，常记心；知回报，孝为先。
社交礼，要牢记；诚待人，要注意。
见长辈，要问候；声音柔，不高吼。
待弟妹，要照顾；谦让幼，细呵护。
求职时，衣得体；女优雅，男整齐。
敲门声，要适宜；第一步，进门起。
忌张望，忌声哆；成或败，在细节。
文明人，文明礼；职业人，职业礼。
好习惯，早养成；伴一生，益终生。
家和谐，事业成；幸福人，成功人。

3. 总结

（1）学生总结：请两名同学谈谈听完本节课的感想，主持人总结。

（2）班主任总结。

同学们，这节课只是为大家打开言谈之门，更多的是要自己不断去学习和练习。言谈举止最能反映一个人的修养、素质，作为社会的一分子，我们在说话时一定要注意场合、注意分寸、措辞恰当得体。一个注重自身修养，重礼仪的人才可能成为优秀的人、有用的人、品学兼优的人。古希腊哲人赫拉克利特说过："礼貌是有教养的人的第二个太阳"。希望你们能加强自身文明礼仪养成，做一个品学兼优的学生。

（3）主持人发放言谈礼仪自测表，规定上交时间；宣布活动结束。

（五）活动延伸

1. 学生通过言谈礼仪自测表，思考自身不足之处。

2. 学生在活动结束后一周的时间里，每日在校园里观察、搜集礼貌用语的事件，并以日记的形式记录下来，下次班会课上进行分享。

知行合一，细照笃行
——"笃行班"班级文化主题建设活动方案

一、班级主题阐述

"行"在《说文解字》中解释为"行，人之步趋也，从彳亍"。挪威人高本汉在所著的《中国语言学研究》一书中解释道"行，脚印也"。在儒家经典《论语》中写道："子以四教：文、行、忠、信。"其中的"行"指的是德行，《注疏》中讲到"行谓德行，在心为德，施之为行。"由内而外，由无形变有形。《论语集注考证》曰：文行忠信，此夫子教人先后深浅之序也。文者，史书六艺之文，所以考圣贤之成法，识事理之当然，盖先教以知之也；知而后能行，知之固将以行之也，故进之于行；既知之又能行之矣，然存心之未实，则知或务于夸博，而行或出于矫伪，故又进之以忠信。"行"在其中的作用可谓一般。从德育方面来看，以"行"文化为育人目的，一是让学生了解何为正确的行——知行，二是规范学生的行为——习行，三是让学生通过自己的言行学会反思自己的内在修养和道德情操——思行。

二、班级育人目标

（一）理解"行"的精神内核，能自觉按照标准执行。

（二）在日常生活中自觉养成良好的行为品质，从自身做起感染他人。

（三）以严谨的求知态度对待学习，不断提升自己的学习能力。

（四）行成于思，使"行"的理念逐渐内化于心，学会思考，明辨是非。

三、班级文化元素

（一）班级名称

笃行班。

（二）核心理念

知行，重在关注自己的学习习惯、生活习惯和卫生习惯。了解良好的卫生习惯，学生应做到衣着整洁，经常洗澡，勤剪指甲，勤洗头，早晚刷牙，饭前便后要洗手……了解良好的生活习惯，学生应做到保持好的睡眠习惯、按时吃早餐、劳逸结合……了解良好的学习习惯，学生应该做到勤于思考、在规定的时间内完成任务，不拖延、不磨蹭、不懂就问、仔细检查……

习行，重在关注是否能将学习到的良好品行付之于行动，学生的卫生习惯、生活习惯和学习习惯的表现状况。

思行，唐代诗人韩愈在《进学解》中提道："业精于勤，荒于嬉；行成于思，毁于随。"指做事情要多思考，多分析，善于具体问题具体分析。

（三）主题班歌

仰望星空

这一天我开始仰望星空发现，星并不远梦并不远只要你踮起脚尖。

我相信有一双手把我轻轻牵到你的跟前，我相信有一根线将梦想与现实相连。

我相信有一种缘会把所有的偶然都实现，我相信就是这一天命运开始改变。

这一天我开始仰望星空发现，星并不远梦并不远只要你踮起脚尖。

我从此不再彷徨也不再腼腆，张开双臂和你一起飞得更高看得更远。

我相信有一种缘会把所有的偶然都实现，我相信就是这一天命运开始改变。

这一天我开始仰望星空发现，星并不远梦并不远只要你踮起脚尖。

我从此不再彷徨也不再腼腆，张开双臂和你一起飞得更高看得更远。

开始仰望星空感觉爱的时间空间，寻找生命中最灿烂的亮点。

（四）班级班训

知行合一，细照笃行。

（五）班级口号

学思践悟，业精于勤；

困知勉行，行远自迩。

（六）班级公约

学风严谨，静净敬竞。知行合一，笃行致远。

厚德载物，齐志正心。见贤思齐，力学笃行。

知行合一，以知促行，以行求知，见行见效。

四、班级建设活动设计

（一）总体思路

中国古代哲学认为知行合一是关于道德修养和道德实践的，认为"知"是必须学习的合乎礼法的道德准则，"行"是将内在的道德准则转化为外在的行为，只有"知"和"行"联系起来，才能得到"善"，才具有大的格局。"知行"是让学生了解正确的行为，可以通过布置教室内容和陈设渲染氛围；"习行"是学生将学习到的内容付诸行动的过程，可以通过设置小组长和班干部，借助外力来实现；"思行"更多的是要学会反思，反思经历的事情，自己的下一步行动，更多地体现在意识形态部分，要通过班会课和平时的引导总结来实现。

（二）实施策略

1. 班级环境的布置

组织学生和家长进行班级的卫生清扫，家长以身作则，让学生了解值日的辛苦和打扫卫生的小妙招；班级选取四名优秀的宣传委员，其余学生以小组为单位，每组负责一个月的黑板报的设计，可以根据班级的具体情况或者有关于"行"的内容进行创作；班级的宣传栏要张贴班训和班级口号；班级的荣誉展示栏要张贴每周行为表现最优秀学生的照片；班级的才艺展示栏要粘贴有关"行"内容的字画；教室内的绿植角要摆放绿植并且给绿植起名字；班级的图书角要放置有利于身心健康，发人深省的书籍。

教室内多张贴有关"行"的名言警句，以及先贤们的画像，让"行"潜移默化地渗透到我们校园生活的每一天。

2. 个人习惯的养成

班级应该和谐融洽。学生见到老师能主动行礼、问好，严格遵守学校的作息时间；不在班级、校园内追逐、打闹、大声喧哗；学生在楼梯、楼道都能自觉有序靠右侧通行；提高学生的生活自理能力，鼓励学生做一些力所能及的劳动。

班级应该常规良好。学生做好眼保健操和课间操，学生遇到问题能及时进行自我心理调节，学会倾诉，善于交往。

学生能做到讲究卫生、保护环境。学生举止文明，值日生都能认真及时地搞好卫生清洁，学生能自觉维护班级环境，不吃零食，不乱扔、乱刻、乱画，爱护校园里的一草一木。

学生良好的学习习惯。能够做到课前预习新课内容，学生自觉遵守课堂纪律，不做与课堂无关的事，注意听讲，主动思考，勇于提问。学生养成端正的书写姿势，字迹工整、规范。学生养成课后主动独立完成作业的习惯。

3. 良好习惯的培养

利用早自习的时间阅读《朝话》内容，让学生在一篇篇故事中学习正确的价值观和人生观，利用中午的小主人时间对班级情况进行总结、进行反思，说出优缺点。

4. 充分、及时的评价

充分利用班级里的荣誉墙，对表现优秀的学生进行表扬。充分运用班级的小红花评分制度，对行为表现优秀的学生进行奖励。借助班级的心愿盒对班级进行总体的评价。

五、班级主题班会示范

"卫生习惯的养成"主题班会

（一）设计背景

我国著名的教育家叶圣陶先生说过："什么是教育？简单一句话，就是要养成习惯。"而"教师工作的最终目的，无非是培养学生具有各种良好的文明习惯，如热爱国家的习惯，关心他人的习惯，勤劳操作的习惯，求实研索的习惯等等。"对于刚刚入学的小学生而言，习惯的养成尤为重要，学生的世界观、人生观、价值观还未形成，一切都是新鲜的、好奇的，"行"的教育就迫在眉睫。

（二）教育目标

1. 让学生懂得从小养成良好的行为习惯的重要意义。

2. 对学生进行良好行为习惯教育，使学生辨明是非，树立"行"的意识。

3. 通过各种形式让学生进行行为习惯的训练。

（三）活动准备

1. 以前后四人为一小组，选举小组长。

2. 对每个小组的每一位成员进行分工，有人负责查找班级里的不文明现象，一名学生进行发言，一名学生负责补充，最后一名同学负责抢答。

3. 由班长带头，选举本次班会课需要的主持人、撰写主持稿的人、布置现场的人、管理纪律的人，充分调动班干部对班级里的事务进行安排，并向班主任汇报。

（四）活动过程

1. 主持人开场

主持人宣布班会开始。

2. 班课互动

（1）老师带领学生朗读课文，让学生了解个人卫生习惯的重要性，激发学生的学习兴趣。

（2）学生观看新冠病毒传播的相关视频，并结合自己所知思考：病毒是怎样传播的？我们可以做些什么来预防病毒？

（3）以小组为单位进行讨论，小组内分配好记录员和发言人，整合好组内意见，请发言人在全班分享。主持人适时推进班会流程，教师适当总结。

（4）由新冠病毒联系到教室内可能出现哪些不良卫生习惯，从而危害我们的身体健康。由小组抢答提出相关问题。例如不剪指甲。其他小组学生针对这一情况提出自己的看法。教师适当总结：指甲是藏污纳垢的所在地，许多肉眼看不见的寄生虫卵、细菌藏在指甲缝里，且不易清洗，所以指甲长了要剪短。

（5）每个小组提出一点关于养成良好卫生习惯的建议，由班委会进行记录，并在班会后形成相关的文字稿作为班级公约。

（6）根据大家制定的良好卫生习惯的标准，各小组推选出本组的"卫生达人"，班级进行适当表彰，并作为"卫生标兵"带领全班同学形成良好的卫生行为习惯。

3. 活动总结

班主任对活动进行总结，本次班会学生的学习积极性都很高，刚入学的小学生对世界充满好奇，回答问题的积极性也很高涨，但是要注意每个小组的举例要有代表性，尤其是关于个人卫生，一定要注意典型性。选举的学生也是关键，要选举有代表性的学生。

传承国学，自信中华
——"国学班"班级文化主题建设活动方案

一、主题阐释

近年来，随着国家文化建设的不断发展，"国学热"成为当下较为流行的教育趋势。很多民间国学传播机构悄悄兴起，传媒的国学讲坛开始火爆，吸引了众多家长和学生。然而，火爆的外表之下实则存在不少危机，民间机构不成系统，缺乏权威，国学大师注经释文，各执己见，甚至各大商家纷纷向国学出手，借"国学"名义打造众多的所谓"国学IP"以获取利益最大化。在这场国学热的角逐中，最有话语权的学校却少有行动，即使有亦不过一些耳熟能详的经典诵读表演，或者语文教学过程中的常规拓展，不成系统。正基于此，从基础教育着手，使国学真正深入人心，将其与班级文化建设相融合就显得很有必要。国学文化建设除了能够进一步规范杂乱的国学教育之外，更能帮助孩子们从优秀的国学经典中传承古人风骨，找回中国人曾经珍惜过而现代却缺失了的国魂，增强孩子们对传统文化的热爱，增强民族自信心。

二、育人目标

（一）了解国学主题班级文化的核心观念，加强学生对国学的了解和热爱，重视传统典籍对青少年的育人作用，提高学生对中国传统文化的自信。

（二）通过对国学典籍的了解和学习，激发学生对国学的兴趣，提升其文化素养，培养踏实好学的品质，同时将这种品质应用到日常的学习中去，提升知识文化水平。

（三）国学典籍中众多优秀的人物是班级成员学习的榜样，鼓励学生学习古人及伟人的气质和风骨，从言行举止上约束自我，规范言行，成为勤学习、有担当、有自信，具有高尚品质的中华少年。

三、特色班级名称

国学班。

四、班级文化元素描述

（一）班徽

班徽是一个班级文化最直接的呈现，更是对外展示的最佳形式。"国学班"班徽的设计从传统国学典籍出发，直接呈现班级文化建设的主题，同时又极富意义，契合班级文化建设主题。

班徽颜色统一为水墨黑，形状为双层圆环，内圆为虚，正中位置镂空刻甲骨文体"国学"二字，外圆环为实，有龟甲状暗纹，上方刻字"传承典籍，自信中华"，下方署"国学班"。其中，水墨黑为古墨颜色，龟甲状暗纹寓意中国最早的文字为甲骨文，外实内虚，体现阴阳之道。

（二）班歌

诵

祖国的经典 智慧的光彩 涵藏的历史 文学与艺术
一章又一章 一篇又一篇 背诵中起步 时代中流传
大学 中庸 孔子 孟子 四书 五经 唐诗 宋词
一生的背诵 一生的受益 圣贤的教诲 万世的传颂
大学 中庸 孔子 孟子 四书 五经 唐诗 宋词
一生的背诵 一生的受益 圣贤的教诲 万世的传颂
背诵中起步 时代中流传

（三）班训

传典籍，承风骨；习国学，扬自信。

（四）励志语

与经典同行，与圣贤为邻。

读千年美文，做少年君子。

经典亲润人生，书香伴我成长。

学国学，知礼仪，修身心，正风骨。

（五）班级口号

传承国学，自信中华。

（六）班级公约

经——政教纲常，规范德行；

史——追本溯源，明智明理；

子——诸子各家，众采所长；

集——文坛辑册，雅俗共赏。

五、班级文化建设活动设计

（一）总体思路

与常见的重视国学经典的熏陶不同，"国学"主题班级文化建设力求实现从上层建筑到底层基础的过渡，从国学的本质出发，从浩瀚的"经史子集"国学作品中挖掘、梳理出对班级文化建设有利的普通古籍词句、典故以及老少皆宜的国学经典，让学生对国学的认识不仅仅停留在对一些经典词句的背诵上，更重视学生对经典词句的文化解读与思想承续。同时，班级文化建设在硬件与软件的建设上，保持高度的一致性，让学生在效古、学古的过程中，感受并领会国学作品中的优秀思想。

（二）具体措施

积极营造国学元素环境，让国学元素渗透到班级每一个角落，在班级中将国学元素以绘画、图片、名言等展示形式呈现，充分利用好宣传栏、黑板报、标语等多种类型，加强班级硬件环境的建设。同时，从国学作品中制定出一套符合班级实际情况、贴合班级主题文化的班级管理机制和形式多样的活动，营造"国学班"班级风格以及班级氛围，让学生在古香古色中感受古代学士、文人、政治家的气度和风骨。

1. 加强班级硬件环境建设，打造国学主题文化景观

班级是学生学习的主要场所，也是学生学习的关键所在，学生需要理解国学内涵，接受国学作品的熏陶。因此为营造良好的书香氛围，可以改变教室内部以及外部的环境。

班级外部环境是班级文化向外展示的窗口。班级外部分为主题展示区以及作品展示区。主题展示区主要对"国学班"班级文化主题建设进行解读，作品展示区为学生定期展示作品的地方，每周、每月分为不同的主题和形式，如"古文创编""我与古人""古迹描摹""繁简共赏"等。

班级内部环境是浸润内化的有效途径。班级内部分为五个板块，分别是：国学内涵、经、史、子、集。各板块主题为"经——政教纲常，规范德行""史——追本溯源，明智明理""子——诸子各家，众采所长""集——文坛辑册，雅俗共赏"。每个板块以图文结合的形式浅显、趣味化地进行解读。同时，在教室空闲的墙壁上悬挂古代名人的画像以及名言警句，也可以在教室后墙上设置国学文化园地，展示古代文化的内涵，优美的古文与古韵的图片相结合，可以为学生搭建国学经典学习的平台，使学生潜移默化地接受国学文化内涵，身处国学文化内涵之中。

2. 营造国学文化氛围，重视对学生气度风骨的培养

（1）利用班会、晨会课的时间，师生共同讲述"国学故事"。"国学故事"的主人公可为仕、为民、为士，但要有充分的可考文献资料，并且有较多或较为经典的作品存世，方便师生深挖国学人物。

（2）在晨读时间，可以将古诗词、古文与朗读相互配合，在意境悠远的古典音乐中，伴随着富有感染力的朗读，使学生与古代圣贤相沟通，营造良好的朗读氛围，激发学生的学习激情，孩子在潜移默化中养成了良好的道德行为。

（3）利用早餐时间开办"国学之声"广播站，播放与国学相关的歌曲、诗歌等作品，亦可展示学生与班级主题文化契合的新作品。重视并强调"文以载道""诗以冶情"的作用。

（4）分阶段制定学期、月、周、日国学活动。每学期举办一次大型国学文化活动会演，以及外出实践活动参访；每月举行一次国学文化评比与交流活动；每日评出"国学好少年"。

（5）利用春季与秋季社会实践活动，与地方景点高度融合，寻找有效的景点和场地，如可以与当地图书馆（博物馆、名人故居）合作，前往实地学习古籍修复工作，了解古代文化、制度以及风俗，若当地有历史名人，更应当带领学生实地参访、田野调查，树立研究意识，方便形成最直观的认知。

3. 规范管理，建立国学班级制度文化

（1）选举国学干部团队，构建良好和谐的班级氛围。国学干部是"国学班"的班干部成员，国学干部的选举以高道德、高礼仪、高效率为主要标准，以"少数指定+多数随机"的选举模式为主，注重培养主力干部的个人素养，而后让主力干部监督培训值日干部，建构高效、负责、具有奉献精神的国学干部团队。班级干部团队应高度重视并尽量满足学生的良好诉求，班主任老师要积极发掘班干部的闪光点，及时调整班级事务的分工，让每个班干部的潜能都得到充分的挖掘，培养班干部的责任感和奉献精神。

（2）师生共同制定"国学班"班级班规。班规是班级管理的量化标准和衡量标尺，好的班规的制定对于班级的管理起到事半功倍的作用。"国学班"班规制度的制定必须在以"传典籍、承风骨；习国学，扬自信"为核心的基础之上展开。

（3）建立国学评比机制，构建层级国学元素管理模式。在国学干部的管理引领下，建立以国学评比机制为主要形式的国学元素管理模式，让国学元素成为衡量和评价学生行为习惯以及常规品质的重要标准。实行小组合作机制，小组围绕班级文化制定小组名称、小组口号，选举出小组长，并实行组内监督、合作机制，相互制约，共同进步。为与班级文化相和，小组名从班级国学主题中进行挖掘，如可参考古代官制，设立礼部、户部、文史部、监察部等，亦可以"经史子集"四部法成立班级小组。

六、班级主题班会设计

传承国学，自信中华
——国学主题班级文化建设班会设计

（一）活动背景

早在春秋战国时期，汉语体系就相当成熟，读过诸子百家典籍的人，无不被那精辟洗练、生动优美的语言文字所震撼。可以说，汉语言的源头活力就在我们的经

史子集中。经史子集就是指我们通常所说的"国学",因此,将国学融入班级文化建设中去,使孩子在轻松、愉快的氛围中,潜移默化地受熏陶,从而养成健康身心、良好性情、完整人格,使中华民族的传统文化焕发重重生机。在深入学习后,可以使社会道德感以及荣辱感得到落实,达到弘扬民族文化,增强民族自信,培养高素质人才的目的。

（二）活动目的

1. 理解"国学"的含义,引起学生对国学的好奇,并促使其产生兴趣。

2. 弘扬优秀的传统文化,学习古人的气度与风骨,提高小学生的文化修养以及思想道德修养。

3. 激发学生对古代制度、文化、礼仪的热情和对民族文化的自信。

4. 积极引导学生参与到实践活动中去,提升学生的综合素质与能力。

（三）活动准备

1. 提前布置任务,让每位学生学习歌曲《诵》。

2. 学生准备笔、墨、纸、砚。

3. 提前敲定班会主持人,并给出完整的主持稿,让其熟悉。

4. 教师制作班会PPT,准备图片、国学百科视频、笔、墨、纸、砚、古籍、汉服、歌曲《诵》的声源。

（四）活动过程

1. 主持人开场

同学们好,著名学者辜鸿铭先生曾经说过:"评估一个文明,不是看它修建了巨大的城市,宏伟壮丽的建筑和宽广平坦的马路,也不是看它制造了漂亮舒适的家具,精致实用的工具和仪器,甚至不是学院的建立、艺术的创造和科学的发明,而是看它能造就什么样的人格类型。"中华民族上下五千年的文明成就了无数的英雄气概和伟人风骨,而现在,我们生活在二十一世纪,更应该将古人的气度与风骨承继下来。那么,古人的气度和风骨从何得知呢?答案就在浩瀚的国学作品里。下面我宣布"传承典籍,自信中华"国学主题班会正式开始。

2. 活动过程

（1）开笔礼

一起观看《国学百科》视频，带学生了解国学含义，说说对国学的理解。教师示范毛笔执笔姿势，开纸研磨，教学生习字，和学生一起写下班级名字"国学班"，作为"国学班"开学仪式。

（2）定礼仪

礼是门，礼是文明之门，文化之门；礼是道，礼是价值观，礼是双向道。重视礼仪是尊重他人以及自己的表现，也是"国学班"班级成员必须掌握的基本能力。

①教师讲解，教学古人见面礼仪。如揖、长揖、拱、拜手、再拜、顿首、稽首的区别，在班内示范，并带领学生根据情景选择合适的见面礼仪。

②布置任务。一起讨论制定出班级礼仪，经后期商议后在班内实施。

（3）展古韵

①走进汉服。认识汉服，如汉服的特点、基本行制、组成结构等，并让学生一边展示一边就汉服主题进行相关知识问答，加强学生对汉服的了解。

②情景再现。学生代表身着汉服，备笔、墨、纸、砚，再现古人习字、读书场景。

③了解古籍。给孩子们展示一本古籍《千字文》（复制品），借此重点讲解古籍的装帧样式（简册、卷轴、包背、线装等）、分类（经部、史部、子部、集部）、印刷等相关知识，并指导诵读《千字文》部分内容。

（4）唱国学

学生齐唱班歌《诵》。

3. 班主任总结

同学们，从古至今，我国的传统文化薪火相传，一个时代接着一个时代不断地延续以及发展，这也是我国自强不息的精神支柱。在社会生活中，每一个人都需要承担一部分的责任，我们是新时代少年，身负重大的使命。习近平总书记曾指出，培育和弘扬社会主义核心价值观必须立足中华优秀传统文化。博大精深的中华优秀传统文化是我们在世界文化激荡中站稳脚跟的根基；深入挖掘和阐发中华优秀传统文化讲仁爱、重民本、守诚信、崇正义、尚和合、求大同的时代价值。国学浩瀚如大海，璀璨如星河，每个人所接触的不过沧海一粟，并且对所接触的有限的篇章，我们也不敢说完全读懂了、读透了，即便这样，已受益匪浅。所以让我们共同努力，与经典同行、与圣人为伴。

  同学们，通过这次班会课的学习，相信大家一定会对国学主题班级文化建设产生很浓厚的兴趣。接下来让我们在国学典籍的学习中，习古人风骨，明智明德，传承优秀的中华民族文化，增强民族文化自信。

第五章 理念生根润芳华

方成大事，圆融天下
——"方圆班"班级文化主题建设活动方案

一、班级主题阐述

方圆为面积描述用语，指半径范围内的面积。《汉典》里解释为半径。"方圆"可引申多重含义，本意指方形与圆形。引申指方法、准则，还解释为周围，范围内的人事。作为动词，解释为筹划、筹集、随宜、变通，方是规矩、框架，是做人之本；圆，是圆融、练达，是处世之道。无方，世界没有了规矩，便无约束；无圆，世界负荷太重，将不能自理。为人处世，当方则方，该圆就圆。方外有圆，指天地间。

中学生处于懵懂至成熟的青春过渡期，与同伴交往逐渐增多，从家庭逐步走向社会，以方圆为主题开展班级文化建设有利于学生更好地过渡青春期。从德育方面来看，以"方圆"文化为育人目的，可以将其分为三个层面，引导学生无规矩不成方圆；启发学生为人处世方圆有度，树立远大理想并为之努力；提升学生关注国家、世界大事的情怀和格局。

二、班级育人目标

（一）了解"方圆"文化的核心理念：立身——守规则，处事——大格局，待人——方圆有度。

（二）在日常学习和生活中融入"方圆"文化。懂得无规矩不成方圆，树立严明的纪律观念，日常学习和生活中能自觉规范自己的言行，做一名知法明礼、守法诚信的有素养的合格中学生。

（三）明白方圆大地，天地之广，关注周围的人和事，能够自觉提升眼界和格局，及时了解社会，了解世界，拓宽视野，增长知识。增强关心社会、热爱祖国的情感，在关注家事、国事、天下事的过程中，提高观察问题、分析问题和解决问题的能力，树立远大的理想。

（四）待人处事有合适的方法和准则，能以更广阔的大雅胸襟来为人处世、待人接物。自觉以"方成大事，圆融天下"的标准来规范个人言行，做到守规则、大格局、有梦想、方圆有度、勇往直前。

三、班级文化元素

（一）班级名称

方圆班。

（二）核心理念

无规矩不成方圆。学生入学进入新的班集体，先严明班集体纪律。建立良好的班容、班风、班貌。明确学生在衣、食、住、行、学习等各方面的班规，明确中学生守则。班规由全班共同制定，规则定下来后要形成制度，制度上墙，营造一个纪律严明的班风、班貌。

关注天下时事，树立远大理想。学生日常学习中，要关注新闻时政，拓宽眼界，班级文化墙要有时政专栏，学生每天看新闻，班集体通过日常活动营造浓郁的时政评论的氛围。班主任在学生关注天下事的过程中引导学生形成大格局，树立远大理想。

圆融天下，方圆有度。当方则方，该圆就圆。班集体班干部以身作则，带头守班规校纪，不徇私，规范班级管理；同学间相处融洽、互帮互助，学生养成良好的行为习惯，文明有礼，团结有爱。

"方圆班"的学生尊师守纪、团结有爱、眼光广阔、胸怀天下、有远大理想并踏实践行。

（三）主题班歌

方圆

换种生活，让自己变得快乐
放弃执着，天气就会变得不错

每次走过，都是一次收获

还等什么，做对的选择

过去的，就让它过去吧

别管那是一个玩笑还是谎话，路在脚下

其实并不复杂，只要记得你是你呀

我还是从前那个少年，没有一丝丝改变

时间只不过是考验，种在心中信念丝毫未减

眼前这个少年，还是最初那张脸

面前再多艰险不退却，Say never never give up

Like a fire，Wu oh oh

面前再多艰险不退却，Say never never give up

Like a fire，追逐生命里光临身边的每道光

让世界因为你的存在变得闪亮，其实你我他并没有什么不同

只要你愿为希望画出一道想象，成长的路上必然经历很多风雨

相信自己终有属于你的盛举，别因为磨难 停住你的脚步

坚持住 就会拥有属于你的蓝图，Wu oh oh

（四）班级班训

方成大事，圆融天下。

（五）班级口号

方圆大地，方圆有度；

笃行求知，超越自我。

（六）班级公约

我要守规则——仪表端庄，谈吐大方，严于律己，宽以待人；

我要和谐美——方成大事，圆融天下，团结友爱，和谐共协；

我要大格局——格物致知，放眼天下，宏志践行，超越自我。

四、班级文化建设策略

（一）总体思路

以"方圆"文化为主题，利用班级文化墙和班级空间进行浸入式文化建设，利用班会课、课余时间开展方圆文化主题活动，在时间和空间上，让学生沉浸在方圆大地的文化氛围中，体验式活动的设计让学生达成德育目的。

（二）推进步骤

1. 共同制定公约。班级初建，了解方圆文化，形成班级制度。一个新集体的创建，需要有新的规则，无规矩不成方圆。"方圆班"班级文化建设首要就是让学生学会依规矩办事，而这些班规，不能由教师自己说了算，必须由学生共同讨论制定。班规不只是老师或班干部来管同学的，而应该约束每一个人，特别要强调的是，这个班规必须有对班主任的制约。对于一个班集体来说，任何一个成员包括老师都必须遵守共同制定的班规。师生共同制定下来的班规，形成制度，以班级的制度化推进班级的民主化。

"仪表端庄，谈吐大方，严于律己，宽以待人"成为班里的第一条公约，并讨论制定具体标准和奖惩制度。未完善的公约在未来的班会课上逐步增加修订。让班里的班干部把内容美化到文化墙的板报上。新修订一条则增加一条到文化墙。组织学生成立公约监督小组，督促同学遵守公约，并依规章办事。每周评比守约之星，形成具体的奖惩制度，对于守约之星，给予奖励。在班级初期形成初步管理制度，立好规矩，开始引导学生开展对方圆文化内涵的学习和探讨。以制度促进自主管理，人人都是管理者，人人接受公共监督，该方则方，无规矩不成方圆。

2. 打造班级文化墙。分组协作，营造文化氛围，学生在了解学习方圆文化主题后，充分发挥学生主动性，设计并布置教室主题氛围，充分利用好教室的各面文化墙。整个教室分"一个中心""四个主题墙"，它们分别是：

（1）一个中心：方圆大地主题图片，内含班训、口号、班歌、合照。

（2）主题墙一：班规公约及守约之星。公约由第一条开始，宜粗不宜细，具体标准师生共同制定后不断补充和完善。留白一个位置表彰每周之星。

（3）主题墙二：班事、国事、天下事，事事关心。这个版面的主题墙，包括班务公告栏、每日新闻热点栏、时事评论、BBS专区（可自由发表留言）。

（4）主题墙三：我的风采我的梦。这个版面让学生展示个人生活照和风采，并在学期不同阶段,引导学生制定目标及理想。里面应包括对未来的畅想和学习目标。必须注意一点,教师要引导学生在不同阶段及时反思,记录自己成长的足迹,引导学生不断超越自我。

(5)主题墙四:主题月宣传。该版面的文化墙,留置配合学校主题活动月的德育教育需要,例如建党一百周年主题宣传。

教室主题文化墙的布置,要充分发动每一位同学参与。可以把全班同学分成五个小组,分别承担一个中心和四个主题墙设计及制作、维护并更新的任务。落实到人人有事干、协作齐参与。在同学协作过程中融入方圆有度思想,使其学会正确处理同学关系,学会更有效的沟通,该圆则圆。

3. 构建新闻角和阅报栏。"方圆班"应该打造关注时政的特色。班级布置上,在教室适当的位置构建新闻角、阅报栏。集体订阅两份学生都喜爱阅读的时政杂志或新闻日报;定期开展班事、国事、天下事谈古论今论坛,并把新闻角设计成新闻主播站、时政主题论坛;班级环境布置设置有电台主播站,从环境上营造一种"新闻日日看,今日多关注"的氛围;每天利用早读课5分钟播报新闻,人人都是主播,人人都是时政论坛主角,人人参与讨论;在班主任引导学生关注天下事的过程中,引导学生树立远大志向,为实现目标和理想踏实行动。

4. 家、校、社三位一体。利用家、校、社无缝衔接渗入"方圆"文化教育,组织社会调查和社会实践活动。走出社会才能真正体验到方圆大地,天地之广;才能理解方成大事,圆融天下的深切内涵。每学期组织一次家校附近的主题社会调查活动,从问卷设计到最后形成报告,都由学生分组协作完成,调查报告利用教室时政论坛及主题文化墙做汇报。寒暑假倡议家长带孩子参与社会实践活动,了解社会更多层面的状况,帮助形成正确的价值观和世界观。例如红色研学活动、文化交流活动、志愿服务活动。活动过程不是目的,活动后的总结和反思才是重点。组织学生及时总结和反思,渗入"方圆"文化。

五、班级主题班会示范

无规矩不成方圆
——"方圆班"班级文化建设主题班会

(一)班会背景

一个新集体的创建,需要有新的规则,无规矩不成方圆。"方圆班"班级文化建设的首要任务就是让学生学会依规矩办事，完善班级集体意识，订立班级公约。

（二）班会目标

1. 总结开学一周后班里整体情况与存在问题，学会一分为二看问题。

2. 树立信心学会做一个负责任的人，渗透理想教育。

3. 学会处理个人行为与班集体的关系，统一思想。促进班集体共识的形成，制定班级公约。

4. 树立无规矩不成方圆的意识，为班级建设"方圆"文化建立基础。

（三）班会重难点

重点：订立班级公约。

难点：统一思想促进班集体共识的形成。

（四）班会实施策略

小组互动，探讨交流，营造"自主—合作—探究"的讨论模式。

（五）班会准备

教师准备第一周生活、学习捕捉到的照片、视频、精彩镜头。制作学习、生活回顾的小短片。

（六）班会流程

环节一：追忆方圆岁月

教师活动：

1. 开学一周了，让我们先来看看我们的新集体、新气象（让学生对集体有归属感）。

2. 同学们对新集体有怎么样的期待呢？（引导学生形成对良好班集体的渴望）

3. 我们将如何建设这个良好的班集体？

学生活动：学生思考并自由发言。

设计意图：回顾第一周生活、学习的照片、视频，提升情感认同，为升华班会主题埋下情感伏笔。

环节二：方圆之经典

教师活动：

1. 呈现"规矩""方圆"的典故，播放党中央反腐倡廉宣传片。

2. 教师提问：在我们的班集体的学习、生活中需要什么样的"规""矩"？如何才能画出理想的"方"和"圆"？

学生活动：举例思考，回答问题。

设计意图：通过讨论，让学生形成对规矩的认知，为学生创建班规提供指导思想。

环节三：方圆之慎独

教师活动：引导学生思考下列情形是否亟待改善。

1. 在礼仪习惯方面，是否有按照新学校、新集体的要求做好？是否做到文明有礼，入室即静？开学以来是否存在迟到现象？

2. 你为班集体尽力了吗？你的行为做到了对自己和父母负责吗？

3. 开学一周，在学习方面是否严格要求自己，自觉做到完成作业、自觉复习？是否存在上课不专心的现象？有没有积极回答课堂问题？

4. 我们应该培养什么样素质？应该怎样去改变这种不良现象？怎么去改变这种不良行为？

5. 开学以来你没有给别人留下好印象？留下了什么样的印象？是团结、合作，遵规、守纪，勤学、拼搏，谦虚、上进，还是其他？

学生活动：学生分小组讨论、交流，小组代表发言，关键是说出目前班里还没形成的习惯，尚且存在的差距、问题。

设计意图：通过自查、他查，查缺补漏，了解目前我们的班级情况与期望的差距。

环节四："方圆"之愿景

教师活动：结合校训，班主任谈谈对"方圆班"的愿景和希望。

学生活动：结合班主任的建议，进行小组讨论，拟定班规、班级公约、执行标准。

教师活动：刻画我们心中的理想"方圆"。

学生活动：讨论"方圆班"的口号、班训，分小组合作承担文化墙任务。

设计意图：重温校训，拟定班规、班级公约，通过讨论加深对班级精神和愿景的情感认同。

环节五：活动总结

无规矩不成方圆，今天我们制定了"方圆班"的班规，以后要严格按照班规做事。我们也要学会为人处世方圆有度，树立远大理想并为之努力，自觉加强关注国家、世界大事的意识。

立志爱国，坚持追梦
——"梦家园班"班级文化主题建设活动方案

一、班级主题阐述

梦，最早见于甲骨文，其本义是睡眠中的幻象，后延伸至幻想。

梦是一种意象语言。《庄子·齐物论》云："且有大觉，而后知此其大梦也。"梦想，字典里这样的解释："一种意识里的追求，是一种动力的源泉"。梦想，是"夸父逐日，长眠虞渊"的雄心与志向；是"大道之行，天下为公。选贤与能，讲信修睦"的先秦儒家大同的愿景。苏霍姆林斯基说过："道德教育成功的秘诀在于，当一个人还在少年时代的时候，就应该在宏伟的社会生活背景下给他展示整个世界、个人生活的前景。"梦想犹如一盏指路灯，为懵懂的青少年们指引未来的道路。教育的根本任务是立德树人，增强青少年学生的国家意识和社会责任意识是中小学德育的目标之一。习近平总书记曾在2019年新年贺词中说"我们都在努力奔跑，我们都是追梦人。"这句话让无数追梦人更添奔跑的豪情。从德育方面看，以"梦想"文化为育人目标，一是关注学生内在发展，使其敢于有梦，勇于追逐自己的梦想；二是关注学生外在发展，培养服务他人、服务社会的责任意识，做对自己、他人、班级、学校、国家和社会有担当的好青年。

二、班级育人目标

（一）建设一个立志爱国、奋斗追梦的班级，营造积极向上、充满生机的班级氛围，让每一位"梦家园班"的学生争做新时代好少年。

（二）以"爱国精神"为主题，制定符合学生自身成长的目标，使其树立远大的理想，并为之努力奋斗。

（三）以"奋斗追梦故事"为引导，用生动有趣的形式引导学生关注历史上青年人奋斗追梦的故事，学习他们身上的优秀品质，培养学生做敢于有梦、勇于追梦、勤于圆梦的自己。

（四）以"立志爱国，奋斗追梦"系列主题活动为载体，鼓励学生积极参与，通过形式多样的主题活动，使"梦家园班"的学生在实践中形成对爱国主义精神的强烈认同。

三、班级文化元素

（一）班级名称

梦家园班。

（二）核心理念

1. 爱国，重在培养学生的家国情怀。我们生逢盛世，但当今国际局势风云变幻，要努力培养出具有大局意识、能够担当民族复兴重任的时代新人。

2. 立志，重在培养学生树立志存高远的目标。"立志而圣则圣矣，立志而贤则贤矣"，语出《教条示龙场诸生》。"志不立，天下无可成之事"，习近平总书记引用王守仁的话，阐释了立志对人的一生的重要意义，强调了"奋斗"的重要性。

3. 坚持，重在培养学生敢于拼搏，不言放弃的精神。"古之立大事者，不唯有超世之才，亦必有坚忍不拔之志"。坚持，是班级获胜的法宝。

4. 追梦，重在培养学生敢于有梦，勇于追梦的精神。"我们都在努力奔跑，我们都是追梦人。"习近平总书记在2019年新年贺词中的这句话充满力量，激励无数人日夜兼程，砥砺前行。

（三）主题班歌

我们都是追梦人

每个身影同阳光奔跑，我们挥洒汗水回眸微笑。
一起努力争做春天的骄傲，懂得了梦想。
越追越有味道，我们都是追梦人。
千山万水奔向天地跑道，你追我赶风起云涌春潮。
海阔天空敞开温暖怀抱，我们都是追梦人。
在今天勇敢向未来报到，当明天幸福向我们问好。
最美的风景是拥抱，啦啦啦啦啦啦啦啦。
啦啦啦啦啦啦啦啦，每次奋斗拼来了荣耀。
我们乘风破浪举目高眺，心中力量不怕万万里路遥。
再高远的梦呀也追得到，我们都是追梦人。
千山万水奔向天地跑道，你追我赶风起云涌春潮。
海阔天空敞开温暖怀抱，我们都是追梦人。
在今天勇敢向未来报到，当明天幸福向我们问好。
最美的风景是拥抱，啦啦啦啦啦啦啦啦。
啦啦啦啦啦啦啦啦，啦啦啦啦啦啦啦啦。

（四）班级班训

积日月点滴，绘星辰大海。梦随我动，永不停歇！

（五）班级口号

以梦为马，不负韶华。携手共进，顶峰相见。

（六）班级公约

家国情怀，勇于担当；
立人达人，志存高远；
敢于拼搏，不言放弃；
敢于有梦，勇于追梦。

四、班级建设活动设计

（一）总体思路

"梦家园班"的核心理念是爱国、立志、坚持、追梦，这四个特点的共同点是都关注学生的健康成长。在"梦家园班"的班级核心内涵中，爱国、立志是学生成长成才的行动指南，这需要通过教室环境的布置和行为准则的落实来实现；坚持、追梦是同学们努力向上的证明，是成功的关键，这需要通过主题实践活动教育、理想信念教育等活动来形成。实施过程中，做到内化于心、外化于行，内外兼修，具体而言，班级建设活动的设计分为以下两点：

1. 贯彻"梦想"的核心内涵，创设班集体的物质文化氛围，营造良好精神风貌。

2. 开展与主题相关的探究活动，使学生在实践中体会梦想之内核。

（二）实施策略

1. 用特色文化经营班级，构建思想和灵魂的梦家园

（1）梦天地

一砖一瓦梦家园，一笔一画筑未来。为了使个人在集体中更好地成长，"梦家园班"的同学们精心布置教室环境，营造积极向上的文化氛围，实现显性环境和隐性环境共美计划。

围绕学校每月墙报主题以及班级奋斗目标，班上宣传委员为班级设计内容积极向上、有创意有文化有内涵的宣传墙报，将每次墙报拍照后张贴在展示栏上，并将照片赠送给科任老师。

班级教室前面黑板正上方中间位置悬挂国旗，黑板两旁张贴社会主义核心价值观、《中学生守则》和班级公约。荣誉墙展示本班特色的学生优秀事迹，树立更多的优秀学生典型。"书苑"上成排的精神食粮是同学们课余的好去处，需要安排专人定时更换新书目。在教室后墙，上方醒目地写着我班班训，下面是"梦家园"的照片墙及作品展示区，有"学霸天团""每月优秀小组""心语心愿""英文励志语"等，它就像一面会说话的墙，诉说着同学们的梦想，鞭笞着同学们向前奋进。"争星墙"上展示竞选人或获奖者的相片、个人简介等，展示榜样的力量。左侧设计一棵大树，大树上有四十八片枫叶，枫叶上写着"梦家园"四十八名同学的梦想，树干则代表整个班级团结一致，为实现梦想而奋勇拼搏。这棵大树扎根在"梦家园"里，永远激励着同学们敢于有梦、勇于追梦，为实现梦想而不懈奋斗。

（2）梦方圆

俗话说："无规矩，不成方圆"。在开学第二周的班会课上，我们就讨论出了班规初稿，不断根据班级实情修正。我们将所有要求细化到班规中，写明加扣分情况。每个人有个人分，个人分又汇总到小组分中。

将班级分为八个小组，每个月，选出最优秀的三个小组进行奖励，最低分的一个小组要为班级做志愿服务。在月奖励上，有物质的（学习用具为主），也有精神上的奖励。优秀小组可以和最喜欢的老师合影并获得该照片，照片冲洗出来张贴到展示栏。

班规细则中除了以成绩为加分点外，还有许多形式可以加分，如课堂举手，做好人好事，参与各项活动，在家长群被家长、老师表扬，等等。所以同学们都注重在日常生活中约束自己的行为，在德、智、体、美、劳各方面追求自己的全面发展。

（3）梦舵手

一艘乘风破浪冲向梦想彼岸的航船，除了有总领大局的船长，还需要有能够辅佐船长，善于分辨、操控航向的舵手，而我班舵手，就是这群具有强大凝聚力、能够各司其职、齐抓共管的班干部。每个学期初，我们会开展班干部述职，进行新一轮班干部竞选，力争让每个同学都有机会锻炼管理能力。同学们在长期的训练下，一个个自信大方，勇于展示，不畏挑战。鼓励班干部大胆工作，也严格要求他们先自律后管人，力求从各方面给全班起到模范作用；同时也大力表扬了班干部的优点，宣传他们的先进事迹，帮助班干部树立威信，共同创建好班集体。

2. 用特色主题活动，增强班级凝聚力

（1）梦闪亮

青葱年华披荆斩棘，三载韶华载梦而航。在班级活动的设计上，围绕班级发展理念，设计灵动多样又富有想象力的活动，让同学们在活动中感受追梦的喜悦与乐趣。每学期，根据学校每月一节、传统节日特点、学生年龄特性，结合学校养成的教育、礼仪教育、感恩教育、激励教育和理想教育五大系列德育课程，开展一系列具有班级特色的活动。如元宵节、中秋节、重阳节、清明节等传统节日；建队仪式、十四岁集体生日会、离队入团、成人礼等仪式教育；拔河比赛、玩转魔方、跳蚤市场、校运会、艺术节等文体类活动。通过系列的主题活动，激发同学们发挥所长，积极参与，增强班级凝聚力和集体荣誉感。在班级宗旨的影响下同学们逐渐形成了"班荣我荣，班耻我耻"的观念。

（2）梦助航

孩子们的成长离不开老师们、家长们的助航，"梦家园"班的孩子们能够一路披荆斩棘，成绩稳步上升也离不开所有科任老师们课上课下的用心教导培育，家长们的大力支持。在追梦路上有了老师、家长的助航，孩子们定能圆梦。

五、主题班会示范课

坚持奋斗 成就梦想

——"梦家园"班主题班会课

（一）活动背景

习近平总书记曾寄语广大少年儿童："要刻苦学习知识，坚定理想信念，磨炼坚强意志，锻炼强健体魄，为实现中华民族伟大复兴的中国梦时刻准备着。"

在平时的教学工作中，我发现有不少孩子谈起梦想越长大越茫然。习近平总书记曾说："青少年要敢于有梦。从西游记到凡尔纳科幻小说，飞船、潜艇在今天不都有了吗？实现梦想，还要脚踏实地好好读书，才能梦想成真。"2021年7月23至8月8日，在日本东京奥运会上中国奥运健儿用拼搏和奋斗实现了自己的梦想，并为国家赢得了荣誉。在当前疫情防控的背景下，讲述奥运健儿的奋斗、爱国事迹是对孩子们进行理想信念教育的一个很好方式。利用奥运精神引导学生树立梦想，把个人梦融入中国梦，并用奋斗拼搏的精神追逐梦想，应是班主任在学生目标不明确或对人生感到迷茫时对学生进行教育的必选主题。

（二）教育目标

1.通过典型的实例，引导学生感受奥运健儿立志爱国、奋斗拼搏的精神。

2.体会梦想对奥运健儿成长、成才的指引作用。

3. 引导学生要树立并坚守自己的梦想，让个人梦想与中国梦紧密结合；通过坚持、奋斗，汲取奥运精神，通向成就梦想之路。

（三）前期准备

1. 遴选主持人，撰写主持稿。

2. 搜集关于东京奥运精神的典型图片、视频资料。

3. 提前印制"畅想我的2035"梦想卡。

（四）活动过程

1. 主持人开场，分享东京奥运会中国奖牌榜

（PPT展示中国奖牌榜，播放视频）

2021年东京奥运会，中国体育代表团共斩获38金、32银、18铜，共88枚奖牌，位列金牌榜和奖牌榜第二。这是一群青年人用他们的拼搏与汗水奋斗出来的。中国奥运健儿把个人梦和中国梦相融合，这就是中国精神、中国力量的集中体现，这应该成为新时代青年学生学习的榜样。

2. 聆听奥运故事，感受精神力量

（1）分小组，小组内每人分享一个奥运故事（每人限时2分钟），小组内推荐优秀讲述人，在班上进行分享。（可以用白纸将奥运健儿体现的品质写下来。）

A. 彪"炳"历史，"添"生我才——亚洲飞人苏炳添。

思考：你觉得苏炳添是一个怎样的人呢？

（预设：他面对失败不气馁，不断超越自己，热爱祖国，最后打破亚洲纪录。）

B. 郎导谢幕，女排不哭。

思考：对于中国女排，你想说？

（预设：顽强拼搏，艰苦奋斗，顺境时要乘风破浪，逆境中倔强地昂起头）

C. "全"村希望，当"红"不让——水花精灵全红婵。

思考：全红婵为什么会"红"？

（预设：纯真、刻苦、坚持、勇于面对困难、战胜困难，有梦想。）

主持人小结：像这样的故事还有很多，了解了这些运动健儿的故事，你有什么想法？（播放奥运健儿的视频。）

设计意图：通过讲述、分享故事的形式，同学们能更好地体会有梦想的人需要克服困难，坚持不懈地拼搏，要做一个有梦想的人，学习奥运健儿的精神，努力追梦，为国家争光。奥运健儿像爬山虎一样，向着梦想不断向上攀缘，把个人梦融入中国梦，用奋斗和拼搏铺满了荣誉之路。

3. 中国梦，我的梦——畅想我的2035

主持人：回首过去，我们思绪纷飞、感慨万千；立足今日，我们胸有成竹、信心百倍；展望未来，我们引吭高歌、一路欢笑。2035意味着什么呢？十几年后的你是什么模样？十几年后到底是一个怎样的国家、怎样的世界？同学们，想知道吗？（播放穿越时空的视频。）

设问：穿越时空，回到现实，请同学们谈谈你们的想法吧！

预设：2035年是让人充满期待，中国梦是由每一个人的梦所构成的。

任务：写下你的梦想，将梦想卡片张贴在"梦天地"指定位置，一个个小小的梦想汇聚成"梦家园"。

4. 绘梦想蓝图，用奥运精神照亮你的梦想

主持人：2035年是"加油站"，也是"关键点"，青年是什么样，国家是什么样，你又是什么样？在奔向2035的道路上，在道路的拐弯处你可能会遇到各种各样的困难，设想你会遇到的困难，你将用怎样的精神去克服它呢？2035年你想要成为什么样的人？你要为祖国做出哪些贡献呢？请同学们在A4纸上绘制出自己的梦想蓝图。

5. 唱响梦想——我们都是追梦人

梦想已点燃，未来最可期。追梦新征程，我们敢有梦、勇追梦、勤圆梦，我们立志向、修品行、练本领，把握今天，展望明天，我们都是追梦人，风华正茂，为梦前行。同学们，对于2035年，我们充满期待，心里有梦，眼中有光，让我们搭上追梦的时光机，努力拼搏，努力奋斗，一同实现我们伟大复兴的中国梦。播放歌曲《我们都是追梦人》。

我们都是追梦人
——"追梦班"班级文化主题建设活动方案

一、主题阐释

梦想,是黑夜里的明灯;梦想,是冬日里的炭火;梦想,是打开成功大门的钥匙。追梦班秉承云山学校"砺志凌云、斯盛冠山"的校训,以"合·创·向未来"为班级文化理念,努力创建"合"为基石(家校合力,师生合力,生生合力),"创"为利器(立足学生的学习创新,德育、智育、体育并重),培养具备挑战未来能力的高素质学生。

二、班级愿景

少年智则国智,少年强则国强。作为青少年,我们要追逐精神的浩瀚,想象的活跃,心灵的勤奋。"追梦班"小伙伴们以梦为马,以新为剑,壮志凌云,在云山学校"多彩云山,人人出彩"阳光育人办学理念的指引下,在学校开发"彩云山课程"的多元活动中,体验、感悟和成长。"阳光、坚韧、担当、有为"是我们班孩子追求的方向,我们"志存高远,团结拼搏",向着梦想灿烂生长,做出彩追梦人。

(一)班级发展目标

七年级,文明有礼,团结拼搏;

八年级,志存高远,梦想飞扬;

九年级,壮志凌云,圆梦六月。

(二)班级发展指导思想

以学校阳光教育特色为依托,发展学生多彩素养,贯彻党的教育精神,落实立德树人根本任务,培养"阳光、坚韧、担当、有为"的阳光少年,为其成为新时代的社会主义建设者和接班人打下坚实的基础。

（三）班级发展规划总目标

1. 学生素质建设。追梦班坚持发展学生核心素养，以科学性、时代性和民族性为基本原则，以培养"科技、体育、艺术、阅读、书法"五大素养为核心，把孩子培养成学会学习、健康生活、责任担当、实践创新的有为青年。

2. 班级制度建设。追梦班配合学校五星级班级管理制度及阳光少年评比制度，做好以下几项工作：（1）制定和完善班级日常行为规范制度；（2）制定和完善班干部建设制度；（3）制定和完善团队（小组）建设制度；（4）制定和完善班级奖惩制度；（5）制定班级学习公约与道德公约；（6）制定和完善家委会制度。

3. 班级精神文化。（1）培养学生养成积极向上、团结协作、全面发展、共阅共育的文化氛围；（2）养成自尊自信、自立自强、遵纪守法、顽强拼搏、刻苦勤奋、乐学苦学的学习风尚；（3）养成自主学习、合作学习、探究学习的良好学习习惯，形成乐学善学、勤于反思、健康获取网络信息的学习风气；（4）加强行为习惯的养成教育，培养学生的文明行为习惯和尊师重道的品格；（5）培育和弘扬民族精神，增强学生的爱国主义情感和责任感，帮助学生树立崇高的理想和人生志向。

三、特色班名

追梦班。

四、班级口号

我们都是追梦人。

五、班级文化元素描述：

（一）班徽

班徽整体为奖牌形状，象征着我们班坚强的品质，是班级团结牢不可破的象征。中间是班级的数字，两边的翅膀寄托了我们追求梦想勇往直前，锲而不舍的精神。上面有两个爱心，代表班级团结友爱，互帮互助的精神。中间为一顶皇冠，是我们想争夺冠军的标志。皇冠两旁的绶带写着班级口号，起到鼓舞人心的作用。

（二）班歌

《我们都是追梦人》。

（三）班训

文明有礼，团结拼搏，追梦高远。

（四）班级公约

升国旗，要立正，唱国歌，要响亮。

对师长，要尊重，对同学，要友好。

上课时，要专心，爱动脑，勤发言。

下课时，休息好，不乱跑，不乱叫。

做操时，守秩序，爱锻炼，强身体。

做作业，要认真，不潦草，不马虎。

爱劳动，讲卫生，不怕脏，不怕累。

要诚实，不说谎，知道错，要改正。

六、班级文化主题活动设计

（一）总体思路

班级活动是班级集体教育最常见的形式。丰富多元、生动有趣的班级活动，能够有效提升班级的凝聚力，帮助班主任树立威信，拉近师生间的距离。激发学生的责任感和集体主义精神，帮助学生学会正确处理人与人、个人与集体、小集体与大集体之间的关系，促进学生间充分交往、互相了解、建立友谊，同时形成正确的集体舆论和良好的班风。系列活动让学生在活动中合作、互助，合力共建优秀班级，让这种优秀传统发扬光大，实现共赢。

（二）主题班会

"追梦班"定期开展主题班会并形成以下系列：培养学生文明有礼，知纪守法习惯的"文明礼仪"主题班会；培养学生敬畏自然，珍惜生命品质的"生命安全"主题班会；培养学生心怀梦想，励志成才品质的"励志教育"主题班会。

（三）主题活动

"追梦班"围绕追梦人的奋斗目标，开展丰富多彩、形式多样的班级活动，主要分为以下3种。

1. 校园活动系列。主要有培养学生协调合作品质的队列、跑操活动；培养学生团队合作、坚韧拼搏品质的运动会；培养学生合作创新品质、绽放个性魅力的文艺汇演；培养学生挑战自我品质助力青春飞扬的青年歌手大赛；培养学生传承文化品质，尽显青春风采的千人书法、绘画大赛；主题为"神采飞扬，舞动青春"的云之舞大赛等等。

2. 社会实践系列。主要有培养学生家务实践、责任担当品质的家务小能手活动；培养学生爱国、爱家，传承文化传统的传统文化寻访活动；主题为"走进名校，放飞梦想"的北京励志夏令营活动；主题为"亲近自然，研行合一"的知赏行研活动。

3. 班级特色系列。主要有"追梦班"历届学生班级精神传承活动；培养学生思维创新品质的创意剪纸活动；培养学生自主管理，责任担当品质的值周班活动；主旨为"情系中华，携手共进"的粤港一家亲活动；主题为"正确评价，合力追梦"的分享活动；主旨为"香华诗书，助力圆梦"的阅读节活动。

七、主题班会

我的课堂我参与
——"追梦班"学法指导主题班会

（一）班会背景

初中生能否以特定的学习方式、学习能力参与到学习活动中来，直接关系到他们能否避免陷入"因学业适应不良"导致"被分化"的黑色旋涡。学习能力的一个重要方面是"化被动为主动"，提高课堂听课效率。改变被动听课方式，采取积极参与课堂活动、勇于举手发言、认真倾听同学观点等主体性学习方式，可以大大提高课堂学习效率，克服因注意力分散引发的学习效率低下的问题。本节班会课就是为此目的而开展的。

（二）班会目标

1. 通过体验式活动，让学生懂得在课堂上积极举手回答问题是为了激活大脑，而不是为了证明自己有一个正确答案。

2. 通过活动让学生初步学会在课堂上互相尊重、耐心倾听、包容歧见，共同构建良好的课堂氛围。

3.通过体验让学生体会因大脑被充分激活后带来的学习效率提升的畅快感受。

（三）实施策略

启发式教学策略、情境教学策略、问题教学策略、归纳策略。

（四）班会准备

分组，四至六人一组；制作PPT、视频、计时软件、点名软件；准备卡纸、油性笔、磁扣、短剧表演、配乐诗朗诵。

（五）班会过程

1. 春风入课堂（热身阶段），约8分钟

（1）教师活动：播放美国励志电影《死亡诗社》片段。提出问题，组织讨论：这段视频给你留下最深印象的是什么？这样的课堂你喜欢吗？可以用哪些关键词来描述你喜欢的这种课堂氛围？

（2）学生活动：观看片段；思考问题、小组讨论、发言；聆听教师发言并思考。

（3）教师点评：同学们都喜欢这样和谐的课堂，在这样的课堂上，同学们的学习潜能会被最大限度地激发出来。

设计意图：引发学生兴趣。让学生通过观看视频总结出和谐的课堂具有哪些特点。

2. 交流需专注（转换阶段），约12分钟

（1）教师活动：教师引导，课堂是语言交流的场所，所有信息都要通过语言来传递。而语言传递的效果最终要体现在接受信息的学生"听"进去、"听"懂了多少，所以专注于"听"是提高课堂学习效果的第一关。

（2）学生活动：倾听教师发言并思考。

（3）教师活动：教师播放心理小短剧《小A的苦恼》。探讨剧情，小A为什么很苦恼？不专注的倾听者有哪些表现？

（4）学生活动：五位学生表演短剧，其他学生观看后，同学代表发言；思考问题、小组讨论发言。

（5）教师点评：不专注倾听是对讲话者的不尊重，不专注的倾听会阻塞信息交流的通道。

设计意图：提出本环节的主题"交流需要专注"，通过观看短剧，同学们讨论

得出课堂中专注的表现，同时也引发同学们反省平时自己在倾听别人发言时有哪些不足之处。

3. 参与在课堂（工作阶段），约17分钟。

环节一：课堂参与的第一要务是"听"

（1）教师活动：①教师引导，学生能否专注倾听老师讲课内容，能否专注倾听同学的发言，直接反映了他的课堂参与程度、深度；②提出问题：你希望同学们如何倾听你的观点？你觉得在别人发言时应该如何表现你的倾听？

（2）学生活动：倾听教师发言并思考问题、小组讨论、发言。

环节二：课堂参与的第二要务是"说"

（1）教师活动：①教师引导，专注地听是积极参与课堂的前提条件，如果认真听了，就一定会有自己的想法，有不吐不快的冲动。

②提出问题：想举手回答问题的时候，你的感受和心态有什么变化，这些变化说明了什么？

（2）学生活动：倾听教师发言并思考问题、小组讨论、发言。

（3）教师活动：如果说错了怎么办？

①教师引导：回答问题不可能总是正确的，这时候该怎么办？

②播放案例视频；

③提出问题组织讨论：你有答错问题受到嘲笑的时候吗？你当时心里是怎样想的？我们应该怎样对待这种主动举手回答问题却遭遇挫败的事情？

（4）学生活动：观看案例并思考问题、小组讨论、发言。

（5）教师活动：①设置课堂头脑风暴："参与课堂格言"荟萃。②教师引导：请大家小组讨论，在班里形成共识，打消大家怕答错问题被人嘲讽的顾虑。③邀请每个小组至少想出三句简洁明了的与参与课堂有关的格言。

（6）学生活动：倾听教师发言并思考问题、小组讨论、发言；并把格言粘贴在黑板上。

（7）教师点评：老师也贡献一句："举手的目的是为了激活大脑，而不是为了证明自己有一个正确答案。"

设计意图：提出本环节的主题"参与在课堂"，首先通过课堂参与的第一要务是"听"，讨论得出在课堂上如何专注地"听"；其次通过提出课堂参与的第二要务是"说",讨论得出在课堂上勇敢地"说"很重要,结合问题提出"回答问题出错了怎么办",通过观看案例、思考问题、小组讨论、得出答案,进入"格言"环节,通过自主讨论,得出参与课堂的相关格言。

4. 尊重"听"与"说"(结束阶段),约3分钟。

(1)教师活动:①PPT展示《马路上的蟋蟀声》,播放背景音乐。②教师小结:全身心地投入"听"与"说"的同学都应该受到我们的尊重,只有充满尊重的课堂才是和谐的课堂。

(2)学生代表朗诵、聆听、思考。

设计意图:通过朗诵《马路上的蟋蟀声》,感受音乐的魅力,促进情感共鸣,升华主题。

(六)班会板书

我能"课堂勤参与"主题班会

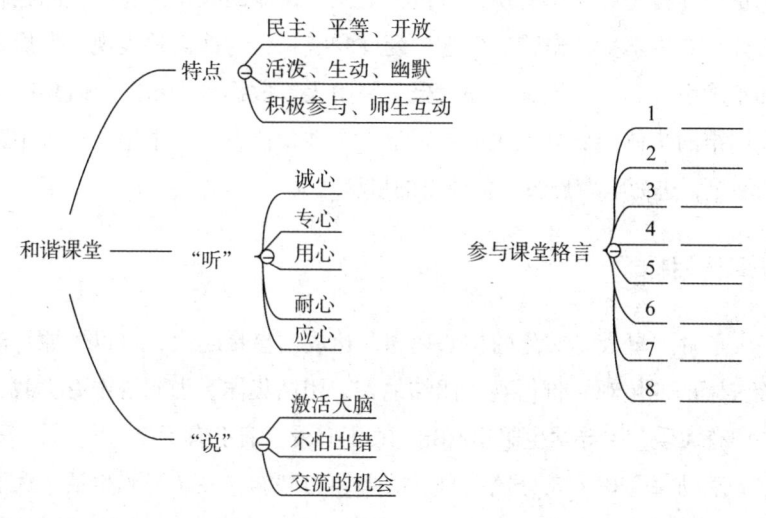

和谐课堂
- 特点
  - 民主、平等、开放
  - 活泼、生动、幽默
  - 积极参与、师生互动
- "听"
  - 诚心
  - 专心
  - 用心
  - 耐心
  - 应心
- "说"
  - 激活大脑
  - 不怕出错
  - 交流的机会

参与课堂格言
1.
2.
3.
4.
5.
6.
7.
8.

(七)班会反思

无论是"听"还是"说",都要保持专注。在课堂上更是这样,你全身心专注于"听",意味着你对老师和同学的尊重;你全身心专注于"说",意味着你对自己的尊重。一句话,全身心投入的"听"和"说",都应该受到我们的尊重,只有充满尊重的课堂才是和谐的课堂。本节课通过一系列环节唤醒了同学们的"听""说"意识,课堂结构完整,学生很有收获。

星火燎原，璀璨芳华
——"星火班"班级文化主题建设活动方案

一、班级主题阐述

孟子云："天时不如地利，地利不如人和。"古希腊哲学家德漠克利特也说过，"只有团结一致，才能把伟大的事业和战争引导到好结果。"一个凝聚力强的班集体会使整个班级更加和谐、团结、积极、向上。与此同时，每个孩子都是独一无二的，正如苏霍姆林斯基所说，"世界上没有才能的人是没有的。问题在于教育者要去发现每一位学生的禀赋、兴趣、爱好和特长，为他们的表现和发展提供充分的条件和正确引导"。"星火"即"聚是一团火，散作满天星"，既象征团结，也寓意着在团结的集体中更多元化地展现学生个性，让每一个学生在班级中都成为一颗闪耀的星星，进而点燃班级文化建设的星星之火。

二、班级育人目标

（一）了解"星火"文化的核心理念，达成"星星之火，可以燎原"的共识，培养积极健康的群体观、价值观，团结他人，团结集体，做到心中有大我，心中有大家，心中有大爱，引导学生眼里有光，心中有爱，肩上有责。

（二）激励每个孩子充分挖掘自己的兴趣和潜能，在学习和生活中大胆展示，敢于挑战自我和突破自我，在张扬个性中把自我价值和集体价值、社会价值相结合，真正做到"聚是一团火，散作满天星"。

（三）集体成员在"星火"文化的熏陶下收获集体友爱和同伴友情，成为成长路上的强大动力，最终成就幸福人生。

三、班级文化元素

（一）班级名称

星火班。

（二）班徽设计

班徽底色为红色，主要由星星和火焰形状构成，意寓"星星之火，可以燎原"。希望学生在"星火"精神的引领下迸发自主学习热情和集体的团结能量，激扬火热青春，成就青春梦想。

（三）核心理念

热情与理想。习近平总书记在党的十九大报告中指出，"青年一代有理想、有本领、有担当，国家就有前途，民族就有希望"。学生正值风华正茂、热情洋溢的年龄，更要放飞青春、落地情怀，用自己的满腔激情响应时代的召唤！希望在"星火"文化的熏陶下，学生能够满怀热情，携着梦想不断向前。

团结与拼搏。"聚是一团火"是"星火班"班级文化的核心理念。苏联教育家苏霍姆林斯基认为，"'集体'是一种'精神共同体'，它不是人员的简单组合，而是相互间的融合，在此基础上形成的不可分割的整体，好比是'由成千上万条溪流汇合成的江河'"。团结的班集体才是有活力、有竞争力的集体。只有培养好学生的集体意识和集体荣誉感，帮助其认清自己对集体的责任和义务，才能引导其自觉地关心集体、爱护集体，并把自己的拼搏努力与集体荣誉联系起来，把自己融于集体之中，最终把集体目标化为个体目标，推动学生的成长、发展。

个性与自信。教育要从"人性"出发，从每一个活生生的人出发。从"人性"出发的教育，才能满足人的发展的多方面需要，进而造就一大批富有鲜明的个性特征并能适应社会发展需要的各种人才。通过充分挖掘"星火班"每一个学生的潜能，创造条件使其个性得到充分发展，让每一个学生都成为耀眼的星星，自信成长。

有爱与幸福。著名教育学家乌申斯基说过："教育的主要目的是使学生获得幸福。"教育的基本特征主要表现在教师幸福与学生幸福之间的内在统一、学生个体幸福与整体幸福之间的内在统一、教育的过程幸福与结果幸福的内在统一、教育理想与教育实践的内在统一。通过"星火"文化的熏陶，帮助学生在团结向上的集体和积极自信的个体的统一中收获爱与幸福，走向幸福人生。

（四）主题班歌

一路同行

路
和你一起走
遥远不寂寞
紧握你的手
勇敢向前走
路
有你在左右
困难算什么
紧握你的手
勇敢去承受
让生命的呼唤把你的心牵动
真情到永久
让无悔的承诺无怨的选择
永留在心中
一路同行相伴相依
祝福感动日夜来兼程
一路同行相伴相依
互道一声彼此多珍重

（五）班级班训

星火璀璨，润泽芳华。

（六）班级口号

星星之火，可以燎原；
披荆斩棘，奋勇向前。

（七）班级公约

星火公约

七点十分准时到校，晨读时间利用高效。

课间文明不吵不闹，上课认真提高实效。
分清是非正义紧靠，团结友爱和谐围绕。
大事小事事事关心，今天明天天天负责。
你我争当班级主人，星火未来必定更好。

四、班级建设活动设计

（一）总体思路

在"星火班"班级文化内涵指引下，通过精神文化、制度文化、环境文化和活动文化四大方面提升集体凝聚力和竞争力，同时为学生搭建自我管理、自我教育、自我服务和自我发展的平台，激发学生的拼搏热情，树立奋斗理想，彰显飞扬个性，收获友爱与幸福。

（二）实施策略

1. 精神领航，星火璀璨

精气神是一个班级文化的集中体现，也是一个班级的魂。在构建"星火班"班级文化的过程中，需要从多方面经常性地对学生进行精神引领，帮助学生种下这一班级文化的心灵种子，才能更好地在班级建设中生根发芽。首先，在对于班主任来说最重要的育人阵地——班会课的设计上，以"过一个星火璀璨的高中"作为总议题开展系列课程，贯穿对学生精神引领的始终；其次，通过班级图书角的图书选择，例如《人类群星闪耀时》《维特根斯坦传：天才之为责任》《将心注入》《人生不设限——我那好得不像话的生命体验》《钟南山传》《改变世界的一粒种子》等励志书籍，让书籍给予学生营养，让学生在榜样和楷模身上感受人生的大格局、大境界和顽强拼搏、自强不息的精神，进而摒弃精致的利己主义，用更高的情怀投入到集体生活，用更充盈的斗志激励自我，用无声的方式向学生传递"星火"文化；最后，作为班主任兼政治老师，通过日常思政课的学科德育渗透，充分利用好"民族精神""价值观"等学科知识引领学生的成长、发展。

2. 制度建班，用活班志

"星火班"班级文化的核心理念之一在于让每个孩子都成为璀璨星星，充分发挥每个孩子的潜力和特长，张扬孩子个性，让每个孩子真正成为班级管理的小主人，而班志的撰写便成为很好的制度载体。由学生按照学号轮流负责班志的撰写，并于第二天晨读之前告知全班同学前一天的概况，进而交接给下一位同学，这样既便于班级管理，又能逐步培养积极向上的群体观、人生观、价值观。翻开班志，你仿佛走进了班级管理的"心灵氧吧"，校园生活的方方面面在这里都能看到缩影：同伴之间的交往趣事，学习的疑惑，给老师的建议，家庭生活的苦恼……许多不能说的秘密在日志中都得到一一倾诉，起到了"沟通桥""电子眼""素材库""建议箱""宣泄场""展示台"等作用。与此同时，充分发挥了学生的主观能动性，使每个学生都进入管理者和被管理者的双重角色，让学生承担一份应尽责任，行使一份管理权力。由此，作为班集体主人的每个孩子都有极大的进取精神和工作热情，在自我管理和自我教育中求得发展，也彰显了"聚是一团火，散作满天星"的理念。

3. 环境育人，春风化雨

班级环境是班级文化的物质表现，班级文化环境对学生品德和个性发展的影响潜移默化，深远持久。为了把无形的教育因素融入有形的物质、生活中，努力让学生在和谐、健康的班级文化环境中懂得真、善、美，接受更多、更新、更广的知识，班级后墙壁设置了"星火家园"的照片墙，精心挑选了每个学生童年时期和高中时代的对比照片各一张，通过把两张照片合成冲晒，并让学生在照片下方写上自己的一句梦想誓言，既展示了每个成员的风采，又更好地了解同伴的成长历程和心声，营造"一家人，一起拼"的奋斗氛围。同时，结合"星火"班级文化内涵，在班级设置"星火风云榜"，每周民主推荐一位最能彰显班级精神的风云榜人物，在榜上展现人物形象、座右铭和主要事迹，让其成为班级文化的主要阵地之一，时时给予学生榜样的力量，在同伴的互相浸染中传递正能量，最终实现"大家好才是真的好"。

4. 活动养成，立德树人

活动是生命的本源意义之一。人的发展，不论是生理系统的发展还是心理与社会系统的发展，都要以活动为源泉和动力。我们常说"生命在于运动"，这里的"运动"不应该仅仅被理解为"体育运动"，而应该同时被理解为"生命的活动"。对于一个班级来说，经过精心设计与组织的班级活动是开发班级成员身心素质潜能的重要条件，是班集体形成和发展的整合因素。如果说班级中的每个学生都是一颗孤立的星星，要使这些星星连成璀璨银河，就要充分发挥班级活动的塑造和凝聚功能。通过举行班级内部乒乓球比赛、诗歌朗诵比赛、元旦晚会、个人才艺展示、电影欣赏、英语角等活动，原来内向的学生慢慢变得大方活泼了，同学之间的情感在活动的过程中得到加深，班级凝聚力增强了；再如，笔者从央视的《朗读者》节目得到启发，在班上经常组织"与经典为伴，以经典养德"主题朗读比赛，让学生发现文字的魅力，发现背后的故事，从而更好地认识生活、思考人生，以更加积极的态度投入到集体的奋进中；又如，通过鼓励学生积极参加学校组织的会操表演、篮球赛和合唱比赛等大型校级活动，全班同学团结一心，通过活动把个体的力量拧成一股绳，实现"星星之火"的力量汇聚。由此，通过举行、参与各种活动培养学生的竞争意识和团队意识，增强学生对"星火"文化的认同感和自豪感。

五、班级主题班会示范

"筑梦三载，星火相传"主题班会

（一）设计背景

刚上高三的学生一方面对未来一年的拼搏满怀憧憬，另一方面大部分学生有较大学习压力，不少基础差的学生易陷入目标过高和现实过难的矛盾，心理上的"习得性无力感"导致理想迷失，产生无能为力、放弃努力的心态。在此背景下，需要激励成绩好的学生再接再厉，鼓励基础薄弱的学生坚定信念不懈奋斗，进而引导全班同学在高三一年同心、同向、同行为高考，发挥"星火"精神，力求十年磨剑铸辉煌。

（二）教育目标

1. 明确的目标是成功的前提，坚定地追求是实现梦想的基础，希望通过此次班会让学生明确各自的目标，对自己的梦想坚定不移，并转化为高三前行的强大动力。

2. 通过班会，在班级层面统一思想、明确目标、鼓舞士气，团结班级合力，为决胜高考奠定坚实的基础。

3. 通过主题班会，了解到学生的需求以及他们的心理特点，教师才能给予更加清晰而有针对性的引导，帮助学生在未来一年的学习道路上走得更好。

（三）活动准备

1. 在班会前搜索各大高校在上一年的录取排位，整理成数据表格。

2. 提前统计每位学生心仪的高校（可多个），收集好各大名校的图片，并准备好对应的介绍。

3. 给孩子们准备信封和信纸。

（四）活动过程

1. 导入：2020年网民票选人生十大遗憾之事，位于榜首的是"未能珍惜年少考入好大学以致此生碌碌无为"。由此引出班级系列活动的主题"过一个星火璀璨的高三"。

2. 我的理想大学：各小组依次上台，派代表介绍小组成员心目中的理想大学，结合前期准备工作，图文并茂地向同伴介绍大学的有关情况。

3. "我的理想大学，可及吗？"班主任向学生介绍相关高校历年的录取成绩和大致排位，把学生的理想目标具体化，可视化。引导学生树立一个远大且实际的理想。

如果目标过高，你又未能实现它，那么这个失败会给你带来强烈的影响。它会令人不想再为任何事情去努力。

如果目标过低，唾手可得的成功便不叫梦想，你所获得的成功也远不是你本可以达到的高度。

因此，一个聪明的人应当树立一个远大并且实际的目标，即从实际出发且并非轻易实现的目标。

4. 分解目标，落实行动。

我的理想分数与我的现状差距还有多大？

理想分数的各科组合是怎样的？

哪些是我的优势科目？弱势科目的突破口在哪里？

决定你是否配得上这份"理想"的，不是你现在的成绩，而是你愿意为之付出的努力。你背不下来的书，总有人能背下来，你做不出来的题，总有人能做出来，你愿意拖到明天的事，总有人今天努力做完，那么不好意思，你想去的学校也只能别人去了，你想过的人生也只能别人过了。

5. 定格梦想，璀璨星火。

（1）给自己写一封信——"致高三的自己"。

（2）为自己设立"梦想级目标、挑战级目标、满意级目标"三个档次的理想大学并列出"过一个不遗憾的高三"的十个小目标。

（3）把每个学生的理想大学制作成目标墙在班里展示，引导学生凝心聚力，朝着个人的目标和集体的共同目标奋力前行。

6. 总结。

生命中有许多个瞬间，其实在冥冥中就已经有了答案，却在经年后才会恍然大悟。你也许不知道，你今天所向往的一所大学，可能带给你什么。它也许给你似锦的前程，也许给你充实的青春，也许你就在那个大学所在的城市尘埃落定。几年后，你走在一条林荫路上，那感觉似曾相识，熟悉而陌生。你会发现，彼时满眼的绿色，都来源于今天筑下的一个梦。

以人为本，和乐润德
——"乐学班"班级文化主题建设活动方案

一、班级主题阐述

"乐学"一词，最早见于沈括的《梦溪笔谈·乐律二》："唐人乐学精深，尚有雅律遗法。"此词初指有关音乐的学问，后来则有"学科"的意味。《论语》开篇即提到"学而时习之，不亦乐乎？"孔子将读书境界分为三个层次，即"知之者不如好之者，好之者不如乐之者"，其中"乐之"为读书人的最高境界，属于生命的情感体验。乐学，指学习者积极主动地进行学习，感受到学习的愉悦。简言之，就是要乐于学习。乐学思想认为，学习可以成为一件快乐的事情，乐学是学业成功

的要素，是将学习变为一种个体生命自觉。从班级文化建设的角度看，乐学是遵循学生心智发展的自然规律，以培养学生快乐的心理品质和健全的人格品质为切入点，营造乐观向上的成长环境，培养学生自信、进取的心理品质，使学生好学、主动学、在愉悦的环境中学，进而实现德育上"关照全体—关注主体—关注精神内核"的三步跨越。

二、班级育人目标

1. 能积极主动地投入到学习中去，充分享受学习带来的乐趣，真正激发起学生的学习动力，从而树立终身学习的信念，养成热爱学习的品格。

2. 达到知、情、意并茂，促进学生情感的升华，实现在发展中求愉快，在愉快的学习中修养自身品性，建立起正确的世界观、人生观、价值观。

3. 使学生拥有创造快乐的能力，培养他们寻求快乐、保持快乐的心理素质，拥有更加健康的人格，在健康快乐的状态中增长知识、增进智慧、增强修养，做一个幸福的人。

三、班级文化元素

（一）班级名称

乐学班。

（二）核心理念

乐观——阳光学习：乐观是一种豁达的人生态度，更是一种能力。抱着乐观的心态学习，才能坦然从容，不畏惧困难。未来的路有多长，只取决于你何时放弃努力。一个人只要始终对自己不放弃，不失望，坚持奋斗，一切皆有可能。怀着乐观学习的思想，并付诸持之以恒的努力，才能成就内心的充盈、强大，像不落的太阳，点燃自己、照耀别人。

乐怡——自主学习：人和动物最本质的差别就在于人能够更加理性地自省、自控、自我调整从而获得自我成长。学生是学习的主人，学生只有真正以主人的心态进行学习，才能充分发挥主动性去探索不同的学习方法，体会到学习的乐趣。关注学生的学习，就要唤醒其自主学习的欲望，帮助其找到适合自己的节奏，顺性扬长，怡然自得地学习，才能在学习中找寻真正的快乐和成功体验，快乐学习，自信成长。

乐享——合作学习：一个人可以走得很快，一群人才能走得更远。学习本身需要吃苦，但是合作学习可以让学生在互动、互帮、互助中收获更多的学习乐趣。当然，每一个人的认真自学是合作学习的前提，只有每一个人都自学了，才能在思考中产生真正的疑问，进而合作交流，形成建构。从群体动力学的角度看，只有相互间的积极互动才能为组内的每一个成员提供动力，使他们互勉、互助、互爱，使他们确信"你能帮到我，我能帮到你"，从而具备相互合作和相互尊重的意识，在学习共同体中体验快乐分享。

乐学——热爱学习：一个在外表上总是表现出努力勤奋的孩子，若"内心动作"并非源于热情、爱、探索和追求，他很有可能是被某种外部评价或客观物质的获取而驱动，因而那些表象中的坚持和努力并非能够证明他已拥有了内驱力。学有所成，需要坚持不懈的努力，更需要驱动努力的热情。只有让学生对学习保持热忱，才能激发真正的内驱力，在快乐的状态中持久努力，终身学习。

（三）主题班歌

乐学歌

行到云深深处，书山峻岭。
借书经风声，忆夫子叮咛。
学而时习之，不亦说乎。
乐是乐此学，学是学此乐。
不乐不是学，不学不是乐。
乐便然后学，学便然后乐。
乐是学，学是乐。
呜乎！天下之乐，何如此学。
天下之学，何如此乐。
知学好学乐学，悠然自得。
学有所获所乐，学有所悟所得。
知之者不如好之者，好之者不如乐之者。
学不至于乐则不安，终非己有。

（四）班徽设计

班徽的主色由三原色组成，意寓孩子们在学习中享受到徜徉知识海洋的纯粹快乐；图案由人物简笔画和书本构成，形成"孩子们欢快跑向书本"的意向，这也是"乐学"的初衷，而用手围成的心形及其背后的太阳象征着老师对孩子们的呵护关心和殷殷期盼。

（五）班级班训

和谐友善，乐学雅行。

（六）班级口号

我学习，我快乐！

（七）班级公约

快乐学习，日进一寸，不懂就问，温故知新。

快乐阅读，浸润书香，开卷有益，丰富人生。

快乐做人，不计得失，大度处世，坦诚交友。

快乐生活，心向阳光，和谐健康，多元发展。

四、班级建设活动设计

（一）总体思路

坚持爱和平等的教育原则，让学生在关爱、关注、鼓励中幸福成长；坚持主体性原则，给学生展示自我的机会，放飞成功的梦想，使学生在愉快的心理体验中促进主体状态的积极向上，奋发有为；坚持环境育人原则，发挥书香的、乐雅的、智慧的育人环境的功能，让学生在美好的环境中收获愉悦的心境。

（二）实施策略

斯宾塞说过："我们都希望自己的孩子能够生活得快乐幸福，既然快乐是我们教育的目的，那么，教育的手段和方法也应该是快乐的。这就好比一根细小的芦苇管，你从这一头输进去的若是苦涩的汁水，孩子们从另一端获得的也绝不会是甘甜的蜜汁。"为了达成"乐学班"的班级文化，我们确立了以下实施策略。

1. 优化环境，营造和谐之乐

环境育人是"乐学班"班级文化的重要组成部分。通过柔和明快的色调，精巧活泼的造型贴纸，让师生真切地感受到学习环境的温馨与美好，为他们快乐地学习、生活创造适宜的环境。我们充分利用班级教室后面的黑板和墙面，设立"每日鸡汤"，通过每天给学生传递一句正能量的话语，引导学生保持更加阳光的心态。班级配有物品储藏柜，所有物品都有固定的位置，所有窗台都有花，地面无纸屑杂物，墙面无球印、脚印，无乱涂乱刻乱贴，窗帘、纱窗时刻保持干净，干净有序的环境让人心情也跟着明朗。班级小黑板设有"每日一乐——脑筋急转弯"，学生按照学号顺序每天给全班同学出一个脑筋急转弯，猜中的同学可以获得来自出题者的小奖励一份，借此为孩子们单调的学习生活带来许多欢乐。同时，在班级贴有"日进一寸，每一寸皆为欢喜""知之者不如好知者，好知者不如乐知者"等格言警句，发挥优秀传统文化对人潜移默化的作用，让身处其中的老师和学生都能够身心愉悦。

2. 书韵飘香，感受阅读之乐

快乐学习应当从快乐阅读做起。莎士比亚说过："书籍是全世界的营养品。生活里没有书籍，就好像天空中没有阳光一样。"读书可以使人更充实、丰富，使境界提升，改变气质，对人的言行举止、处世方式都有益处。读书也可以开阔视野，书本中的知识可谓是包罗万象，一个人的生命是有限的，让有限的生命洋溢着书香，闪烁无限的光芒，这才是人生的乐趣。为此，班级通过设立图书角，发动学生参与"我为好书代言"，每人为班级捐一本好书，通过每个人的努力打造起来的阅读空间更显得有意义。并且，学生在阅读中接受熏陶，感受阅读之乐的同时，也会乐于和图书推荐人交流阅读心得，进一步享受交流带来的快乐。此外，开展"每天半小时，阅读伴成长"读书活动，活动分为亲子读书、班级读书、教师读书三个层面，让教师做学生读书的领航者，让家长做孩子读书的引路人，让学生做个快乐的读书人。用优秀的文化去构建学生的品德美，培养学生的优秀才能，铸造学生的良好行为，让学生乐于学习，让书籍点亮学生的人生。

3. 取长补短，成就合作之乐

通过在班级组建学习小组，小组成员之间性格互补，优势互补。每个小组组成一个学习战队，推选战队队长，拟定战队名称，并借用班会课在班级宣读小组平时的合作学习方案，通过阶段性学习成果的PK，小组和小组之间既有竞争又有合作，在增强班级学习活力的同时也极大提高了学习本身的乐趣。通过小组合作学习，学生之间借互动交流实现优势互补，从而促进知识的完整建构。并且在小组成员间构建开放、包容的学习氛围，小组与小组之间还能够相互激励，相互促进，进而充分发挥学生的主动性，让学生在学习中产生愉悦感，在同伴互助的过程中减轻了压力，增强自信心，最终实现"合作共赢，快乐学习"的理想学习模式。

4. 顺性扬长，体验成功之乐

"雪花和花瓣，早春和微风，细沙和风暴，每个孩子的感受都是独特的"，而丰富多彩的主题活动既是展现孩子独特个性的有效载体，也是开展班级文化建设的有效途径。通过开展学生喜闻乐见的班级活动，让学生在充满欢乐的活动中浸润心灵、陶冶情操、培养品德，达到"润物无声"的效果。例如，根据学生的兴趣爱好和艺体特长开展系列活动："阳光体育游园"，铸就健康体魄；"乐在棋中"，开启智慧人生。通过每月一次的集体生日会，以宿舍为单位轮流承办主演节目，让有特长的学生在活动中充分展现自我魅力，释放自己的个性，体验成功的快乐，树立自信人格。

五、班级主题班会示范

"以勤为舟，乐游学海"主题班会

（一）设计背景

对于刚上中学的孩子们而言，由于初中的学习任务和难度相对小学都有较大的提升，不少学生难以适应节奏加快的校园生活，甚至觉得童年的快乐时光已经过去，眼下只有枯燥无趣的学习。悲观消极的心态和压力不管是对学生的人格成长还是学习的效果来说，都没有好处。基于这样的背景，通过召开主题班会，帮学生探寻学习的快乐和意义，同时借助身边的榜样力量，激励学生对学习燃起热情，快乐而充满自信地投入到学习中。

（二）教育目标

1. 通过趣味小故事的讲述让学生感受到学习本身的乐趣，通过冷门知识比赛让学生感受到学海的广博和魅力。

2. 通过思考学习的意义，深化对学习和知识价值的认识，提升学习的原动力。

3. 通过班级乐学榜样的经验交流与分享，将乐学意识转化为切实的行动，导之以行。

（三）活动准备

1. 确定冷门知识比赛的主持人和负责人，准备好比赛题库。

2. 以小组为单位，每组六人，全班共分为若干个小组，以便班会活动的开展。

3. 挑选两名乐学榜样并让其提前准备好经验分享。

（四）活动过程

1. 环节一：故事导入

你觉得学习快乐吗？先听一听小故事吧！

如何能五次都准确地预测足球比赛的结果？

有一天，乔治在邮箱中看到一封标题为"令人吃惊的足球比赛预报"的邮件。他好奇地点开了它，里边写着：亲爱的球迷，我们知道你是个怀疑论者，凡事不会轻易相信，可我们确实已经设计出了绝对准确的预报足球比赛结果的奇妙方法。今天下午，英格兰足总杯将进行第三轮比赛，对垒的是考文垂队和谢菲尔德联队，我们预报考文垂队将会取得胜利。

乔治看过后，轻蔑地一笑，没有当回事。晚上，他收看电视里的比赛结果，考文垂队果然势如破竹赢得了比赛。

三个星期后，乔治又收到了那个人发来的一封电子邮件：亲爱的球迷，你是否还记得，在上一轮足总杯比赛中，我们曾事先准确地预报了考文垂队获胜？今天考文垂队要和密德斯堡队交手了，我们的预测是密德斯堡队获胜。同时我们强烈地奉劝你不要和别人去赌输赢，但请你密切关注比赛结果，看看我们的预测结果是否准确。

结果密德斯堡队真的以2∶0的比分胜出。这回乔治有点惊讶了。

过了几天，那个人的电子邮件又来了，预测密德斯堡队将在第五轮比赛中失利，特伦密尔队将会打败它，结果果然如此。

而在四分之一决赛前，那封电子邮件又告诉乔治特伦密尔队将老老实实地输给陶顿亨队。事实果然如此。

四次预测，四次全都说中了！接着，那个人在电子邮件中对乔治说：我们买断了一个数学家最新的研究成果。现在你大概相信，我们确实很有把握，能够料事如神。在半决赛中，阿森纳队将会打败伊普斯维奇队。

乔治是个不服气的人，他通知了许多朋友，下午一起看球赛直播，并且计划在阿森纳输掉后，大肆羞辱那个信口开河的家伙。但是在落后的情况下，阿森纳队奋起直追，最后竟以2：1获得胜利。太不可思议了！

第二天，那个不可思议的邮件又来了，这回他说：亲爱的球迷，你已经体验了我们神奇的足球预报，现在你信服了吧？我们已经做出了五次正确的预报，五发五中。你一定会同意它绝非运气，尤其是所有的冷门我们都猜中了。现在我们和你做一笔特殊的交易：在一个月的时间内，我们向你提供比赛预报，你只需支付200英镑的定金。然后，发一封电子邮件，把参赛的两个队告诉我们，我们就会将预报结果通知你。我们殷切地盼望收到你的订单。200英镑的要价确实不低，但如果事先能知道哪一个队会赢，就完全可以从彩票商的手中赢来20万英镑。当然，乔治也怀疑过，他们是暗地里操控球赛的财团，但是这一切都与乔治没关系，只要预报结果准确就行了。于是，他掏出了200英镑。

聪明的同学们，你们想明白那个人为什么会屡猜屡中吗？这可是和数学紧密相连的呀！

一开始，他们向球迷群发了8000封邮件，一半是预测甲队获胜，另一半是预测乙队获胜，于是就有4000人得到的预测是准确的，另一半人则会把它当成一个笑话忘掉。下一次，他们只给得到"正确预测"的4000人发送邮件，一半是预测丙方获胜，另一半是预测丁方获胜……以此类推，所谓的预测者总是给得到"正确预测"的一部分人发送新邮件。最后，剩下250人收到的预测结果便全部是正确的，他们当然会认为这个预测绝对灵验。其中，假如有50人掏出200英镑来，对于骗局的策划者来说，就是一笔很可观的收入了。因为他们除了发送电子邮件外，不需要任何本钱。这不正是无本买卖，那骗子也是好学之人呀！

学习中其实有很多乐趣，大家要有一双善于发现乐趣的眼睛。但不可否认的是"学海无涯苦作舟"，学习又是一件艰苦的事情，有的同学讨厌学习，终日痛苦不堪。我们应该怎么苦中作"乐"呢？

2. 环节二：冷知识比赛。

准备五十个快问快答的冷门知识，以小组为单位进行抢答。

通过感受多样、有趣的知识，激发学生的好奇心和求知欲。

3. 环节三：学习到底有什么意义

小组合作讨论发言

（1）学习可以立身兴业。学习是立身之本，学习是兴业之基。一个人生存能力的强弱、工作业绩的大小，主要取决于他的学习能力。无数实践证明，不学习无以立足，不学习难以立业。当前，社会竞争十分激烈，一些单位和个人为了生存和发展，都在全程学习、重新学习，毫不懈怠地学习。

（2）学习可以把家国情怀践之以行。袁隆平爷爷、钟南山院士、张桂梅老师等时代英雄楷模都是通过自己的努力学习，用科学知识奉献社会，服务人民。只有勤奋学习，修得一身本领，才能把挂在嘴边的家国情怀真正转化为为人民服务的真本事。

（3）学习可以解决本领恐慌。七十多年前，毛泽东同志在延安窑洞里指出："我们队伍里边有一种恐慌，不是经济恐慌，也不是政治恐慌，而是本领恐慌。如果不更新知识，我们将面临被淘汰的危险。"

4. 环节四："乐学"榜样经验分享。

在班级推选两名乐学、善学的学生代表，和学生做关于学习方法和心态调整的经验分享，供学生借鉴。用身边榜样的力量激励学生勤学、乐学。

5. 活动总结

乐学就是快乐学习，热爱学习，并且能够恒久地以阳光心态坚持终身学习。乐学是一种心态，一种品质，甚至也是一种学习能力。希望大家以勤为舟，乐游学海，在自我奋进和合作学习中追寻学习的真谛，享受幸福人生！

创新为径，规矩成圆
——"规矩班"班级文化主题建设活动方案

一、班级主题阐述

《韩非子·解老》云："万物莫不有规矩。"

"规"指的是圆规，是木工用具；"矩"也是木工用具，是指曲尺，所谓曲尺，是一直一横成直角的尺。"规矩"可解作一定的法则、标准、规范或习惯。创新即创立，是指以现有的思维模式提出有别于常规或常人思路的见解为导向，利用现有的知识和物质，在特定的环境中改进或创造新的事物、方法、路径，并能获得一定有益效果的行为。当今社会发展中，是非常需要创新人才的，事物的发展离不开创新，但随着经济的发展以及互联网的高度普及，部分高中生受到一些不良社会风气和不良媒体的影响，误把过分大胆的、偏激的行为当成创新行为。我们以"规矩班"为班级文化的育人目的，旨在纠正部分高中学生的不良行为习惯，同时也让其明白创新虽是打破常规，勇于创造新的事物，但并不是无下限地突破规矩的束缚。创新的成果需要规矩的保护。

二、实现目标

（一）通过"规矩"规范学生的外在言行，使其遵守法律法规，服从组织纪律，养成良好的行为习惯。

（二）让学生认识到创新一方面是在规矩的基础上进行的，另一方面创新完善了规矩，甚至创造新的规矩，创新的成果需要规矩的保护。

（三）让学生在守"规矩"并积极进取的班级文化氛围中深深体会到守"规矩"与"创新"两者并不冲突，进而在遵守规矩中更加积极进取地学好文化知识，为更好地创新做准备。

三、班级文化元素

（一）班级名称

规矩班。

（二）核心理念

规矩之容，重在关注符合中学生规范的仪容、仪表。在外在形象方面，学生应做到在校穿校服，衣着干净、得体，符合学校现实，形体端正，展现良好的符合中学生规范的仪容仪表。

规矩之言，重在关注学生日常交际语言。在语言交流方面，学生应首先做到使用规范的语言，使用标准化的现代汉语词汇，不使用令人费解的语言符号，或者是旧词新解、网络奇特语言；其次，不恶语相向，不说脏话；书写规范整洁，用标准化的现代汉语句子进行交流。

规矩之行，重在关注学生日常的行为举止。在日常的行为举止方面，第一要遵守学校的规章制度；第二，要讲规矩，明礼仪，不抽烟，不喝酒；第三，要讲卫生，明荣辱；第四，要守纪律，明责任，要符合《中学生守则》的规定。做文明人，行文明事。

规矩之学，重在关注学生的学习态度及学习目标。首先，课堂上要行规矩之事，上课坐姿要规范，不要左顾右盼，要面向讲台认真听讲；其次，独立思考、独立解题，按时、保质完成老师布置的作业，在课后认真思考、拓展。以全面发展、不留短板、活学活用、厚积薄发作为自己学习的行动目标，不断加深自己的学问功底，始终保持旺盛的求知欲与创新思维，这样才能在知识积累中有所创新，体现创造力。

规矩是一种分寸。凡事不能过头，过犹不及。做一件事，过了头和达不到，这两种效果其实是一样的。

规矩是一种底线。一个人没了底线，就什么都敢干。一个社会没了底线，就什么都会发生。在不断学习、创造的路上，同样也需要守规矩，守住底线，才能在创新的路上走得更远。作为中学生，守住底线，不仅在于做了多少事，更在于明白哪些事做不得。

规矩是一种存在。自然规律是规矩，社会习俗是规矩，规章制度、法律法规、组织纪律、班规同样是规矩。

（三）班级公约

以我规矩之容，展我青春之姿；

以我规矩之言，展我少年之风；

以我规矩之行，展我活力之貌；

以我规矩之学，展我创新之思；

在规则中自由成长，自由在规则中拥有；

在规矩学习中成长，思维在创新中放飞。

（四）班徽

颜色：以白色为主色调，辅之以红色和银色。以明亮简洁为主。

图案：班徽为方形，最下方画一个红色的开口的圆，在圆心处延伸四条互相垂直的线，其中的一条线上放一把透明的直尺；图片的最中间是一个打开的三角形状的银色的圆规，在圆规的上面是一条缠着圆规的飘逸的红丝带。寓意以规矩为圆，契合"规矩班"的班级名称。而开口的红色圆及飘逸的红丝带寓意"创新"，红丝带在圆规之上，寓意着创新与规矩之间的关系。

（五）班训

有规有矩方可成大圆。

（六）班级口号

规矩严明，创意无限。

四、班级建设活动设计

（一）总体思路

以"规矩"为主题，规矩之容，规矩之行，侧重于学生外在行为的规范，融合班级硬件建设以及文化活动建设，需要通过教室环境的布置与行为准则的落实来实现。同时结合学生年龄特点，关注学生道德修养与精神品质，需要通过主题教育实践活动等来形成。实施过程中，可以软、硬件相辅相成。班级建设活动的设计分为以下两点：

1. 创设班集体的物质文化氛围，贯彻"规矩"的核心内涵；

2. 开展与主题相关的活动，使学生在实践中领悟规矩之内涵。

（二）实施策略

1. 优化教室环境布置，构建班级文化氛围

制作班级板报，板报内容与"规矩"的内涵相关，可以潜移默化地深化学生对班级理念的认识。在教室前后设立与"规矩""创新"有关的格言横幅。设立班级图书角，放置与规矩有关的传统名著古籍。设置班级规范宣传栏，让学生时刻遵守规范。

在班级布置中，在教室的两边墙壁上，贴与"规""矩"有关的图片；在教室的入门之处，张贴体现"规矩与创新"的班微；教室国旗下方张贴班级班训："有规有矩方可成大圆"。教室后方张贴班级口号："规矩严明，创意无限"，以加强学生的认识。

教室讲台上可以悬挂或摆放一些与"规""矩"相关的作品，教室里也可摆放一些需用"规""矩"才能制作完成的精致的小木工制品，以增强教室的氛围。

班委组织带领全班学生分成四个小组，以小组为单位，每月绘制板报，板报主题充分融入"规矩班"班级文化内涵。在板报的右下角，留下一小块空白，展出班里同学的规矩之容、规矩之行的照片。

2. 养成"规矩"的个人生活习惯

班级文化的构建，离不开每一位学生的行动。班级通过"规矩"主题德育教育，让学生深刻认识规矩之容、规矩之言、规矩之行、规矩之学的理念，同时也明白习惯与作风的重要性，并将这些习惯进行细化，交由相应班干组织落实。例如由班委组织，全体同学表决，使班级座位规矩摆放，按一定规则来轮换；早读开始前、晚修开始前清理桌面、整理学习资料，使桌面的学习资料规矩摆放。

开展形式多样的活动，可以使学生通过实践来深化创新与规矩之间的关系。例如，参加学校的跑操活动，可按规矩排成一定的队形，这个队形可由班委组织，学生自由创新，最后投票形成，跑操时就按照此队形来，这可使学生养成有规有矩的意识，同时，也可让学生体会创新与规矩的关系。创新是在一定的规矩中创造的，同时，创新之后又形成了一定的规矩。

3. 多彩主题文化活动，形成稳定多元的评价体系

由班干部组织，班级学生代表讨论形成班级的规矩，制成班规，由班干部跟进、反馈，公示"规矩班"学生行为评价标准以规范学生的举止与谈吐，通过学生的互相监督，纠正不文明行为，引导学生做到行为举止规范、言语得体。

种植我们的"规矩"树。在教室的一角，用废弃的材料制作成环保树干，树枝分别由、规矩之容、规矩之言、规矩之行、规矩之学这几大树枝构成。而小树枝、树叶由班里的同学的照片来构成。由班里同学每周投票产生最符合规矩之容的同学为班级"容之星"，由班委评议产生每周谈吐最符合规矩之言的同学为班级的"言之星"，由班主任老师评出每周行为举止最符合班规的"行之星"，由班级各科任老师评出班级每周的"学之星"，每周把这些获星同学的照片张贴在"规矩"树上，让同学的美好形象形成"规矩"的参天大树。激励更多学生向班级公约看齐、向优秀典型学习。

五、主题班会

创新为径，规矩成圆

——"规矩班"主题班会设计

（一）背景

当今社会，创新是引领发展的第一动力。事物的发展离不开创新，但随着经济的发展以及互联网的高度普及，刚升上高中的孩子由于认知和行为还很不成熟，很容易受到一些不良社会风气影响，当中不乏误把过分大胆的、偏激的行为误当成创新的行为。"创新为径，规矩成圆"主题班会旨在纠正部分高中学生的不良行为习惯，同时也让其明白创新虽是打破常规，勇于创造新的事物，但并不是无下限地突破规矩的束缚。

（二）教育目标

1. 提高学生对于规矩的认识；
2. 纠正部分学生的不良行为习惯；
3. 让学生在体会规矩中学会创新，同时明白创新与规矩的关系。

（三）活动准备

1. 班委策划组织本次活动，调动班里同学参加；

2. 准备视频资料；

3. 成立班会节目组，围绕"规矩"主题排练小品；

4. 班会活动前，教室座位应重新摆放，在教室前方留出空地，便于主持及表演等。

（四）班会活动形式

讲故事、读古代名言、分组讨论、演小品。

（五）班会活动过程

活动1：故事导入，揭示主题

主持人甲讲故事（鲁班的故事）：我国的土木工匠祖师鲁班教他的徒弟做圆台和方台。可是徒弟怎么也做不圆、造不方。于是，徒弟就去请教师傅。鲁班听后，笑而不语，他拿出两样东西给徒弟。徒弟疑惑地接过这两样东西，心想这两样东西有什么作用呢？他拿着这两样东西比画来、比画去。突然，他拍了一下脑门，说："哦，我明白了。"于是他飞快地做了起来，不一会儿，徒弟就做出两件十分像样的木制圆台和方台。

主持人乙提问：这两样是什么东西？

班里同学抢答，揭示主题。

活动2：看一段展现社会美好现象的视频

主持人乙：下面让我们来看一段视频。（观看文明礼仪宣传片，时间：4分钟）

主持人：从视频中，我们看到了如果人人都遵守规矩，将会是多么和谐。从视频中我们也看到，规矩的行为是哪些，作为中学生，我们应展规矩之容，展规矩之貌，讲规矩之言，举规矩之行！我们应该规矩地展现我们的青春，在规矩的行动中展现我们的活力，在规矩的学习中无限储备我们的知识，用我们的智慧来为这个文明的社会贡献我们的创新、创造。

活动3：主持人甲读古代与"规矩"有关名言，学生分组讨论

以名言警句展示规矩在日常生活中的作用。读完名言之后，学生分组讨论交流，就如何从日常生活中去遵从中学生的"规矩"积极发表意见；班干部从各小组讨论发表的意见结果中提炼出班规、班约。（体会规则是大家制定的，初步尝试自

己制定规则，并能自觉遵守规则。）

活动4：表演小品

小品内容：两位同学，一位是遵守"规矩"、扎实治学的学生，学到了丰富的文化知识，形成良好的思维模式，从而进入名牌大学后，运用自己的创新思维创造出许多的发明成果；一位是不遵守"规矩"，特立独行、标新立异、上课不守规矩，高中毕业进不了大学深造，找不到工作，苦恼于自己一事无成的同学。展现日常的不同行为举止，以及他们毕业后的交流、交谈，后一个同学追悔莫及，深刻认识到应该在规矩的行为中学会创新。同时明白创新与守规矩的关系，明白创新虽是打破常规，勇于创造新的事物，但并不是无下限地突破规矩的束缚。

（六）活动总结

同学们，从这次活动中，我们不但知道了规矩无处不在，明白了在日常行为中守规矩的重要性，也明白了创新与守规矩的关系，创新虽是在思维上、在知识层面上打破常规，勇于创造新的事物，但并不是无下限地突破规矩的束缚，更加不是在行为上标新立异，不遵守规则、纪律，行不文明之事。我希望，以后我们全班同学都能展规矩之容，行规矩之事！

融达天下，携手前行
——"融和班"班级文化主题建设活动方案

一、班级主题阐述

"融"字，本义为固体受热变软或化为流体，如融化、融解、消融。后引申为调和，和谐。在新时代，听得最多的是"融和"一词，要融才能和，和必须要融。对于班级文化建设而言，要做到"容人""融智""荣志"。（容：海纳百川，有容乃大；融：梦想起航，无融则滞；荣：自信乐群，争创荣耀。）

二、班级育人目标

（一）了解"融"文化的核心理念（容、融、荣），通过班级环境布置、制度建设和活动引领，营造浓郁的"融"文化氛围。

（二）"容"适用于新建的班集体，引导同学们尽快融入班集体并领会与同伴、老师和家长的沟通之道，解决人际交往困惑，形成较好的人际交往能力。

（三）"融"是希望同学们找到自己的梦想和动力，掌握各科的学习方法，用"融"的思维对待不同的学科，真正做到融会贯通，不断提升自己的学习能力，形成终身学习的习惯。

（四）"荣"旨在引导同学们培养乐观自信的品质，乐群向上，以班集体为荣并尽自己的努力为班集体争创荣耀。

三、班级文化元素

（一）班名

融和班。

（二）核心理念

"容人"：海纳百川，有容乃大。

"融智"：梦想起航，无融则滞。

"荣志"：自信乐群，争创荣耀。

（三）主题班歌

相亲相爱一家人（改编）

我希望，一进班就能给同学们最亲切的问候

我希望进教室就看到大家微笑的脸庞

我喜欢一进班就为了父母和自己的理想打拼

我喜欢融和班心朝着同一个方向眺望

我喜欢快乐时，马上就想要和你分享

我喜欢受伤时，就想起你们温暖的怀抱

我喜欢犯错时，就想到你们永远包容让我宽心

我喜欢感动时，一起把美好记忆放心里

因为我们是一家人 相亲相爱的一家人

有缘才能相聚 有心才会珍惜 何必让满天乌云遮住眼睛

因为我们是一家人 相亲相爱的一见人 有福就该同享

有难必然同当 用相知相守换地久天长

（四）班训

融达天下，携手前行。

（五）班级口号

融班起航，势不可挡；

融班协力，创造奇迹。

（六）班级公约

1. 一个中心：以班集体为中心。

2. 两个基本点：追求个人理想、班级荣耀。

3. 三个学会：学会学习、学会做人、学会处世。

（1）学会学习：我要自强不息，精益求精，追求进步。

（2）学会做人：我要在道德上做个好人，学习上做个能人。

（3）学会处世：我要知书达礼、和而不同；我要相互尊重，共荣共进；我要尊敬师长、尊重同学、孝敬父母。

四、班级建设活动设计

（一）总体思路

"融和班"紧密围绕"容、融、荣"三层内涵，三层内涵在各自侧重的方面都渗透着融思维和融文化，无论是思维还是文化都必须要通过环境氛围和各种活动来实现对人的影响，达到育人的目的。因此，班级建设活动设计主要有三个方面内容：班级环境布置、制度建设和活动引领。

（二）实施策略

1. 优化班级环境建设，展现融和之美

（1）门口：利用电子班牌展示班名、合照、班级文化核心理念。对外宣传展示班级核心文化，对内增强同学们的班集体意识。

（2）门背后：粘贴由同学们共同设计的艺术字"容""融""荣"。既能提高同学们的艺术修养，又能锻炼同学们与人相处合作的能力，更重要的是让同学们了解融文化的核心理念。

（3）教室墙壁：悬挂照片集。个人展示区：能展现个人风采的照片，每张照片都要精心挑选并能够讲述背后的小故事；小组展示区：每小组提供一张体现"融"内涵的小组合照，并能讲述照片的设计与构思；集体展示区：每次班集体活动都留影，照片上墙，同步更新；荣誉区：每月评选的先进个人和小组的照片。

（4）黑板报：以小组为单位，每月设计和制作与"融"内涵，即"容、融、荣"相关的板报，让同学们潜移默化地深化对融文化的认识，更好地实现育人目标。

（5）黑板报两侧：张贴班训"融达天下，携手前行"，口号"融班起航，势不可挡，融班协力，创造奇迹"，班级公约。目的是增强同学们对融文化的自信以及对融文化的认同感。

（6）绿植区：由小组成员挑选并养护一款绿植。目的是优化教室环境，增强同学们的责任心。

2. 开展丰富班级活动，扭住融和之机

王国维在《论教育之宗旨》中说："教育之宗旨何在？在使人为完全之人物而已。何谓完全之人物？谓使人之能力无不发达且调和是也。""融"文化依托融教育，通过主题系列活动浸润全人教育。通过开展主题班会，落实课程育人；开展"一封家书""班徽、融内涵主题字设计""建党一百周年热播电影欣赏""志愿者进社区""我为老师、同学、家长完成一件事""评选先进个人和优秀小组""融主题书法比赛"等活动实现活动育人，让学生在活动中体验，在体验中成长；家校共育，请优秀家长进课堂实现协同育人，发挥榜样的作用，以正能量示范引领学生成长、成人、成功。

当然，学生教育重在平时，每周争取与一位学生深入交流，及时了解其思想动态与学习状态，在日常教育教学中抓住各种教育之机，一定能事半功倍。

3. 制定班级规章制度和评价体系，打造融和之魂

以小组自主管理为特色，在班主任老师的指导下，围绕"融和班"核心理念与目标，让学生做班级管理的主角，发挥学生自我教育、自我管理的积极性，使学生在班级自主管理中学会自主认知、自主组织、自主监督、自主调节和自主评价，从而主动认知自己、发展自己、激励自己。正如苏霍姆林斯基所说："只有能够激发学生去进行自我教育的教育，才是真正的教育。"

第一步，制定阶段。需要制定与班级目标相符的评价方案。

第二步，讨论阶段。要发扬民主，让每一位学生都参与到制定和讨论中，还要发挥集体的智慧，吸纳科任老师和家长代表的意见和建议，尽量让方案做到合理，可操作性强，得到学生、教师和家长的普遍认同。

第三步，宣传阶段。人人知晓与重点培训相结合。利用班会课、家长会等契机向学生、家长宣传评价方案的内容，同时要定期培训班干部、课代表、小组长等，发挥他们的模范带头作用。

第四步，实施评价。

①注重过程，量化评价。制定班级量化表（见下表），具体包含出勤、学习（作业、测验）、好人好事宿舍等要素，让每位同学都明确自己每天的得与失，以便于明确日后的改进方向，提高自我反省能力。

班级量化表

	出勤	学习（作业/测试优）	好人好事	宿舍
A同学				
B同学				
C同学				
D同学				
E同学				
F同学				
G同学				

②关注结果，注重反馈。利用宣传栏、黑板报，及时公布评价结果，做到一周一小评，一月一总结，一学期一表彰，把小组评价和个人评价相结合，增强学生的个人和集体荣誉感，培养同学们的相互协作的精神。

③树立典型，榜样引领。开展向典型看齐，向榜样学习的活动，激发学生追求进步，积极向上的动力。

五、班级主题班会示范

"融己融人，携手前行"主题班会

（一）设计背景

新班级的建立，需要软硬文化的建设，让同学们能认识了解班级文化，主动接受班级文化熏陶，增强其认同感和荣誉感。高中生面临的压力来自各个方面。有研究显示，接近三分之一的高中生有较大的压力，在压力源的排行榜里，人际关系方面的压力居于首位，因此对于新组建班级，如何让学生尽快融入新班级，提高为人处世的本领，学会尊重自己、尊重他人，与老师、同学和家长和睦相处，需要教师通过一系列的活动，引导同学们认识和认同"融"文化内涵。基于以上的背景和思考，本课以班训"融己融人，携手前行"为主题，从认识"融"文化中的"容：融人"开始。

（二）活动目的

"容：融人"，即海纳百川，有容乃大。班会活动课要达到两个目的：

1. 使学生学会肯定自己、欣赏自己，通过展示个人风采，形成个人魅力。

2. 在肯定自我的基础上，引导学生学会接纳周围的人、事、物，学会与环境、事物和他人相处，形成包容之心，融己、融人。

（三）前期准备

1. 全班分为八个小组，一个小组制作一期"人际交往"主题板报，其余七个小组分别设计班徽（一个小组）、根据班级核心理念的三层内涵设计"容""融""荣"的艺术字（三个小组）和手抄宣传报（三个小组）。

2. 写下一件我的"假期骄傲"。如一件我从未尝试，但在这个假期开始尝试做的事情；一件我帮助别人，获得感谢的事；一件让我获得其他人认可的事；一件我选择主动沟通，并最终解决了问题的事；一个使我有所收获的时刻；一个使我感觉自己长大的念头……

3. 准备一个小品，小品内容反映了高中生的人际关系，以幽默风趣的形式反映出当前可能出现的人际关系问题，并最终引导同学们学会面对和处理复杂的人际关系，掌握为人处世的技巧。

4. 为班歌《相亲相爱一家人》设计歌词，并选出演绎歌曲的四位同学。

5. 成立班会活动课策划小组，挑选主持人，跟进各项前期准备工作，通力合作，确保班会课顺利进行。

（四）活动流程

活动一：融文化之初认识

1. 由主持人介绍"融和班"的核心理念、班训、班级口号、班级公约、班歌等。

2. 各小组派代表展示"容""融""荣"艺术字和手抄宣传报，并描述设计故事。

3. 同学们投票选出"我最喜爱的艺术字和手抄报"活动结束后粘贴于班级门背后和教室的作品展示区。

活动二：融文化之再认识

1. "融己"：欣赏自我，取悦自我。

（1）小组分享会，分享"我的假期骄傲"。在刚闭幕的东京奥运会，我们感叹各国健儿取得的成就，更为赛场上的友谊与合作感动，也为那些精彩的、挑战自我的瞬间感叹和骄傲，如中国飞人苏炳添奋斗十余载，不断突破极限，挑战不可能，终于在赛场上跑出9秒83的亚洲新纪录；广东湛江跳水冠军全红婵，14岁的年龄，坚韧的毅力，每天练习400多跳，最终以三跳满分获得冠军。目睹成长、成就、突破而产生的"骄傲"是一种积极的情感。小组成员依次分享自己的"假期骄傲"，在分享中肯定自我，同时学会欣赏他人。

（2）推选小组代表在班级分享，让同学们针对分享发表自己的想法和观点。

2. "融人"：海纳百川，有容乃大。

（1）小品表演，小组讨论。

情景一：A、B同学在走廊急走相撞，互不相让，怒目而视："挤什么挤，路这么宽，不会走别处啊？"

C同学：A、B同学都产生不良情绪，导致上课迟到。

情景二：A、B同学互致歉意："没事没事，你先走，人生哪有不磕磕碰碰呢！"

C同学：A、B同学相互得到理解，心情佳，上课效率高。

（2）我的小困惑。

观赏小品后，同学们可以用下发的小纸条写下自己在人际交往、为人处世中存在的小困惑，放进小箱子，由主持人抽取"小困惑"并讨论解决办法。如被取绰号怎么办？与同学交往中被误解，很委屈怎么办？男女同学交往过程中惹非议怎么办？常常觉得父母不支持自己，想封闭自己，不想跟他们谈心怎么办？我不喜欢某科任老师的教学怎么办？我在与同学交往过程中发现她/他很多缺点，我该怎么办？

（3）演唱班歌《相亲相爱一家人》（改编版）。

课前选出表现"融"主题的优秀词句，改编班歌歌词，并由班级同学用乐器伴奏演绎，带领同学们一起合唱，学生的情感、态度、价值观将在音乐中得到升华。

（五）活动总结

"融"文化的核心是要用"融"的思维对待周围的人事物，我们必须要清楚，每个人都是独立的个体，每个人对待事物的观点、态度等都是不完全相同的，如果你没有正确认识到这一问题，并一味地以自我为中心，以自我判断的标准作为周围人对事物的判断标准，那必然会在与人相处过程中碰壁，不可能产生助人、合作、共享等利他行为。要达到融己、融人，必须要以正确认识自我为前提，善于肯定自己、欣赏自己，以尊重、真挚、互信为条件，才能真正做到与周围的人和事和谐相处，才能与人为善，共荣、共进。

五思引领，铸魂育人
——"思班"班级文化建设活动方案

一、主题阐释

思，本义是深想、考虑。《说文解字》释云："思，容也。从心囟声。凡思之属皆从思。"在习惯用语中，"思"表示大脑所进行的一系列复杂运动的过程，表现为思想、思索、思维，等等。孔子在《论语·季氏》中提出了九思教育——"君子有九思：视思明，听思聪，色思温，貌思恭，言思忠，事思敬，疑思问，忿思难，见得思义。"九思教育是君子之风的高度浓缩，给我们带来做人和做事的启迪，"思班"文化由此生成。我们结合孔子思想和班级实际情况，将"思班"的文化核心定位为"五思教育"。

"五思教育"，其内涵为"德思恭、学思聪、体思健、艺思雅、劳思敬"。我们希望在"五思教育"理念下，通过开展内容丰富、形式多样的活动，培养德、智、体、美劳全面发展的学生，创建一个恭敬待人、认真做事、勤学善思、积极阳光、多才多艺的班集体。

二、实现目标

（一）以教室后方板报中的"葵园争辉"为阵地，培养学生养成良好的道德素养、学习习惯、行为习惯，用互相学习的形式引导学生践行"五思精神"，为学生们打下热情积极、自信阳光、勤学奋进、谦恭仁厚的性格底色，培养具有"五思精神"的学生。

（二）创造一个恭敬待人、认真做事、勤学善思、积极阳光、多才多艺的班级环境，营造健康、快乐的学习环境，营造积极、向上的学习风气和团结、友爱的良好班风。

（三）以"五思精神"为主题，进行班级文化的软硬件配套设计和建设，让"五思精神"在班级中得到充分的诠释和体现，发挥班级文化设施对学生的熏陶和激励作用。

（四）积极探索不同的活动形式，创建"五思"系列活动，让学生在实践中逐渐形成对"五思精神"的强烈认同，成长为一个具有"五思"精神的少年。

三、特色班级名称

思班。

四、班级文化元素描述

（一）班徽

颜色：以黄色为主色调，辅之红色、绿色、白色。颜色上与向日葵花朵的配色保持一致。

图案：以汉字"思"作为班徽图案的基础，将"田"字作为花盘，"心"字作为花托，融合向日葵的形象进行美化。向日葵向阳绽放，寓意热情、坚持、阳光向上的班集体。花盘使用红色线条，花瓣使用黄色线条，花托使用绿色线条，另加一小段花茎，使用绿色。图案外围使用绿白线条进行圆形包围，线条内嵌学校名称和班级名称，如"××中学××××级×班"，彰显班级凝聚力和独特性。

（二）班歌

"青青园中葵，朝露待日晞。"思班的学生们，像一朵朵含苞待放的金黄葵花，向着阳光，努力地绽放自己。这首《怒放的生命》充满了对理想的坚持，对未来的期许，对困难的无所畏惧，对初中学生心理健康发展具有积极的引导作用，且与"葵花怒放"的班级文化建设体系相吻合，因此选做班歌。

怒放的生命

曾经多少次跌倒在路上
曾经多少次折断过翅膀
如今我已不再感到彷徨
我想超越这平凡的奢望
我想要怒放的生命
就像飞翔在辽阔天空
就像穿行在无边的旷野
拥有挣脱一切的力量
曾经多少次失去了方向
曾经多少次破灭了梦想
如今我已不再感到迷茫
我要我的生命得到解放
我想要怒放的生命
就像飞翔在辽阔天空
就像穿行在无边的旷野
拥有挣脱一切的力量
我想要怒放的生命
就像矗立在彩虹之巅
就像穿行在璀璨的星河
拥有超越平凡的力量
曾经多少次失去了方向
曾经多少次破灭了梦想
如今我已不再感到迷茫
我要我的生命得到解放
我想要怒放的生命
就像飞翔在辽阔天空
就像穿行在无边的旷野
拥有挣脱一切的力量

>我想要怒放的生命
>
>就像矗立在彩虹之巅
>
>就像穿行在璀璨的星河
>
>拥有超越平凡的力量
>
>我想要怒放的生命
>
>就像飞翔在辽阔天空
>
>就像穿行在无边的旷野
>
>拥有挣脱一切的力量
>
>我想要怒放的生命
>
>就像矗立在彩虹之巅
>
>就像穿行在璀璨的星河

（三）班训

乐学善思，积极奋进。

（四）励志语

乐学善思，思班少年勤学早；

向阳绽放，朵朵葵花争光辉。

（五）班级口号

向阳花开，青春绽放；看我思班，光芒万丈！

（六）班级公约

德思恭：品德修养上注重仁厚待人，做既自重自信，又谦恭有礼的学生。

学思聪：文化学习上注重学思结合，养成良好的学习习惯，做勤学善学的学生。

体思健：身体锻炼上注重增强体质，坚持每天一小时的锻炼，拥有强健的体魄。

艺思雅：艺术素养上注重高雅艺术气质的濡染，每个学生至少有一项艺术爱好。

劳思敬：事无大小，也无贵贱，做任何事情都要充满敬意，尽职尽责，有担当。

五、班级文化建设活动设计

（一）总体思路

以"五思"精神为主题，融合葵花的图案和意象进行班级硬软件的设计，同时结合学生的年龄特点，打造童趣化的班级文化活动，促进学生成长为具有"五思精神"的少年。

（二）具体措施

马克思曾说："人创造环境，同样，环境也创造人。"班级环境是隐形的教育资源，就像一个不会说话的老师。创造一个良好的班级文化环境，不但能美化班级形象，更能起到文化濡染的作用。在班级中，将"五思精神"的内涵以文字、图画、故事、名言展现出来是十分必要的。同时，要开展形式丰富的主题班会或文化活动，让学生深入感受和理解"五思"精神的魅力，并自觉地投身于实践中。

1. 加强班级的硬件布置，彰显"五思"文化浸染

（1）班级门口

教室正门：在教室前门上方用小篆张贴"思班葵园"的班级名称，并进行适当美化。在门口的墙壁上用美术材料制作葵园栅栏以及自下而上延伸的葵花花朵，葵花花朵由学生制作而成，主要以花盘为依托，书写一句话格言并粘贴自己的照片，形成葵花绽放的热烈景象，营造班级文化氛围，展示学生的风采。

教室外墙壁：建设"集思园"主题展览，学生以手抄报、思维导图、诗歌等多样的形式发表自己对于"五思精神"的见解和看法，并且随着班级文化活动的开展同步更新。

（2）教室内

教室左右侧墙壁醒目处悬挂"五思精神"的文化内涵即班级公约，辅之以相关的格言警句，培养学生善学、谦恭、体健、勤劳、高雅的道德情操，激励学生以"五思精神"为指引，争做"五思"少年。

教室后方左右侧墙壁布置"班级公告栏""好书推荐栏""墨香阁""艺术画廊""心形许愿墙""光芒万丈"等栏目，结合班级文化活动进行作品表彰、展示，或进行信息公告，让班级文化墙能够记录和见证学生的成长，提高班级凝聚力。在中间的显眼位置，布置"葵园争辉"，激励学生在各方面积极表现，获得奖章奖励，逐渐形成积极向上的学风班风，养成良好的行为和学习习惯，提升班级的整体面貌。

2. 营造"五思"文化氛围，加强思想道德教育

（1）德思恭

孔子曰："君子泰而不骄，小人骄而不泰。"孔子教导学生不论是学习还是做人，态度必须要谦逊恭谨，为人要忠诚老实。受到孔子思想的启发，应利用班会课与学生分享一些不以貌取人、人人平等、仁爱恭谦的故事，在日常的学习和活动中，也相机进行教育，使谦虚、恭敬、仁爱的优秀品质深入每一个学生的心灵，做一个谦逊恭谨、仁爱忠厚的人。每两周评选一次"品德小明星"，在班级文化园地进行展示，对好人好事进行大力表彰，使人人都养成对美好德行的追求。

（2）学思聪

陶渊明曾说："勤学如春起之苗，不见其增日有所长；辍学如磨刀之石，不见其损日有所亏。"德怀特也说过："所谓天才，就是努力的力量。"青少年儿童的学习成长，从一点一滴当中积累，在勤奋中进步。"学思聪"的主题活动主要围绕这两句名言展开，让学生日拱一卒，勤学善思，一步步走向优秀。

每周二开展一节活动课，活动课可以开展多种形式的学习分享会和班级学习竞赛，例如"每月好书推荐""我最喜爱的英雄人物分享会""我最喜爱的故事分享会""成语分享会""汉字认读分享会"等活动，在浓郁的读书氛围的渲染下，全面提升阅读能力，同时锻炼学生的理解力、记忆力、表达力，促进学生在学业上更上一层楼。

（3）体思健

蔡元培说过："殊不知有健全之身体，始有健全之精神。"体育锻炼对于维持身体的健康，尤其是促进青少年儿童的成长发育具有不可替代的作用。"体思健"的班级文化理念要求每位同学至少掌握一项体育技能项目（除跑步外），并鼓励学生在自己擅长的体育技能上有所发展，形成个人特色。每学期举办篮球、足球、乒乓球比赛各一次，对积极参与者与获得优异成绩者均予以表扬或表彰，并折算成一定的分数计入"葵园争辉榜"。充分利用好校园大课间、体育课，保证学生每日得到最基础的一小时体育锻炼，强健体魄。除此以外，鼓励学生培养体育爱好，利用课下和假期积极参加体育活动或各种竞赛、展示等。重视校运会的开展和筹备，鼓励学生积极备战，充分运动，对于体型较胖或不善运动的学生给予适当的指导和关怀，让努力拼搏的体育精神在班级中火起来，在学生间形成热爱运动

的风潮。

（4）艺思雅

艺术是生活中不可缺少的一部分，也正如罗丹所说："美是到处都有的。"根据教育部提出的"提升学生的审美感悟力"的要求，重视对学生艺术、审美方面的培养，鼓励学生至少有一项艺术爱好，并结合"端午节""儿童节""教师节""中秋节""元旦"等节日，搭建"艺思雅"系列才艺展示活动，重视对学生的艺术素养的培养。融合教师、家长、社区义工等多方力量，积极开展校内特色文化进校园活动，开展"硬笔书法""国画""素描"等艺术类课程，结合实际情况对尽可能多的学生进行覆盖，为学生创造更多参与专项艺术课程学习的机会。

（5）劳思敬

张衡曾说："人生在勤，不索何获？"劳动创造价值，其重要性不言而喻。为培养学生恭敬、认真的劳动精神，我们利用"班级小苗圃"进行育苗实践活动，学生通过栽种常见的蔬菜、花卉、水果等植物，从中得到情感和意志的培养和锻炼，使学生爱上劳动，体会劳动带来的快乐以及懂得劳动成果的来之不易，养成勤俭节约的良好品质。此外，也以传统节日为依托，开展"包饺子""做月饼"等亲子活动，鼓励学生努力各项学习生活技能，以独立自强为豪。在此过程中，学生的观察力、责任心、态度和意志均得到锻炼，有利于从小养成良好的劳动习惯和认真、细致、负责的优秀品质。

六、班级建设主题班会课设计

"事思敬，执事敬"主题班会

（一）活动背景

敬业精神是人类淳朴而伟大的美德。从孔子的"事思敬、执事敬、修己以敬"到社会主义新中国的"爱岗敬业"，从古希腊的《希波克拉底誓言》到近代西方勤奋努力的职业观，古往今来，凡是有所成就的个人和民族，无不拥有着卓越的敬业精神。当今，经济的快速发展带来家庭收入的大幅增加，人口生育政策的引导使优生优育的观念深入人心，同时也带来生活、教育方式的巨大变化。如今，学生们早已无需为生活的温饱而担心，他们都是家庭里的"小宝贝"，在长辈们的宠爱中成长，几乎没有吃苦的"机会"，甚至连家务劳动都无须参加，他们普遍缺乏意志力，习惯"三分钟热度"，缺乏对待事物时的恭敬、严肃的态度，而这种性格的缺失非常不利于少年儿童的成长。

因此，本节班会以"事思敬，执事敬"为主题，着眼于学生们对待事情的态度，通过不同形式的活动引起学生们的仔细思考，并学会对自己的"工作"负责，懂得为"工作"周密准备，态度认真，才有可能把事情做好。

（二）活动目的

1. 通过表彰"最佳园丁"，及时鼓励在栽种劳动中表现出色的同学，激发学生热爱劳动的意识，体会劳动带来的乐趣，享受自己的劳动果实。

2. 通过优秀栽种日记的分享，让同学们对"事思敬，执事敬"的工作态度有切身的体会和感悟，懂得以恭敬、严肃、认真的态度对待自己的学习和"工作"，形成专心致志做事的意识。

（三）活动准备

1. 以栽种的植物种类为依据分为不同的小组，从苗株的生长高度、粗壮程度、茂盛程度、开花、结果等情况，组织全班进行每组最佳的综合评选，选出每组的优秀代表，作为获得"最佳园丁奖"的人选。

2. 在获得最佳园丁奖的学生中挑选两位代表A、B，分别做好种植心得分享与种植日记分享的准备工作。

3. 学生提前收集古今中外的名人成长经历，如各领域科学家、国内外运动员、各行各业能人巧匠等，整理其青少年时期认真学习或钻研某事的事迹，准备好班会课竞赛素材。

4. 班会活动前，教室座位应重新摆放，形成半包围状，教室中间应留出一片空地用于主持、颁奖、分享、诵读等。

5. 由班委共同策划并推动此次活动，并选拔班会主持人，在老师的协助和指导下撰写活动主持稿，并熟悉主持流程及推进各项准备工作。

6. 提前准备好"最佳园丁奖"奖状、获奖苗株的生长图片及资料、符合"事思敬，执事敬"主题精神的先贤之诲及其解读PPT、主持稿及音乐。

（四）活动流程

最佳园丁奖颁奖仪式→优秀种植日记分享→名人小时候之故事分享→视频欣

赏→学诵先贤之诲→活动总结

（五）活动过程

1. 主持人开场

主持人宣布班会开始，组织班会有序进行，并负责各环节串词。

活动一：最佳园丁奖颁奖仪式

（1）主持人简要介绍各小组获奖学生的作品，学生依次上台，班主任为获奖学生颁发奖状和奖品，并合影留念。

（2）获奖学生代表A以演讲的形式进行种植心得分享，主要介绍自己的成功经验，通过分享的形式激发同学们对"事思敬，执事敬"这一主题内涵的初步思考和感悟，懂得严肃认真、全心全意对待"工作"的重要性。

活动二：优秀种植日记分享

（1）主持人串场，获奖学生代表B进行优秀种植日记分享（使用PPT展示日记照片），日记素材不局限于获奖同学本人，也包括其他同学所写的具有教育意义的日记内容。

（2）主持人适时引导同学们结合自己种植经历和经验，对日记的精彩之处进行自由大胆的评论，通过学生间生动交流进一步深化种植日记的启发教育意义。

活动三：名人的小时候

学生提前收集古今中外的名人成长经历，如各领域科学家、国内外运动员、各行各业能人巧匠等，按小组依次发言，要求正确说出名人名字，并简要介绍其青少年时期认真学习或钻研某事的事迹。每组每次发言加10分，该环节视现场情况进行两到三轮，主持人进行适当的引导和串场，积分计入"葵园争辉"榜。

活动四：做完了与做好了

主持人播放《做完了与做好了》故事短片，分享认真做事的故事，启发同学们的对于认真做事的思考。

内容梗概：有位师傅要徒弟整理庭院。第一个徒弟粗心大意，割草砍树，未见庭院之美，反添荒凉之感；第二个徒弟很用心，不但整地除草，还依地形地貌，植花莳草，庭院一下变得有气势、有特色。师傅对第一个徒弟说："你做完了。"对第二个徒弟说:"你做好了。"

活动五:学诵先贤之诲

主持人对上一环节的故事短片进行简单点评,并自然过渡到对有关"事思敬,执事敬"精神的先贤名言的学习中,主持人引导学生结合自身的身份属性进行内涵解读,名言包括但不限于以下内容:

[原文1]樊迟问仁。子曰:"居处恭,执事敬,与人忠。虽之夷狄,不可弃也。"

——《论语子路第十三》

[译文]樊迟问什么是仁。孔子说:"平时的生活起居要端庄恭敬,办事情的时候严肃认真,对待他人要忠诚。就是去边远的少数民族居住的地方,也是不能废弃这些原则的。"

[解读]日常的生活我们应严肃庄重,不随意,处理事情要认真负责,对于自己的工作和任务,一定要尽心尽责,对待每件事都保持认真、恭敬的心态,才能把小事做好。

[原文2]孔子曰:"君子有九思:视思明,听思聪,色思温,貌思恭,言思忠,事思敬,疑思问,忿思难,见得思义。"

——《论语·季氏》

[译文]孔子说:"君子有九种思考:看的时候要思考看明白了没,听的时要思考听清楚了没,待人接物时,要想想脸色是否温和,样貌是否恭敬,说话时要想想是否忠实,做事时要想想是否严肃认真,有疑难时要想着询问,气愤发怒时要想想可能产生的后患,看见可得的要想想是否合于义。"

[解读]主要对"事思敬"进行解读。孔子教导我们,不管做什么工作,都要具备敬业精神,工作没有高低贵贱之别,只有分工的不同。作为学生,我们的工作便是学习,不仅是课堂上的学习,还有在日常活动中的各种实践活动中的学习,因此无论做什么工作,学习什么内容,都应该满怀热情,主动积极地投入其中,如果对自己的工作敷衍随意,没有热情,没有积极性,是无法取得成绩的。

[原文3]认真地做事,严肃地做人。

——胡适

[解读]做事时要认真负责、一丝不苟，做好自己分内的事；在做人方面要诚实守信、循规蹈矩，不能搞歪风邪气，行如风坐如钟，为人正直。做事切不可三心二意，须得全情投入。

2.活动总结

班主任对活动进行总结，明确"天下难事，必做于易；天下大事，必做于细。"用心做事，体现的是一种精神，也是一种良好的习惯。要想实现自己的远大理想，我们就要把"用心做事"当成品质来培养，当成习惯来坚持。

凝六艺之魂，做厚德乐学之人
——"六艺班"班级文化主题建设活动方案

一、班级主题阐述

在中国古代的周朝，已经提出了系统的教育体系，要求学生掌握六种基本技能：礼、乐、射、御、书、数。《周礼·保氏》有云：养国子以道，乃教之。六艺：一曰五礼，二曰六乐，三曰五射，四曰五御，五曰六书，六曰九数。就是所说的"通五经贯六艺"的"六艺"。当前，"六艺"理念具有现实意义，它以培养"礼、乐、射、御、书、数"六种素养为核心的教育目标，即：礼——品德修为；乐——艺美熏陶；射——康体身心；御——人生规划；书——阅读书写；数——数理思维，也体现了"德才兼备，文武兼得，知能兼修，人人兼惠"的全面素质教育观。"六艺"理念是新时代下对中华优秀传统文化的继承和发扬。

二、班级育人目标

（一）传播"六艺"理念，凝聚价值共识：厚德乐学，全面发展。

（二）践行"六艺"育人，用文化引领，全面实施精细化管理，强力推进素质教育，在"精细"上求实，在"内涵"上厚德，全方位打造班级品牌。

三、班级文化元素

（一）班级名称

六艺班。

（二）班徽

解读西周时期"艺"字的字形，与"六艺"的来源、班级数字融合起来，师生共同设计，构造出有内涵、有个性、有感召力的班徽。

（三）核心理念

1. 礼，待人以礼、处事文明。落实到引导学生在班内树立一种与人交往的良好方式。班级通过精心设计、合理布局、科学打造班级"礼"文化环境，把教育目的融进班级的每一个角落，力求凸显"礼"文化的特有底蕴，润物无声，使"礼"文化理念深入人心，体现"处处是教育之地，人人是教育之师"。

2. 乐，艺术熏陶、音美见长。落实到每位学生掌握一样艺术特长。利用主题教育，把各种艺术、自然界和社会生活中美好的事物融合起来，培养学生对"美"的认识，推动班级"美育"落地：一方面是培养和提高学生感受美、鉴赏美的能力，另一方面是培养和提高学生表现美、创造美的能力，最终是培养和提高学生追求人生趣味和理想境界的能力。

3. 射，习武强体、健康身心。落实到每位学生掌握一项体育特长。参加体育运动不仅使学生精力充沛，而且具有奠定终身锻炼意识的长期效益，有利于教育者展开有针对性的教育，关注学生无形的心理发展，主要包括：培养团队意识，培养竞争意识，培养胜不骄败不馁的精神，培养坚韧不拔、勇敢顽强、机智果断等优良意志品质，以及保持心情开朗和愉快活泼的良好性格。

4. 御，规划人生、目标引领。落实到每位学生规划好一个人生目标。通过设置主题实践活动，引导学生体验并感悟设立目标的方法，其原则包括：一是目标在精不在多，核心是"专注性"；二是学会把大目标分解成为小目标，核心是"阶段性"；三是立足于当下的优势，学会调整目标，核心是"可行性"。提升学生的自信心和自觉性。

5. 书，阅读修身、书法养性。落实到使每位学生养成阅读习惯，练一手好字。"打开一本书，打开一个世界"，阅读一本好书，引导学生展开思考，自省体察，以修正自己的言行，改良身上的缺点和不足，进而修身养性，使身心达到更高的境界。除了读书之外，练习书法也能够达到修身养性的目的，鼓励学生以平和、朴素的平常心来面对生活中遇到的挫折和挑战。

6. 数，数理素养、科学思维。落实到每位学生懂得一项科技制作过程。从班级文化角度，培养学生以辩证的眼光看待问题，养成实事求是的人生态度，在班级活动设置中，鼓励学生积极参与科学实践活动，感悟求真务实的科学精神，在班级评价中，树立科学的评价机制，培养学生以动态的眼光看待事物的发展，为每位同学设置发展的平台。

（四）班级诗歌

六艺赋

孔子教六艺　三千弟子兴
礼立国之本　乐奏八音鸣
射习体魄键　御驰远近通
书文光简牍　数术技艺精
优劣慎析辨　精华宜继承
今日学六艺　赋予新内容
守纪遵规范　礼貌示文明
和乐渗美育　巧手绘丹青
体育强身躯　建国保和平
劳动工艺重　实践学技能
文道结合好　语言传心声
科技无止境　学问永无穷
和谐境育人　乐学心犀通
古城弦歌起　六艺春晖生

（五）班级班训

学六艺之技，弘中华之威。

（六）班级口号

厚德乐学，全面发展。

（七）班级公约

$\qquad$ 以礼待人　善于相处
$\qquad$ 以乐会友　与美同行
$\qquad$ 强身健体　文理兼修
$\qquad$ 求真务实　立志成才

四、班级建设活动设计

（一）总体思路

在"六艺"的班级理念中，深入挖掘核心素养教育的内涵，那就是既重视思想道德，也重视文化知识；既重视传统文化，也重视实用技能；既重视文事，也重视武备；既要符合礼仪规范，也要求内心情感修养。通过各种机制和活动，将办班精神内化为内部发展的软环境，营造积极向上向善的精神力量，更为培育与践行社会主义核心价值观奠定了思想根基。简而言之，班级建设活动以真正让孩子成长为全面发展的人才为目标出发，具体从两个方面进行设计：

1. 贯彻"六艺"的核心内涵，创设班集体的物质文化氛围，营造良好精神风貌。

2. 开展与主题相关的班级活动，使学生在实践中领悟"六艺"的内涵，提高个人修养。

（二）实施策略

1. 强化班级文化建设，凸显隐性教育功能

推进教室内饰的优化布局，增强班级文化建设的硬实力，讲台黑板上方悬挂国旗、张贴校训，让"祖国在我心中"的民族情感时刻在学生心中涌动。一侧墙壁，悬挂"六艺"名人画像书法警句、"班级公约"，另一侧墙壁，张贴富有特色的班级目标、口号、班风、班训、活动照片和深情动人的班级介绍、宣言，讲台对面是每月一主题的黑板报，这样的布置立意深、品位高、格调雅，互相映衬，营造了健康向上、富有成长气息的班级文化氛围，在黑板与图书角之间设置班级书法特色展示区，每周展示个人优秀书法作品，激励个人，带动全体。另外，专栏的大小、美术字的书写、花边的颜色也要注意与室内各种设施的协调，使教室呈现出一种自然和谐、整洁清新的气氛，体现出班集体团结进取的奋斗目标和积极向上的精神风貌。

推进班级图书角的建设，增强班级文化建设的软实力。在鼓励同学们自带家中已阅书籍进行交换阅读的基础上，争取学校支持，到图书馆借书以充实班级读书角，丰富藏书量。历史书籍、文学名著、科普丛书、英雄故事等吸引着学生利用课余时间进行阅读，增强班级读书氛围；班级定期组织"读书沙龙""课前名著名家介绍"，形成一个相互交流的阅读空间；指导学生制作读书卡片，写好读后感，让书成为他们人生路上永恒的朋友。图书角与班级书法特色展示区相互辉映，让书香、墨香飘逸教室。

2. 开展主题活动，倡导健康主流思想

班级文化的核心是全体成员共同的价值观念取向，体现着师生共同认同与维护的理念情感以及行为等。开展适合学生生活世界和内心需求的教育活动，让学生在系列化、多样化、互动化的活动中舒展心灵，放飞想象，主动学习，相互交流，形成"个性自主发展，主体积极进取"的良好班级文化，充实学生的学习生活，丰富了学生的精神世界。例如结合教师节、中秋节、国庆节、元旦等，班级开展"社会主义核心价值观"教育活动，学生通过策划、设计宣传口号、海报，进行演讲、朗诵等形式，增强了爱国爱家爱师的情感，增强了社会责任意识和主人翁精神，学生在丰富多彩的活动中性情得到陶冶、心灵得到升华。又如远离毒品、拒吸第一支烟、预防溺水、防震、防火、反邪教、文明上网等等。在主题班会和知识竞赛活动中，增强学生的法制观念、安全意识，强化团结协作、积极向上的精神，提高学生的人文素养。

3. 文化教育与日常管理结合，实现知行统一

把培养学生"礼"文化意识纳入班级管理的每个细节，开展"礼"文化的普及和实践活动，实现"礼"文化教育与班级日常管理的有机结合，实现学生言行和思想的升华。

（1）学礼。只有使学生真正领悟，"礼"文化教育才会真正起到净化心灵和"导行"的作用。班主任组织学生设立《班级"礼"公约》，从仪容、举止、着装、交谈、家庭、学校、公共场所等方面，系统规划和理解学生生活中的基本"礼"文化知识，通过"礼"文化的特有底蕴，润物无声，以礼净心，启发每一个学生知书达礼，自觉做一个文明而又礼貌的人。

（2）习礼。利用早读时间进行常规总结，每天早上、下午第一节课"课前准

备"时间调整为"坐、站、行、问好、微笑、交际"等外显性"礼"文化训练时间。班主任带领学生从仪容、举止、着装、交谈、家庭、学校、公共场所等方面，研习生活中的基本"礼"文化知识，将人文素养、"礼"文化、诚信等与民族精神教育有机整合，让学生在得到较系统的基础的"礼"文化知识教育的同时，懂得诚实、友善、守信、求真、审美，从而培养学生高雅气质和良好习惯，培养学生良好心理素质和健全人格，全面提升学生人文素质，提高道德修养。

（3）传礼。争取学校支持，创设志愿服务岗位，积极开展把"礼"文化带进校园、把微笑带给同学、把孝心带给长辈、把谦让带向社会的"四带"活动；不断推进地面无痰迹、室内无纸屑、墙壁无污迹、草坪无践踏、出言无脏话的"五无"行为规范养成活动，鼓励学生树立"天下兴亡，匹夫有责"的理念，勤于学习，勇于实践，走出班级，带动他人，为学校发展贡献力量。

五、班级主题班会示范

"争做班级小主人　共建班级'礼'公约"主题班会

（一）活动背景

班级公约，一般是班级成员就有关问题进行公开讨论达成一致的意见，并且同意遵守的一个规定。它对于维护秩序、促进安定团结、加强班级文明建设有着不可低估的作用。作为一个班集体，同学们来自不同家庭，对"礼"的理解不同，基于这样的背景，教师需要通过一系列主题班会活动来不断完善学生的人格。建立"礼"公约是作为整个系列教育活动的一个阶段性汇总，它是建立在师生思想统一的基础上，把对"礼"的理解落实到班级具体管理上的过程。它作为一个可以量化的标准，为后期不断强化班级成员做有"礼"之人的理念作引导和铺垫。

（二）活动目标

1. 通过探讨，明确班级"礼"公约内容。
2. 在建立班级"礼"公约的过程中增强学生的主人翁意识。
3. 在交流过程中，培养学生团队协作能力。

（三）活动准备

1. 公布活动方案：评选班级最佳"礼"公约制作大奖。
2. 以班委会为核心，建立评奖筹备组。其中，一个组负责邀请老师和学生代表做评委，设定评比规则，现场收集分数及评奖；一个组负责布置会场，准备奖品；

一个组负责安排主持人，撰写主持稿及制作背景图片，推进比赛的顺利进行；一个组负责整合资料，进行现场拍摄，并完成后期宣传。

3. 在前两节班会课上，班主任布置班级任务：同学们自主组建参赛小队，推选出小队长，以"仪容""举止""班级""家庭""公共场所"为主要内容，选择其中一个项目，在1周时间内完成对班级"礼"公约内容的调研，1周时间内完成参赛内容的制作，做好展示的准备。

4. 在前两节班会课上，教师给予学生一定的指导，包括如何进行小组成员分工，如何设置调研的内容，如何使用"问卷星"做调查问卷，如何分析调查结果，如何制作PPT等，让学生能在探索过程中充分得到锻炼。

（四）活动过程

第一环节：开场。

1. 主持人宣布班会开始。

2. 在音乐背景下，由主持人带读，全体师生起立，集体诵读班级诗歌《六艺赋》。

3. 主持人介绍本节班会课主要内容、形式。

4. 主持人介绍本次大奖赛的评委，并邀请评委代表介绍本次比赛的评价标准。鼓励所有参赛队伍以积极的心态参加比赛，赛出水平，赛出风采。

第二环节：比赛。

1. 展示环节。在主持人的组织下，各小分队依次上台做展示。内容可包括：介绍小分队成员搜集素材的过程性资料，展示调研结果以及对调研结果进行分析，并提出小分队的研究结果，例如如何结合本班特点，围绕"礼"这个核心内容，设置关于"言谈举止"的班级公约内容。

2. 交流环节。主持人邀请评委和其他同学自由提问，与小分队进行交流。在交流过程中，大家进一步对小分队设置的班级公约内容的必要性、针对性以及有效性进行探讨，重点在于探讨班级公约内容是否针对本班特点，是否有可操作性，是否有利于班级下一阶段深入推进"礼"文化的建设。

3. 点评环节。评委代表对小分队的表现进行点评。从内容上，点评小分队调研的方向、形式以及调研对象的选择，例如调研的对象不仅仅包括本班同学，还可以是本班的任课老师，或是学校领导、父母等等，从他人身上寻找灵感。从形式上，点评小分队展示调研成果的方式方法，例如如何设计展示文稿，用图文并茂的方式，让文稿更加出彩；如何增强分工合作的有效性，做到让每个队员都能得到锻炼，每个队员都能发挥所长。

第三环节：评奖。

评委小组根据评分标准，对每个小分队的表现进行打分，由筹备组学生进行统计，实时公布分数。

第四环节：颁奖。

1. 主持人公布名次，并邀请评委代表为获奖小分队颁发奖状和纪念品。

2. 获奖小分队代表分享获奖心得。

3. 邀请学生代表分享活动心得。

第五环节：总结。

主持人邀请班主任对活动进行总结，主要内容包括：

1. 对所有参赛的同学提出表扬：只要能站在舞台上展示，不论输赢，都是胜利者，都是人生道路上的一次成功挑战，都是我们班级的光荣！

2. 对所有的班级"礼"方案给予肯定：在每一个方案的建立背后，都蕴含了同学们的心血，体现了同学们的班级主人翁意识，展示了班级强大的凝聚力。

3. 对未来班级的建设给予期待：希望以此次活动为契机，把大家共同建设好班级的愿景落到实处，在下一阶段里，大家心往一处想，劲往一处使，为建设文明和谐班集体共同努力！

道阻且长，行则将至
——"徒步者"班级文化主题建设活动方案

一、班级主题阐述

《诗经·蒹葭》有："蒹葭苍苍，白露为霜。所谓伊人，在水一方。溯洄从之，道阻且长。溯游从之，宛在水中央。"寓意追寻美好事物的过程需要艰苦跋涉，付出许多的努力。《荀子·修身》有："道虽迩，不行不至；事虽小，不做不成"。古语云："书山有路勤为径"，道阻且长，行则将至，求学就像徒步远行，每走一步都会记录脚步。徒步者，坚持自己的信仰，携同伴一起努力成长。路虽很长，保持跋涉的激情，坚持下去，或许前路未必是一路坦途，但青春一定充满无限可能。

二、班级育人目标

1. 了解班级小组文化内涵，明确评价主体的产生和职责，带动形成浓郁的班级小组管理文化氛围。

2. 搭建小组常规制度，引导学生积极参与班级文化建设，形成强烈的班集体荣誉感和主人翁精神。

3. 在参与评价过程中，形成公正公平的是非观和价值观，培养科学思维素养。

三、班级标识阐述

（一）班名

徒步者。

（二）班名意义

学习就像远行，需要我们一步一步，踏踏实实地向前，我们要拥有徒步远行的独立精神，在求知的旅途中探索，寻找真理，享受快乐！

（三）班训

团结、诚信、上进、勤奋。

（四）班歌

Eeveryone is No.1

我的路不是你的路；我的苦不是你的苦

每个人都有潜在的能力，把一切去征服

我的泪不是你的泪；我的痛不是你的痛

一样的天空，不同的光荣，有一样的感动

不需要自怨自艾的惶恐；只需要沉着，只要向前冲

告诉自己天生我才必有用；Everyone is No. 1

只要你凡事不问能不能；用一口气交换你一生

要迎接未来不必等；Everyone is No. 1

成功的秘诀在你肯不肯；流最热的汗拥最真的心

第一名属于每个人

我的手不是你的手；我的口不是你的口

只要一条心狂风和暴雨；都变成好朋友

不需要自怨自艾的惶恐；只需要沉着，只要向前冲

告诉自己，天生我才必有用；Everyone is No. 1

只要你凡事不问能不能；用一口气交换你一生

要迎接未来不必等；Everyone is No. 1

成功的秘诀在你肯不肯；流最热的汗拥最真的心

第一名属于每个人

不害怕路上有多冷；直到还有一点余温我也会

努力狂奔

（五）班主任寄语

今天很残酷，明天更残酷，后天是美好的，但很多人不能坚持，见不到后天的太阳！

（六）班级全家福

每月拍一次全家福，每次重大节日拍全家福。全家福用于班级活动视频、班级相册、班级宣传栏、班级礼物制作等等。

四、徒步者评价主题班级文化构建

（一）明确评价主体的分组与职责

1. 分组原则。

①全班按"一大管理组、两小学习组"进行小组共建。全班52人分为6个管理小组，每个管理小组分两个学习小组。管理小组一般8人，内部包含两个4人的学习小组，并在组内实行一帮一的辅导。

②按"一创优组，五平衡组"的模式进行小组划分。本班按照学习表现和德育

积分实行竞争分组，设立一个由全班积分前5名和进步前5名的同学组成的创优组，组员随着每次评价结果发生变化。创优组拥有专门的铭牌标识，在班级宣传栏进行表扬。

③组长拥有组内事务管理决定权，组员拥有事后上访权。管理小组每组设立2位组长，正组长1名，副组长1名，于民主讨论的基础上，组长拥有组内决定权，组员有监督和保留意见权利，组内发生矛盾冲突可由班长委员会、班主任、组长和组员组成调解委员会进行调解。

2. 人员职责。班主任：构建制度，在小组各项优秀评比中只有一票，没有决定权。班长：负责班级日常工作的协调、通知以及纪律的维护等，具有班主任的权力。组长：担任纪律和卫生值日班长，具体负责其他小组每一天的纪律和卫生的评分；基于民主的基础上，决定小组内部座位、值日安排、本组记录。小组成员：每人担任一科科代表，负责收发作业，做到事事有人干。监督小组：小组之间设立监督小组，在评比的时候负责评价。

3. 评价小组形象展示。小组展示部分包括组名、组训、小组口号、小组成员照片（或肖像画）、小组个性墙、小组评价区域等部分。

（二）构建常规管理制度

1. 班级小组例会制度。

（1）评价小组民主生活会。

时间：一般为放学后或周五班会课。

会议内容：①小组团结教育，个人卫生、安全教育。②按照纪律、卫生、学习、竞赛、团队活动等五个方面积分，小组内部评选优秀组员和进步组员，优秀组员两名，进步组员两名；③总结本组上周基本情况：做得好的地方，做得不好的地方；④统计本组本周得分情况，在小组展示区域进行公示。

（2）班级委员会例会。

时间：周一晚修后。

与会人员：班长主持，各组一名组长与会。

会议内容：①落实班主任下达的任务与通知；②总结本组上周纪律、卫生、作业等方面的情况；③班长组织讨论，帮助解决各小组反映的问题，若不能解决，记录好交给班主任；④班主任与会，一般不发言，会议上不能解决的问题，会后由班长交给班主任解决。

2. 值日班长制度。

设立纪律值日班长、卫生值日班长共2名（由负责检查的小组决定）。纪律值日班长负责纪律的评分；卫生值日班长负责好环境卫生的打分；值日班长扣分时，必须遵循"一次提醒，二次扣分"的原则；值日班长不能与自己所在的小组同一天值日，应该遵循"避嫌"的原则。

（三）构建小组评价制度

1. 集体评价制度。

（1）责任分制度。每个小组一天的责任分为30分，包括纪律责任分15分，卫生责任分15分：①纪律责任分：一天15分，违纪一次，提醒之后再违纪，纪律值日班长登名该同学并扣1小组责任分；科任老师点名批评，每人每次加1分。②卫生责任分：早读前、中午放学后、下午放学后各5分，按照值日生及时到位1分、卫生整理情况3分、工具整齐1分进行评比。

（2）责任分评比及权益。①小组整体座位区域的选择。按照一周责任分得分的高低，按顺序选择，创优组优先。②参与优秀小组的评选。统计两周责任分，责任分得分第一名的小组自动当选为标兵组，责任分排在2—5名的由全班分小组投票，产生两个优秀小组。

2. 标兵组与优秀小组的评比制度。

责任分得分第一名的小组为优秀标兵组，组长自动当选为优秀组长标兵；得分2—5分的小组，参评优秀小组，组长参选优秀组长的评选，人数为两人；得分最后一名的小组，作反思整改报告，小组挂上反思墙；每2周评选一次，评上优秀标兵组，小组获三颗星，优秀小组获一颗星。获评优秀标兵组最多的小组长和副组长，期末总评自动获评"优秀学生干部"，组长可推荐更高级别的参评，名额一至两名；获评优秀小组次数最多的小组长和副组长，被老师提名的班干部，期末总评参选"优秀班干部"，全班投票决定，名额四名。

3. 个人评价制度。

（1）学习部分——"争创红花"制度。100分获3颗星，90—99分获2颗星；80—89分获1颗星；班级进步15名、级部100名以上，获3颗星；班级进步10—14名、级部50—99名，获2颗星；班级进步3—9名、级部20—49名，获1颗星。以上情形若符合两种，只能获评一种。

（2）综合部分——争创"星级学生"。评上优秀标兵组，组员获2颗星，组长3

颗星；评上优秀小组，组员获1颗星，组长2颗星；阶段总分前5名获3颗星，6—10名2颗星；进步前5名3颗星，6—10名2颗星，两种情形符合只能获奖一次。

（3）期末个人总评——"三好学生""优秀学生""进步学生"。期末考进级部前500名内，红花与星级总数最多的前10名，为"三好学生"；期末考进级部前500名内，未评上"三好学生"，按照红花与星级总数多少，取前10名，获评"优秀学生"；未评上前两者，期末考级部进步最大前5名，获评"进步学生"。

（四）自评与他评相结合的反思制度

一周总分连续两周居于最后的小组，组长必须面向全班作书面的说明；其他小组提供帮助意见。设立监督小组，在参评优秀小组之时，对监督的小组作简要的评价，以用作全班投票的依据。全班每周对纪律值日班长和卫生值日班长工作进行综合评价：①良好：工作认真负责，积极帮助同学，能得到同学的认可；②合格：基本完成工作，同学基本认可；③不合格：工作马虎，不负责任。与此同时个人总得分与学校的评价制度衔接。获得优秀小组长、优秀小组成员、进步组员者，当周即获得双面红旗；学期末德育总分A、B、C、D等级划定，选举团员、三好学生、优秀班干部、优秀学生、进步学生主要以红旗数量进行评价；出现同分或全班否决的情况下，则可综合老师意见选出。

五、班级文化主题班会设计

道阻且长，行则将至
——"徒步者"自主评价模式建构主题班会

（一）活动背景

初中生处于由儿童向青年过渡的生理发育期和精神成长期，开始渴望独立，希望摆脱束缚，面对初中的新生活又会呈现出依赖性和不稳定性。"徒步者"自主评价模式的建构旨在让初中生在集体环境中不断学习，取长补短，有助于培养学生的独立性和思维能力。

（二）活动目标

1.通过活动让学生知道构建内部民主评价的方法。

2.通过访谈了解构建班级评价文化的不利因素，通过小组讨论，探寻评价构建的模式。

3.通过民主构建班级主题文化，树立集体主义价值观，提升"徒步者"们的自

我效能感，增强集体凝聚力和归属感。

（三）活动对象

初一学生。

（四）活动准备

访谈提纲，白纸若干。

（五）活动过程

1. 携手启程：班级评价文化的愿景

教师播放课件并解说：同学们，我们生活在一个大家庭里。在我们的班级生活中，我们努力学会小组合作学习，学会人际交往，学会在宿舍自理，学会追求自己的兴趣爱好。我们就像徒步远行的人一样，一步一个脚印，这里的每一步我们该怎么去记录呢？

2. 团队：班级评价小组的构建

（1）教师PPT展示并呈现访谈意见，关于如何分组，有同学提议按照小学分配，因为大家比较熟悉，这样比较尽快融入群体；有同学建议男女均衡搭配；有同学说，按照纪律表现搭配分组……

（2）设置小组讨论，教师呈现讨论问题：

①小组的标识设计包含哪些要素？

②小组成员划分标准？

③小组内部需要建立哪些常规制度？

（3）学生分成小组进行讨论，形成成果展示，对小组讨论成果进行民主表决，形成共识。

（4）教师总结：

①小组的标识设计：组名、组训、小组个性墙、小组评价公示栏……

②小组成员划分标准：性别、表现、身高、所在小学……

③小组内部制度：评价小组民主生活会、班级委员会例会、值日班长制度。

3. 建章立制：班级评价体系的构建

（1）教师PPT展示并呈现访谈意见，关于小组管理如何更好地促进个人的成长、班级发展，有同学说，积极参与班级活动要加分；有同学说，认真学习，取得进步要加分；有同学说，承担班级任务、助人为乐要加分……

（2）教师呈现个人评价模式构建的建议：以评价为主导是我们的小组管理模式，那么我们在设置评价制度时需要考虑几个问题：

①在小组内部如何评价。

②参与班级活动如何评价。

③小组评价和班级评价如何有效积分。

（3）设置小组讨论，教师呈现讨论问题。

①小组内部如何评价进行推优？

②班级集体如何进行评价推优？

（4）学生分成小组进行讨论，形成成果展示，民主表决小组讨论成果，形成共识。

（5）教师总结。

①小组的评价分为纪律表现和承担班级任务两大模块，按小组进行评价，每一个小组的得分为个人评价的集体分。

②个人的评价分由个人表现分和集体分组成，个人表现分由学习分、纪律分、劳动分、兴趣活动分、宿舍奖励分等组成。

③小组的评价分用于小组参评优秀小组；个人的评价分用于个人参与学校和班级的德育评优。

4. 课后延伸

（1）完成小组宣传栏，明确小组分工，完善小组内部制度，形成文字电子版。

（2）根据班级小组评价模式，成立班级委员会，进行班级环境设计。